AF130414

Anton Emanuel Schönbach

Walther von der Vogelweide

Ein Dichterleben

Anton Emanuel Schönbach

Walther von der Vogelweide
Ein Dichterleben

ISBN/EAN: 9783742898074

Hergestellt in Europa, USA, Kanada, Australien, Japan

Cover: Foto ©Thomas Meinert / pixelio.de

Manufactured and distributed by brebook publishing software
(www.brebook.com)

Anton Emanuel Schönbach

Walther von der Vogelweide

Walther von der Vogelweide.

Ein Dichterleben

von

Anton E. Schönbach.

Zweite Auflage.

Meinem lieben Vater

Joseph Schönbach

zugeeignet.

Inhalt.

Vorwort zur erſten Auflage.

Dieſe Schrift iſt dazu beſtimmt, ein knappes und in ſich zu=
ſammenhängendes Bild von dem Leben und der Dichtung Walthers
von der Vogelweide zu geben, und zwar gemäß dem heutigen
Stande der wiſſenſchaftlichen Forſchung. Insbeſondere iſt verſucht
worden, das Weſen und die geſchichtliche Bedingtheit des Sängers
genauer zu erkennen. Zu dieſem Behufe habe ich die einſchlägige
Litteratur von neuem und zwar bis auf die Veröffentlichungen der
jüngſten Zeit herab durchgearbeitet. Ferner iſt hier aufgenommen,
was von den Ergebniſſen meiner Beſchäftigung mit dem Dichter
ſeit dem Beginn meiner akademiſchen Lehrthätigkeit (1872) vor meiner
wiederholten Prüfung Stand gehalten hat.

Die Dichtungen Walthers habe ich nach der Ausgabe von
Lachmann citiert (L.), weil dieſe wegen ihres Apparates von Les=
arten noch immer als grundlegend erachtet werden muß. Hingegen
habe ich die zeitliche Abfolge der Lieder und Sprüche im ganzen,
bei zahlreichen Ausnahmen im einzelnen, ſo aufgefaßt, wie dies
Wilhelm Wilmanns in ſeiner kleinen Textausgabe (1886) gethan
hat. Ich muß das um ſo nachdrücklicher und dankbarer hier aus=
ſprechen, je weniger ich ſonſt in vielen und weſentlichen Dingen die
Anſichten dieſes um Walther verdienteſten Forſchers zu teilen vermag.

Eine Anzahl von Überſetzungen der Gedichte Walthers habe
ich aus dem trefflichen Büchlein Eduard Samhabers „Walther von
der Vogelweide“ (Laibach 1882) mit deſſen gütiger Zuſtimmung
entlehnt und dieſe Stücke dadurch gekennzeichnet, daß ſie beim Druck
in Verſen abgeſetzt wurden. Meine eigenen Überſetzungen wurden,
auch wo ſie metriſch ſind, als Proſa gedruckt, um ſchon dadurch
ihre Anſpruchsloſigkeit anzudeuten. —

Seinen Zweck wird mein kleines Buch erfüllen, wenn es hilft,
den Kreis von Gebildeten ſtetig zu vergrößern, der ſich an der

Poesie Walthers von der Vogelweide freut. So lange uns die
Verse seiner schönsten Lieder und Sprüche nicht von den Lippen
fließen wie den Italienern die Terzinen Dantes und die Stanzen
der Gerusalemme Liberata, so lange ist dem alten Sänger sein Recht
nicht widerfahren. Und dahin fehlt es noch weit!

Graz, Weihnacht 1889.

Zur zweiten Auflage.

Dieses Buch erfreute sich einer sehr günstigen Aufnahme bei
den Fachgenossen und, wie sich nun zeigt, auch in weiten Leser=
kreisen. Die neue Auflage habe ich in Bezug auf Inhalt und Stil
achtsam durchgearbeitet. Die Beigabe, welche diesmal dem ursprüng=
lichen Plane gemäß hinzugefügt wird, soll nur jene Schriften er=
wähnen und kurz besprechen, die das wissenschaftliche Studium des
Lebens und der Werke Walthers von der Vogelweide meiner Ansicht
nach irgendwie gefördert haben. Wer sie nachschlägt, wird dann
bald auch die ganze, nun schon ziemlich weitläufig gewordene
Litteratur kennen lernen, die übrigens in den 1879 beginnenden
Bänden des „Jahresberichtes für germanische Philologie" bequem
zu überschauen ist. —

Damit sei das Buch in seiner neuen Gestalt dankbar einer
wohlwollenden Beachtung empfohlen.

Graz, Ostern 1895.   Anton E. Schönbach.

I.

Das Mittelalter.

Wir nennen das neunzehnte Jahrhundert mit Vorliebe ein Zeitalter der Wissenschaft und sind sehr stolz auf die Ergebnisse unserer Forschungen. Kaum giebt es noch ein Hindernis, so groß, daß wir nicht meinten, es überwinden zu können; ein Rätsel, so dunkel und schwierig, daß wir nicht wenigstens seine Lösung vom Fortschritt unserer Studien in der Zukunft erhofften. Dieses Selbstgefühl, womit wir die modernen Errungenschaften des Wissens im Großen und Ganzen überblicken, indem wir sie freudig mit der geringeren Kenntnis der nächstvorhergegangenen Geschlechter vergleichen, es erfährt eine sonderbare Wandlung zu Bescheidenheit und Demut, sobald wir an einzelne Fragen eines einzelnen Forschungszweiges genau herantreten und uns erkundigen, in wie weit wir hier über eine wohlgegründete und zuverlässige Anschauung der Thatsachen gebieten, gröbere und feinere Zusammenhänge der Dinge zu deuten vermögen. Da zeigt sich alsbald, wo überall es uns gebricht, welche Unvollkommenheiten unserem Wissen anhaften, wie viele heut achtungsvoll anerkannte Meinungen nur als dürftige Gewebe glitzernder Kombinationen über den Sachen schweben, selten zur Festigkeit sich verdichtend, häufiger ins Nichts zerflatternd.

Es muß uns zum Beispiel doch beschämen, wenn wir finden, daß wir über die Auffassung der größten und wichtigsten

Abschnitte im Leben unseres eigenen Volkes noch nicht zur Klarheit durchgedrungen sind. Wie jetzt im Verhältnis zur frühesten Vorzeit und wieder zur Gegenwart jene Epoche deutschen Lebens verstanden werden soll, die wir uns gewöhnt haben, das „Mittelalter" zu nennen, darüber schwanken noch immer die Ansichten. Und sie schwanken nicht weniger als etwa vor drei Generationen, am Ende des vorigen Jahr=hunderts, zu einer Zeit, deren kindliche Unwissenheit, was und wie historisch zu erforschen ist, uns in ihren Geschichtswerken so belächelnswert scheint. Bis herauf zu Winckelmanns Schreibübungen für den Grafen von Bünau, bis zu Lessings Erweckung der Kritik, bis zu Herders Anfängen und Goethes Jugend, hatte das Mittelalter als eine Fundgrube für die Historie der versteinerten Reichsverfassung, für die Lukubrationen gelehrter Juristen sich einer gewissen scheuen Achtung erfreut. Dann entstand im Raume weniger Jahrzehnte eine lebhafte Be=wegung in den Ansichten darüber, Stoß und Gegenstoß kreuzten sich heftig, aus diesen Kämpfen erwuchs die deutsche Philologie und die deutsche Geschichtswissenschaft. Dieser fruchtbare Gegen=satz wird sofort verständlich, wenn man die beiden Gruppen von Schriftstellern, welche ihn hauptsächlich ausmachen, mit ihren Schlagwörtern nennt: Nationalisten und Roman=tiker. Die „Aufklärung" ist die stärkste geistige Strömung nach der Reformation. In Frankreich am frühesten sich ent=faltend, traf sie Deutschland wohl vorbereitet und setzte als=bald Tausende spitzer Federn in Arbeit. Ihre außerordentliche Wichtigkeit, die reichen und für Jahrhunderte fortwirkenden Ergebnisse ihrer Bestrebungen — auch Kants Philosophie gehört darunter — wird niemand unterschätzen, der geschicht=lich denken gelernt hat; ebenso wahr ist es jedoch, daß die Säuberung von Aberglauben und Vorurteilen bald in eine kahle, nüchterne und unergiebige Auffassung des Lebens um=schlug. Selbstverständlich war den Aufklärern das Mittel=

alter, von dem sie wenig wußten, ein Greuel: es war der tiefe, düstere Abgrund, in dem sich die Kultur des klassischen Altertums bei ihrem Sturze begraben hatte, und aus dem die Menschheit nur mühsam wieder zum Lichte emporklomm. „Mittelalterlich" und „albern, unwissend, beschränkt", das sind für den Sprachgebrauch der Aufklärung identische Worte: wenngleich irgend eine Thorheit ganz jung und neu war, sie wurde als „mittelalterlich" abgestempelt und in der Raritäten= kammer des Aberwitzes im „Mittelalter" aufbewahrt. Der Rückschlag kam von der zu klassischer Blüte aufsteigenden deutschen Dichtung. Sie wurde so übermächtig, daß die Romantiker erst im Leben die Poesie suchten, dann das Leben zur Poesie zu gestalten unternahmen, und da dies in der eigenen dürftigen und drangvollen Zeit nicht wohl anging, das ferne Zwielicht des Mittelalters für die Epoche der Dichtung im engsten Wortsinn erklärten. Bei dem Mond= glanze der Zaubernacht, die nun heraufbeschworen wurde, streckten sich die ritterlichen Helden über das menschliche Maß hinaus, quirlte ein buntes Gewimmel abenteuerlicher Figuren durcheinander, verlor das Auge die Klarheit des Urteiles, hörte das Ohr in den klapprigen Versen der Meistersänger die süßesten Melodien. Diese Träumereien stehen von der Wahrheit genau so weit ab wie die Abgeschmacktheiten des Aufklärichts, doch hat die romantische Begeisterung für das deutsche Altertum ausgedauert und den wissenschaftlichen Betrieb der altdeutschen Studien als die beste und rühmens= werteste ihrer Spuren zurückgelassen. Fast keine Nachfolger hat jedoch der Mann gefunden, der es während des vorigen Jahrhunderts im Verständnis mittelalterlicher Dinge am weitesten gebracht hatte, Justus Möser. Er ging von seiner Arbeit über osnabrückische Zustände aus, in denen eine zähe Überlieferung sich lang erhalten hatte, und erfaßte auf dieser sicheren Grundlage das altdeutsche Wesen in seinem Kerne.

Mösers treffliche Schriften, in lebensvoller derber Sprache, werden jetzt selten nach Gebühr gewürdigt, seltener gelesen.

Auch dem modernen Urteil über das Mittelalter fehlt es durchaus an Klärung. Was wir davon im Verkehr der ge= bildeten Massen Deutschlands beobachten können, lehrt uns, daß, wenn die Unsicherheit der Ansichten, ob das Mittelalter zu loben oder zu schelten sei, sich nach einer Seite neigt, solches gewiß nach der ungünstigen hin geschieht. Es ist ganz richtig gesagt, was neulich ein Fachgenosse schrieb: „Das Mittelalter ist dem großen Publikum der Gebildeten, wenn mich nicht alles täuscht, noch immer die finstere Zeit des Faustrechtes, der Feudalgewalt, der Ketzergerichte und neuer= dings der Judenverfolgungen. Weiter pflegt man im all= gemeinen wenig von ihm zu wissen". Hat es doch vor etlichen Jahren ein Rektor der ersten deutschen Universität über sich gebracht, in feierlicher Rede zu behaupten, das christliche Mittelalter sei „die Zeit tiefer Erniedrigung der Menschheit". Es scheint dem deutschen Himmel aufbehalten, solche Aus= sprüche, solche Früchte einer reichen Geistesthätigkeit und methodischer Forschung, verbunden mit einer ebenso erstaun= lichen Borniertheit, zu zeitigen; wunderlicher Weise gedeihen sie zumeist im Schatten der akademischen Hallen. Als eines der Zeichen dieser Verurteilung des Mittelalters wird man es wohl ansehen dürfen, wenn jüngst die Nibelungen aus den Mittelschulen vertrieben und unsere Knaben dadurch gezwungen wurden, die Meisterwerke altdeutscher Dichtung in Auszügen oder Übersetzungen kennen zu lernen. Zwar darf man gewißlich hoffen, daß die Stunde, mit der diese Verwirrung der Geister endigt, schon geschlagen hat, aber es war kränkend genug, die klägliche Episode zu einer Zeit durch= leben zu müssen, wo nach langer Trübsal endlich helle und ruhmvolle Tage für Deutschland heraufgezogen sind.

Welchen Kräften darf man diese Launen der Gegenwart

zuschreiben? Die Aufklärung ist vergangen, aber sie wirkt
doch noch fort: so einflußreiche und im Volk angesehene
Bücher wie Rottecks Weltgeschichte stehen für ihre Grundsätze
ein und empfehlen sich durch Angriffe auf das abergläubische
Mittelalter. Einzelne Forscher streben selbst in den germani=
stischen Studien danach, das geistige Vermögen der Deutschen
alter Zeit thunlichst niedrig einzuschätzen, wie es zu ihrer Vor=
stellung von der Barbarei dieser Epoche sich schickt. Dabei hilft
ein anderes: sehr viele deutsche Protestanten mit Durchschnitts=
bildung, überzeugt von der geistigen Inferiorität ihrer katho=
lischen Zeitgenossen, können sich diese, sofern sie gläubig sind,
nur als Dummköpfe vorstellen oder als unehrliche Heuchler,
verkappte Freidenker und Atheisten. Das beeinflußt dann
auch ihre Ansicht von einer Zeit, die vor der Kirchenspaltung
liegt: das Mittelalter entbehrte des Protestantismus, es kann
nicht anders denn stumpfsinnig und blöde gewesen sein. Daß
ferner der an sich ja gar nicht hoch genug anzuschlagende
Aufschwung der naturwissenschaftlichen und technischen Studien
das geschichtliche Interesse und besonders das am Mittelalter
haftende schwächt, giebt ein ungünstiges Moment mehr. So
mäßigt sich allgemach unser erstes Erstaunen über die Miß=
achtung des altdeutschen Wesens in der Gegenwart. Und
dabei haben wir noch nicht in Betracht gezogen, welche
Hindernisse sich einer gerechten historischen Erkenntnis des
Mittelalters in diesem selbst entgegenstellen.

Ist es denn wirklich so schwierig, die Vergangenheit des
eigenen Volkes zu verstehen? Mit allem Bedacht und allem
Nachdruck muß auf diese Frage „Ja" geantwortet werden. —
Wer sorgfältig erwägt, wie es mit den Gründen für seine
Urteile über Menschen im Kreise seiner persönlichen Erfahrung
sich verhält, wird bestätigen können, daß es schon hier oft
ungemein schwer wird, richtig zu sehen. Man überlege nur:
wie wenige Vorgänge von Bedeutung im Leben der Gesell=

schaft sind selbst den Menschen, welche ihnen ganz nahe ge=
standen haben, in ihrer Verknüpfung und ihren Motiven
erschöpfend bekannt, so daß ein zuverlässiges Bild davon
gegeben, die Charaktere in ihrer Eigenheit begriffen, der An=
teil von Recht und Unrecht dem einzelnen bestimmt zugemessen
werden kann! Es läßt sich kühnlich behaupten, daß Tag für
Tag eine ungeheure Masse von ungerechten Beurteilungen
der Menschen unter einander sich anhäuft, ganz abgesehen von
der Unbill, die schon in der Verschiedenheit der sittlichen
Maßstäbe der Individuen begründet liegt. Der Trieb zur
Thätigkeit, die Energie des Lebens, würde den meisten er=
lahmen, wenn sie sich diese ihre Lage vollkommen klar machten;
glücklicher Weise geschieht das nur äußerst selten, gemeinhin
hilft man sich, indem man nur die großen Hauptergebnisse
im Auge behält. Immerhin ist es ein zweifelhafter Trost zu
wissen, daß sich die Fehler des Urteiles, die jeder für sich
begeht, bei allen mit einander wieder ausgleichen, freilich ohne
darum berichtigt zu werden. Entzieht sich so in der lebenden
Gegenwart, bei unsern verfeinerten Methoden psychologischer
Beobachtung, bei dem für die kleinsten Eindrücke empfänglichen
Gemüte moderner Menschen im Hin= und Wiederspiel des
geselligen Verkehres, entzieht sich dann noch die Wahrheit
häufig unserem Blick, so wird man bemessen, welch harte
Aufgabe schon dem Litterarhistoriker zu teil wird, wenn er
Wesen und Eigenart eines modernen Dichters aus den über=
lieferten Zeugnissen entwerfen soll. Zwar steht ihm jetzt
meistens ein ausgedehntes Material zu Gebote, aber wie oft
trügt es, wie schillern die Stimmungen der Aufzeichnenden,
oder thut sich gerade dort eine Lücke auf, wo der heikelste
Punkt der ganzen Verknotung liegt! Welche Unsumme von
Einflüssen auf einen Menschen unseres Zeitalters ist zu analy=
sieren, wie sorgsam müssen die Gegenwirkungen in der Seele
des Dichters oder Staatsmannes berechnet werden, der den

Gegenstand der Forschung bildet! So steht es demnach mit den
psychologischen Konstruktionen im hellen Scheine unserer Zeit, bei
der Überfülle von Quellen und Mitteilungen aller Art. Und nun
schreiten wir zurück in die vergangenen Jahrhunderte unseres
Volkes, aus der blendenden Lichtflut, welche das moderne Leben
umwallt, in die kühle Dämmerung des Mittelalters: nur langsam
findet sich unser Auge in dem weiten verlassenen Bau zurecht.

Einesteils scheinen ja die Probleme mittelalterlichen Da=
seins so viel einfacher, mithin wohl auch leichter zu lösen,
aber das scheint nur so. Der Gewinn, den es der Forschung
bringen kann, wenn die Nachrichten uns so sparsam zukommen,
daß wir den Kombinationen viel Raum verstatten müssen,
wird mehr als aufgewogen dadurch, daß eben diese Kombi=
nationen der thatsächlichen Grundlagen zu sehr entbehren und
zu sehr eine subjektive Verbindung von Vorgängen darstellen,
die uns nur als vereinzelte überliefert sind. Es fördert
wenig, wenn wir glauben, die Charaktere des Mittelalters
ließen sich rasch verstehen, sie handelten nach derben, greif=
baren Grundsätzen, die Parallelogramme ihrer geistigen Kräfte
bestünden wirklich nur aus den simplen Linien, nicht wie beim
modernen Menschen aus den Resultanten zahlloser Kompo-
nenten. Das Alles glaubt man eben nur, erweisen läßt sich
viel eher das unbequeme Gegenteil: die reich ausgeprägten
Individualitäten, welche uns in den altdeutschen Dichtern,
Gelehrten, insbesondere aber in den Politikern, Fürsten und
Bischöfen entgegentreten, können nicht aus einer Masse gleich=
förmig veranlagter Leute aufgestiegen sein, ihre Existenz setzt
einen ganz ähnlichen Grad der Individualisierung von Gaben
und Charakteren voraus, wie die Neuzeit ihn für sich bean=
sprucht. Nur unsere Mittel, in den entfernt verschwimmenden
Scharen die Einzelart zu erkennen, sind sehr unvollkommen,
deshalb vermögen wir uns das Seelenleben der Menschen
jener Jahrhunderte schwer begreiflich zu machen.

Wir begehen somit in unsern verallgemeinernden Be=
hauptungen über das Mittelalter eben denselben Fehler,
welcher in der modernen Naturwissenschaft heimisch ist,
ohne daß dadurch das Ansehen ihrer Ergebnisse geschädigt
würde: sie setzt in ihren Untersuchungen das Individuum
schlechtweg für die ganze Klasse, der es angehört, einen
Frosch, ein Kaninchen für alle Frösche, alle Kaninchen; ihr
vertritt das Experiment unter den Umständen a b c sämtliche
Experimente unter den Umständen $a^1 b^1 c^1 \ldots \ldots a^x b^x c^x$,
sie verwandelt also das Nacheinander der einzelnen Geschöpfe
und Vorgänge in ein Nebeneinander. Alles das, weil auch
dort die Mittel nicht zureichen, um die Individualisierung so
weit zu führen, als die Natur es verlangen würde.

Nur die Vertiefung unserer geschichtlichen Studien kann
diesen Mängeln in etwas abhelfen. Da wir auf die Eröff=
nung neuer Quellen nicht mehr viel hoffen dürfen, so läßt
uns allein die genaueste Behandlung der überlieferten Zeug=
nisse und vornehmlich die sorgsame Erwägung aller ver=
schiedenen Arten von Mitteilungen eine Erweiterung unserer
Kenntnis noch erwarten. In manchem kann der heutige Be=
trieb der Wissenschaften, die sich auf das Mittelalter be=
ziehen, verbessert werden. Unsere Historiker, soweit sie nicht
überhaupt in den Hilfswissenschaften stecken bleiben, entschlagen
sich zu leicht des Studiums der poetischen, religiösen und ge=
lehrten Litteratur, überdies „können sie nicht altdeutsch," wie der
verstorbene Müllenhoff zu sagen pflegte, was um nichts weniger
sonderbar ist, als wenn ein Forscher in griechischer Geschichte
Griechisch nicht verstünde. Unsere Philologen hinwieder, die
Germanisten im engeren Sinne, bekümmern sich viel zu wenig
um den historischen Hintergrund der Denkmäler, um deren
Beziehung zu dem gesamten Lebensinhalt der Zeit. Not=
wendig leidet darunter das nachfühlende Verständnis. Ich
will nur darauf hinweisen, welche Aufschlüsse über die Arbeit

mittelalterlicher Menschen die Studien in der Volkswirtschaft dieser Jahrhunderte gewähren, wie sie z. B. in den Werken von Inama-Sternegg, Lamprecht, Bücher u. a. vorgelegt werden. Erst sie machen die verlebendigende Anschauung möglich, lassen hinter den toten Worten die ringenden Menschen erkennen und schützen uns vor einer verstandesmäßig rechnenden Behandlung der Dinge, der wir am Schreibtische nur zu leicht verfallen. Es hat zum Glück immer Forscher gegeben, welche auf die Beobachtung des Zusammenhanges aller Lebensäußerungen drangen und sich eine großartig energische Auffassung der Ent= wicklung unseres Volkes erarbeiteten, sie seien uns leuchtende Vorbilder. Ich will nur zwei von ihnen nennen: Karl Müllen= hoff, den Schöpfer der deutschen Altertumskunde, und Karl Wilhelm Nitzsch, der tiefer als bisher ein anderer das geschicht= liche Leben des Mittelalters begriffen und in den „Staufischen Studien" und anderen Schriften meisterlich dargelegt hat. So wie diese dürfen auch wir uns nicht mit der unentbehrlichen Feststellung äußerer Thatsachen begnügen. Mag es deutschen Forschern einesteils schwerer fallen, das geistige Wesen, die Weltanschauung des deutschen Mittelalters objektiv zu erfassen und der Überlieferung abzuringen, weil das Gefühl der Ge= meinsamkeit mit jenen Menschen und Zuständen hie und da das Urteil abstumpft, so wird es ihnen doch auch wiederum leichter, denn sie bringen in ihrer Nachempfindung ein Werk= zeug der Arbeit mit, das fremden Gelehrten mangelt.

Das geschichtliche Hauptproblem, welches, wir dürfen es wohl sagen, dem Europa des Mittelalters zu lösen oblag, war die Wirkung der germanischen Nationalität und des Christentums auf einander, oder vielmehr die Zersetzung des deutschen Volkstums durch die christliche Religion, wobei diese selbst den umbildenden Einfluß des überwundenen Gegners erfuhr. Wir lernen die Grundlagen germanischen Wesens schon in den Anfängen der christlichen Ära kennen, und obgleich das Volk sich damals bereits eine hohe Kultur erworben hat, bilden die ersten Zusammenstöße mit den Römern doch einen so frühen Punkt seiner Entwicklung, daß es uns darnach gegönnt ist, die Wurzeln seines Charakters weiter hin zu verfolgen als bei irgend einem anderen arischen Stamme. Wir sehen, daß die Germanen ein Kriegsvolk waren, das Viehzucht und Ackerbau betrieb. Einige ihrer Eigenschaften, wie sie dann während der Völkerwanderung sich entfalteten, erklären sich auch aus dieser Lebensweise. So der enge Zusammenhang des Menschen mit der Natur, die Neigung, alles Abstrakte in symbolische Sprache und Brauch zu hüllen, und daraus sich entwickelnd eine Religion, die zwar nur wenige Götter persönlich ausgestaltet hat, aber dafür mit Scharen vertrauter Dämonen Luft, Erde und Wasser, Bäume und Felsen erfüllt. Es ist dem altgermanischen Glauben eigen, daß darin die Götter mehr als Berater, Führer oder als Gegner, feindselige Verderber erscheinen, nicht in der unnahbaren Höhe der Allmacht: der Abstand von ihnen zu den Menschen ist nicht so groß wie anderwärts und wird durch Riesen und Heroen einigermaßen ausgefüllt. So bleibt der Kraft und Arbeit des Menschen ein größerer Raum zur Betätigung vorbehalten, er ist selbständiger und fühlt sich mehr. Damit hängt aufs Engste die Leidenschaft des Krieges zusammen, die aus einer besonders starken Lebensenergie kommt und durch die Bedrängnis der nordeuropäischen Zustände dann zur verzehrenden Flamme entfacht wird. Auf diese Seelenbewegung sind auch die sittlichen Überzeugungen der Germanen gebaut und die wichtigsten Verhältnisse ihrer Existenz: die Treue zwischen Herrn und Gefolgsmann, die Beziehungen der Familie, die Stellung der Frau, die des Hauses waltet, die Aufteilung des gewonnenen Bodens, die ständische Gliederung des Volkes. Aus der kriegerischen Stärke

wächst aber auch die harte Selbstsucht und daneben die tolle
Verwegenheit, die zu jeder Stunde das Leben in die Hand
nimmt und wegzuschleudern bereit ist. In diesen Dingen liegen
die Unterschiede zwischen den Germanen und den übrigen
arischen Völkern. Auf diesen Eigentümlichkeiten richtet sich das
unsichere Gerüst auf, das wir den germanischen Staat nennen,
eigentlich eine Stammesorganisation, der die späteren Herzog=
tümer entsprechen, bis sie durch die gewaltige Faust Karls
des Großen zu einer Einheit zusammengezwungen werden, die
zwar bald auseinander fällt, deren Beispiel aber doch dem
ganzen Mittelalter unverloren bleibt. Diesen Komplex von
Eigenschaften trifft das Christentum, und seltsam stößt seine
Selbstlosigkeit auf die germanische Härte. Es dringt auch
nur sehr langsam ein, es hat zunächst viel stärker durch seine
Dogmen gewirkt als durch seine Ethik. Aber die christliche
Sittenlehre hat denn doch allgemach die germanische Rauheit
erweicht, die Spitzen gebogen, nicht abgebrochen; wenn wir auf
der Höhe des Mittelalters so viele plötzliche Rückschläge aus
einem Leben der Gewaltsamkeit in eines der Askese wahr=
nehmen, so bezeichnen diese Katastrophen in den Seelen deutscher
Fürsten den Übergang vom heidnischen zum christlichen Ethos,
und je seltener sie nachmals werden, desto entschiedener ist der
Sieg der christlichen Lebensauffassung. Die Einwirkung des
Germanentums auf das christliche Wesen äußert sich dagegen
weniger in der Fortbildung der Dogmen, als in der kirch=
lichen Organisation. Die Umwandlung der Bischöfe in Lehens=
träger der weltlichen Macht ist nur die Vorstufe zu dem welt=
lichen Ausbau der Hierarchie, der wesentlich den Germanen
zuzuschreiben ist: das Papsttum als die Spitze des Ganzen,
der Vertreter des Himmelsherrn als das geistliche Haupt der
Erde, das ist eine germanische Schöpfung, durch welche eine
notwendige Einrichtung der kirchlichen Administration zu einer
weltgebietenden idealen Höhe emporgehoben wurde.

Die Ausbreitung jenes Teiles der antiken Kultur, den die
Kirche übernommen hatte, vollzog sich naturgemäß in be=
stimmten Schranken, welche schon dadurch gegeben waren, daß
die seltene Kunst der Schrift das einzige Medium abgab. Es
wurde also diese Bildung von vorne herein eine gelehrte und
befand sich damit im Gegensatz zu dem nach und nach ab=
bröckelnden Erbe germanischer Überlieferung. Man darf es
daher nicht als ein Zeichen der Unselbständigkeit deutschen
Geistes ansehen, wenn die Litteratur, die nun entsteht, sich
lange Jahrhunderte hindurch ausschließlich aus fremden Hilfs=
mitteln erhält. Das ist der Fall innerhalb und außerhalb der
Kirche. Innerhalb der Kirche: denn die gesamte im engeren
Sinne kirchliche Litteratur, vor allem die Predigt, ist, wenigstens
so weit wir sie schriftlich besitzen, eine Übersetzungslitteratur,
und zwar bis zum Auftreten der Minoriten und Dominikaner
im 13. Jahrhundert, das heißt bis zu der Zeit, wo das
christliche Interesse der Massen lebhaft genug geworden war,
um selbst schöpferisch zu wirken. Gleichzeitig damit erscheinen
deutsche Urkunden und Rechtsbücher. Außerhalb der Kirche:
denn in der geistlichen Poesie verhält es sich um nichts anders,
auch sie beruht, wie man noch immer mehr einsehen wird,
ganz auf dem theologischen Schrifttum, das aus Frankreich
stammt, dem klassischen Lande des Mittelalters.

Nun ist die Kirche zwar die vornehmste, aber nicht die
einzige Trägerin der Reste von antiker Bildung, von Kunst
und überhaupt allem Kulturvermögen, welche sich durch den
Vernichtungsgang der Völkerwanderung in die ruhigere Epoche
der Neubildung der abendländischen Staaten herübergerettet
haben. Der Verkehr mit den Pflanzstätten und Kolonien des
absterbenden altrömischen Wesens, und wäre es auch nur eine
Heerfahrt beutegieriger Eroberer, hinterließ in den Germanen
immer fruchtbare Keime späterer Entfaltungen. Dann aber
ging die Führerrolle in der kulturvermittelnden Arbeit auf

das Gemisch von Völkern und Völkerresten über, das die
römische Bildung am tiefsten eingesogen hatte und daher die
Kraft nahm zu eigenen Hervorbringungen, den neuen Staat
Frankreich. Es setzt sich nur in anderer Gestalt dieselbe
Thätigkeit fort, wenn das Land, welches den Deutschen seine
gelehrte Theologie darbietet, auch dem Kreuzungsprodukt
zwischen germanischem Wesen und romanischer Form, dem
Rittertum und seiner geselligen Bildung, die letzten und für
den Erfolg entscheidenden Züge verleiht. Deutschland nimmt
auch dieses Geschenk mit der begleitenden höfischen Dichtung
dankbar und begierig auf. So bahnt sich das letzte Stadium
des großen Entwickelungsprozesses an, in welchem nach dem
glücklichen Worte Bethmann-Hollwegs der analytische Geist
der Römer und der synthetische der Germanen sich verflechten,
nämlich die Aufnahme des jus romanum und die Verab-
schiedung der altdeutschen Volksrechte, die nun abseits von den
großen Verkehrsstraßen auf den Dörfern als Weistümer und
Taidinge in der Stille sich fortfristen.

Man darf darob nicht glauben, daß die Kraft des germanischen Geistes, von Anfang an durch das Christentum und
die romanische Kultur überwuchert und erstickt, gar nicht zur
Äußerung habe kommen können. Das Gegenteil ist der Fall:
in Versen, deren Bildungsprinzip und Schmuck eigentümlich
sind, gewann eine germanische Volkspoesie Ausdruck; zuerst
waren es chorische Gesänge, in denen sich Lyrik, Epos und
Drama noch eng verschlangen, dann traten die Formen auseinander und auf deutschem Gebiet entstand die epische Dichtung
der Heldensage, bildete sich eine volkstümliche Lyrik, eine volkstümliche Gnomik, diese in mancherlei Gestalten, auch als Rätsel,
als Priamel und als Zierde der volkstümlichen Rechtssprache.
Diese Gattungen der Volkspoesie entwickeln sich, durch romanische
Einflüsse nur wenig gestört, herauf bis ins zwölfte Jahrhundert, erst dann treten sie eigentlich in die schriftliche Littera-

nur ein. Ihre Träger waren während des Zeitalters der Völkerwanderung sangeskundige Männer aus edlen Geschlechtern, nachmals kam die Volksdichtung durch Verschiebungen in der Gesellschaft zu den landfahrenden Spielleuten; deren Erfolge weckten den Wetteifer poetischer Geistlicher und im Austausch der Stoffe zwischen diesen und den schweifenden Sängern von Beruf gestaltete sich, was wir von erzählender deutscher Dichtung im elften und zwölften Jahrhundert besitzen. Mit dem Ritterwesen trat eine neue Macht auf den Plan, eine Poesie, die zum Teil auf die vorhandene volkstümliche sich stützte und sie nach Stoff und Form weiter bildete, zum Teil aber neuen Inhalt in neuen künstlichen Versen und Strophen aussprach. So dauerte die deutsche Volksdichtung ungebrochen, wenngleich mehr und mehr geschwächt, aus, sie trieb noch eine feine Nachblüte in dem Volkslied des 15. Jahrhunderts, allerlei Gerank in den Fastnachtsspäßen und Volksbüchern, bis die tiefe religiöse und soziale Bewegung, welche im 16. Jahrhundert alle Teile der Nation erschütterte, auch diesen Resten ihre Selbständigkeit nahm. Gestorben ist sie darum nicht, die deutsche Volkspoesie, sie hat sich nur aufgelöst und über den ganzen Organismus der neuhochdeutschen Dichtung hin verteilt; wir freuen uns, wenn wir in den kräftigen Harmonien unserer modernen Sänger auch ihre Töne leise und doch tief ergreifend mitklingen hören.

Unter allen deutschen Ländern ist Österreich, sind die südöstlichen Marken ganz insbesondere durch den Reichtum ihrer Volksdichtung begünstigt. Hier haben die epischen Lieder der Heldensage ihre letzte Gestaltung erfahren — vielleicht in der Steiermark — und sind zu größeren Gebilden zusammengefügt worden, Vorarlberg und Tirol scheinen die Hauptstätten dieser Thätigkeit gewesen zu sein. In Tirol lasen die Schüler eines Benediktinerklosters den lateinischen Waltharius manufortis mit den erklärenden Anmerkungen ihrer

Lehrer, aber auch die besten Stücke geistlicher Volkspoesie, die
aus Franken und vom Rhein kamen. In Österreich diesseits
und jenseits der Enns blühte eine volkstümliche Liebeslyrik
von starker Bildkraft und leidenschaftlicher Bewegung. Wäre
sie auch weniger gut bezeugt, als sie wirklich ist, wäre kein
Vers der namenlosen Liedchen uns aufbewahrt, in denen wir
sie finden, wir müßten sie als eine Entwicklung erschließen,
die der ritterlichen Lyrik im letzten Drittel des zwölften Jahr=
hunderts vorangeht, denn diese setzt unbedingt jene voraus.

Fragt man sich, welche Umstände gerade Österreich diese
bedeutende Stellung in der Geschichte der altdeutschen Poesie
ermöglichten, so muß man auf die älteren geschichtlichen Ver=
hältnisse dort zurückgreifen. Ursprünglich teilweise von Kelten
besiedelt, wurde das Land durch die Römer eingenommen und als
Provinz vortrefflich organisiert. Wir kennen noch gar nicht
recht die Ausdehnung und die Erfolge der römischen Kultur
in diesen Gegenden, aber wenn sie auch mit Westdeutschland
und seiner glänzenden Hauptstadt Trier nicht gleichgestellt
werden dürfen, so waren sie doch jedesfalls viel bedeutender,
als wir jetzt wissen, jede neue Grabung lehrt uns das. All
diese Herrlichkeit wurde durch das Unwetter der Völker=
wanderung zerschlagen und wüst gelegt. Die spärliche Kunde,
die uns aus den folgenden dunklen Jahrhunderten überliefert
ist, zeigt uns, daß diese Gebiete zum größeren Teile von den
nach ihrer Art leise und unmerklich einwandernden Slaven,
zum kleineren von den abgesplitterten Resten und Marodeuren
der germanischen Völkermassen besetzt wurden, welche darüber
hin nach dem Süden gezogen waren. Als man diese Strecken
dann zu Grenzmarken des karolingischen und deutschen Reiches
einrichtete, wanderten langsam kolonisierende Bauern ein:
Baiern, Alemannen, Franken, sogar Sachsen. Sie bilden die
urkundlich sichtbare Bevölkerungsschicht, auf der sich die Herr=
schaft der Traungauer und anderer großer Geschlechter, endlich,

die übrigen verdrängend, das Herzogtum der Babenberger aufbaut. Der österreichische Volksstamm, welcher sich nun allmählich entwickelt, ist also keineswegs rein deutsch, vielmehr das Ergebnis der Mischung verschiedener Rassen; in den Alpenländern ist die obere Decke deutsch, die stummen Massen darunter sind meistens slavisch, wenig romanisch. Der Volks= charakter, zu dem diese verschieden gearteten Bestandteile im Lauf der Jahrhunderte verschmelzen, ist deshalb auch kein einheitlicher, geschlossener. Es ist ein lebhaftes, bewegliches Wesen, leicht angeregt, bald gedämpft, tüchtig im Vorstürmen, aber nicht nachhaltig und ausdauernd, den schönen Gaben steht nicht oft die rechte Schaffenskraft zur Seite. Auf diesen Boden nun leiten die großen kirchlichen Stiftungen, Bistümer und Klöster, vom elften Jahrhundert ab einen Strom von Bildung, der allenthalben befruchtend wirkt und die heimischen Talente hervorlockt. In den breiteren Thälern und besonders im heutigen Niederösterreich gedeiht eine wohlhabende Bauern= schaft, aber auch ein mächtiger Adel, den die Babenberger nicht immer niederzwingen und der den Fall dieses Hauses zu einer Junkerherrschaft ausnutzt, der erst die Habsburger ein Ende machen. Die meisten der Babenbergischen Herzöge fördern eifrig alle Kulturbestrebungen in ihrem Lande und wirken also dazu mit, in Österreich den Boden für eine eigen= ständige Poesie zu bereiten.

Wie sich diese entfaltet hat, wollen wir nun näher darlegen.

II.

Der volkstümliche Minnesang und Reinmar.

Volkstümliche Liebeslieder hat es unter den Deutschen seit den Anfängen ihrer Kultur gegeben. Die ursprünglichste und mächtigste der menschlichen Leidenschaften rang darnach, sich in gehobener Form auszusprechen; das war dann eben Poesie, mochte sie in vereinzelte allitterierende Verse oder in Strophen gekleidet sein. Wie herrscht die Liebe in der deutschen Heldensage, nennen wir nur Nibelungen, Kudrun und das Waltharilied, und wäre das möglich, sofern es sonst keinerlei Liebesdichtung gegeben hätte? Und wenn wir bis zum zwölften Jahrhundert solche Liebeslieder nicht wirklich aufgezeichnet finden, so brauchen wir nur zu fragen, wer sie denn in jener Zeit hätte aufschreiben sollen? Die Geistlichen, voran die Mönche, befanden sich nahezu allein im Besitze der Schreibkunst; sie waren aber der ganzen, aus unchristlichen Voraussetzungen entwickelten Volkspoesie und besonders den Liebesliedern, wie sie uns ausdrücklich sagen, feindselig gesinnt, — wie hätten sie der Nachwelt überliefern mögen, was sie selbst in der Gegenwart befehdeten? Ist es doch nur ein glücklicher Zufall, wenn uns vom deutschen Heldensange des neunten bis elften Jahrhunderts, von dem wir sonst allüberall wissen, daß er reich und kräftig entwickelt war, ein dürftiges Bruchstück, das Hildebrandslied erhalten blieb, welches auf dem letzten Blatt einer Handschrift eingetragen wurde, um den für Besseres unbrauchbaren Raum zu verwerten. Ja überhaupt, was wir an deutschem Schriftwerk aus jener, früheren Periode besitzen, ist, soweit es nicht Schulzwecken diente, nur durch Zufall auf uns gekommen. Und noch eine schlagendere Analogie steht uns zu Gebote: der heidnische Glaube der Germanen hatte die ganze Welt mit dämonischen Kräften erfüllt und Alles, was dem Menschen zu Liebe, hauptsächlich aber zu Leide geschah und in irgend einer Weise Leben und Bewegung zu zeigen schien, in lebende Gestalten umgewandelt. So wurde bald die Schädigung des Körpers durch unverstandene Krankheiten, selbst eine Schädigung des Eigentums, sofern sie nicht einem Menschen zugeschrieben werden konnte, als Kraftäußerung eines Dämons angesehen und durch poetische Zauberformeln, durch bilderreiche Verse und Strophen beschworen. Diese Art Dichtung breitet sich dann noch weiter aus, durch ihre Sprüche soll Leib und Besitz geschützt, soll dem Redenden geheimnisvolle Macht ver= liehen werden, allen entscheidenden Wendungen des mensch= lichen Lebens standen solche „Segen" zur Seite. Die Kirche, anfangs duldsam, weil ihre eigene Liturgie vielfach mit solchen Überlieferungen zusammenhing, wehrte sich später mit Nachdruck wider diese Poesie, welche unter einer oberflächlichen Hülle des Christentums entschieden heidnische Vorstellungen verbarg. Deshalb sind uns auch nur äußerst wenige solche deutsche Zaubersprüche aus den ersten christlichen Jahrhunderten erhalten. Und doch können wir durch Sammlung und Ver= gleichung des Materials, das uns vornehmlich seit dem 15. Jahrhundert überliefert ist, mit aller Bestimmtheit erweisen, daß kein Zweig der Volksdichtung während des Mittelalters annähernd so entwickelt war, wie eben diese Zauberpoesie, daß die Vorstellungen, von denen sie ausging, das ganze Leben damals durchdrangen, mochten sie auch noch so selten an die Oberfläche treten und uns in schriftlichen Zeugnissen wahrnehmbar werden. Das volkstümliche Liebeslied stand

nicht anders zu der Gewalt der Kirche, es mußte ihr aus=
weichen und blieb Jahrhunderte lang auf mündliche Ver=
breitung beschränkt.

Die Liebesdichtung des Volkes wuchs aus dem gemein=
samen Boden aller Volkspoesie empor. Das können wir
schon daraus entnehmen, daß die ältesten namenlosen Liebes=
liedchen, welche wir besitzen, in denselben oder nächst ver=
wandten Strophenformen gedichtet sind, deren sich die volks=
tümliche Epik in den Nibelungen, der Gudrun, auch in den
spielmannsmäßigen Bearbeitungen von Oswald, Morolt,
der Rabenschlacht u. s. w. bediente. Der Inhalt dieser
Strophen ist meistens ganz einfach. Die Freude an der
Wiederkunft des Frühlings, der den Winter in die Flucht
geschlagen hat, wird ausgesprochen. „Wie schön ist der
Sommer, wenn ich so Wald und Haide, Laub, Blumen und Klee
ansehe; das beschert uns Freude, die nicht wieder vergeht.“
Daß mit solcher Freude sich die Liebe gern verknüpft, lehren
uns andere Strophen: „In helles Grün kleidet sich der
Wald, überall ertönt der Sang der Vögel und giebt es
Wonne, die Krone aber der Maienwunder ist die Liebe; wer
wäre nicht jung in so schöner Zeit?“ --- „Vergangen ist der
kalte Winter, der mich so kränkte, nun lobe ich mir den
grünen Wald, meines Herzens Freude. Noch mehr der
mannigfachen Wonne spendet mir die Güte einer Frau.“
Die Blumen, die Haide, sie fordern zum Gesange heraus.
Auf dem Anger, wo Gras und Blüten um die Wette sprießen,
da schwingen sich Mädchen und Jünglinge im Reigen. Die
Mädchen werden ermahnt, kühnlich hinauszutreten, aber zu=
weilen sind sie spröde, sie fassen sich an den Händen, springen
und rufen spöttisch dabei: „Was Alles hier herumgeht, das
sind Mädchen, die den ganzen Sommer allein bleiben wollen.“
Die Burschen singen entgegen: „Komme, komm', Geselle
mein, ich harre schon so lange dein; süßer, rosenroter Mund,

2*

komm' und mache mich gesund." Das Liebchen malt eine kleine Liebesszene aus: „Eines Morgens wollt' ich gehn über eine Wiese breite, da sah ich ein Mädchen stehn, sie grüßte mich von weitem: „Lieber Freund, wo wollt ihr hin? Braucht ihr kein Geleite?" „Ihr zu Füßen neigt' ich mich, trat dankbar ihr zur Seite." Ist hier das Mädchen begehrlich, so sehnt sich auch der Jüngling und ruft dem Vöglein zu: „Nachtigall, sing' ein feines Lied für meine Herzenskönigin! Sag' ihr, daß mein Herz und Sinn nach der Minne ihres süßen Leibes entbrennen." Oder er tröstet die Traurige mit dem Sommer, der nun alsbald kommt und seine Blumen spendet; sprießt dann der Klee gar auf, wie möchte sie noch klagen? Oder sie beteuert in schlichten Worten ihre Treue: „Du bist mein, ich bin dein, dessen sollst du gewiß sein. Du bist verschlossen in meinem Herzen, verloren ist das Schlüsselein, so mußt du immer drinnen sein." Ein fahrender Kleriker, dem der Frühling seine Klosterschule verleidet hat, der ausgesprungen ist und nun als Vagant durch die Dörfer zieht, bittet das Mädchen: „Laß mich, süße Herrin, deiner Liebe ge= nießen; du Trost meiner Augen, Venus' Pfeil hat mich ge= troffen, und ich kann mich nicht mehr von dir trennen." Und um sie zu födern, vergleicht er sie mit allen berühmten Frauen, wie sie ihm gerade durcheinander einfallen: Dido und Helena, Pallas und Hecuba, alle übertrifft sie an Schönheit und Lieb= lichkeit; wird der gelehrte Aufputz sie nicht berücken? Oder er denkt sich lockend aus, wie das Mädchen bei dem Baum steht, Liebesworte auf ein Blatt schreibt, und der Zauber der Frau Venus sie zur Liebe zwingt. Das sagt er ihr dann halb lateinisch, halb deutsch, und singt ihr's zu in einer lustigen Weise mit jauchzendem Refrain. Bisweilen findet er ein hüb= sches deutsches Lied, worin eine Frau ihre herzliche Neigung offenbart, wie etwa: „Alle Trauer will ich meiden; gehn wir allsammt auf die Haide; kommt, Gespielen, an den Rain, seht

der Blumen holden Schein! Ich sage dir, ich sage dir, mein
Geselle, komm' mit mir! — Süße Minne, Herrin mein, flicht
mir schnell ein Kränzlein fein, das trägt dann ein stolzer
Mann, der wohl Frauen dienen kann. Ich sage dir, ich sage
dir, mein Geselle, komm' mit mir!" Das übersetzt der
Goliarde in zierliche lateinische Verse, singt es dann seinen
Zechkumpanen vor, oder etwa mit schalkhafter Heiterkeit vor
einem großen Bischof und seinem Hofstaat; er wird frech
genug, sich die schöne Königin von England, Elianor von
Poitou, in seine Arme zu wünschen; zwar runzelt der Herr
die Brauen, läßt aber doch dem übermütigen Burschen ein
Geschenk und eine Kanne Weines reichen.

Mit dem Manne, der sich darauf versteht, die Gunst der
Frauen durch seinen Dienst zu erwerben, betreten wir schon
einen anderen Boden. Der Minnedienst ist eine Blüte des
Ritterwesens und dieses, die Chevalerie, hat wie bekannt zuerst
im südlichen Frankreich, in der Provence, feste Einrichtungen
bekommen, von da dehnt es sich ungemein rasch auch über
den Norden Frankreichs aus. Das Rittertum ist, genau
genommen, ein Stadium in der Entwickelung der europäischen
Wehrkraft, das schon längst im Gange war und durch die
militärischen Forderungen der Kreuzzüge vorläufig zum Ab=
schluß gebracht wurde. Es ist im letzten Grunde aus dem
altgermanischen Gefolgswesen erwachsen, das aber schon unter
den Merovingern und Karolingern durch die Jahresrevue auf
dem Märzfeld und den häufig darnach folgenden Kriegszug
eine der ursprünglichen Gestalt fremde Ausbildung angenommen
hatte. Mit der Entwickelung der alten Landaufteilung an die
Eroberer zu der geschlossenen Organisation des Lehenswesens,
vermittelt von dem wichtigen Bindegliede der Verleihung von
Beneficien hauptsächlich aus geistlichem Besitz, durch die Ein=
führung der Erblichkeit gefestigt und begrenzt, ist natürlich
auch die lehenspflichtige Gesellschaft selbst verändert und

bestimmt gegliedert worden. Daß diese Gliederung in Stände,
vom König bis zum unfreien Dienstmann mit dem Rittergurt,
der aber zuweilen als der wenigst entbehrliche in Wirklichkeit
sogar dem edlen Freien vorangeht, in die ideale Einheit eines
Ritterstandes verschmolz, ist ein Ergebnis der kriegerischen
Unternehmungen des elften und zwölften Jahrhunderts, vor
allem der Kreuzzüge. Aber sie entspricht auch durchaus den
militärischen Bedürfnissen der Zeit, ist ein Mittelding zwischen
dem uralten Volksheere neben seiner Ergänzung der Gefolg-
schaft und zwischen der späteren Einrichtung stehender Armeen,
und ungemein bezeichnend hat das Ritterwesen sich zuerst und
am vollkommensten in dem Lande, das eben nachmals
auch zuerst ein ständiges Heer aufstellte, in Frankreich, ausgebildet. Die ideale Gleichheit aller Mitglieder der ritterlichen Genossenschaft, welche den Fürsten und den Landedel-
mann — allerdings mit gebührenden Rücksichten — auf dem
Turnierplatz wider einander anreiten ließ, wird durch die
Kreuzzüge zu wege gebracht, in denen gemeinsam Erfolge
erstritten, gemeinsam Niederlage und Elend erduldet werden,
in denen Könige als Bettler heimkehren, ritterliche Herren
sich Königskronen gewinnen und unerhörte Wechsel des Geschickes dem mutigen Abenteurer die Bahn zu Ehren und
Reichtümern eröffnen.

Ein anderes ideales Prinzip, die Hochstellung der Frau
und der Frauendienst, beruht gleichfalls auf germanischer
Grundlage, auf der deutschen Achtung vor den Frauen, die
Tacitus schon bezeugt, die aber freilich nicht stark genug ist,
um auch die rechtlichen Beziehungen der Frau im realen Leben
entsprechend umzugestalten. Daß dieses Prinzip sich gerade
mit der Chevalerie verbindet, ist wohl zunächst im Wechsel-
bezug durch die steigende Verehrung beeinflußt, welche die
jungfräuliche Gottesmutter Maria genießt; möglicherweise
haben jedoch dabei auch sehr greifbare Umstände mitgewirkt:

besonders in Frankreich lassen häufige Besitzveränderungen, starker Verlust an Männern in den immerwährenden Kriegen und Fehden die Frau als Erbtochter und Witwe sehr bedeutend erscheinen.

Aufs schnellste tritt dieses ganze ritterliche Wesen mit einem weitläufigen Apparat von Formeln, Sitten und Bräuchen nach Deutschland über, welches gewohnt war, Anregungen der Bildung und geselligen Kunst aus Frankreich zu erfahren. Zuvörderst wurden natürlich die deutschen Grenzländer er= griffen, die ersten sind die Flamänder, von ihnen werden die Kunstausdrücke des höfischen Lebens geprägt: fein und wohl= gezogen reden heißt „flämen", und wem die höfische Zucht fehlt, der ist ein „dörper". Den Rhein entlang breitet sich die Chevalerie über Süddeutschland aus und kommt nach Öster= reich, später nach Mittel=, am spätesten nach Norddeutschland, wo sie nie ganz festen Fuß gefaßt hat. Es ist nun lehrreich zu beobachten, wie stark die volkstümliche Liebesdichtung in Österreich gewesen sein muß, denn sie zwingt ihre Weisen zunächst dem Inhalte der Ritterpoesie auf.

Der Minnedienst überträgt die Formen des Lehenswesens auf das Verhältnis zweier Liebenden: die Frau ist die Herrin, der Mann begiebt sich in ihren Dienst, sein Gesang breitet ihr Lob und das aller Frauen aus, seine Thaten vollbringt er ihr zur Ehre, ihre Neigung ist sein Lehen und der Liebes= genuß sein höchster Lohn. Kein Zweifel, daß anfangs nur der junge unvermählte Ritter und das Mädchen einander gegenübertraten und der minnigliche Lehensdienst mit dem Ehebündnis abgeschlossen wurde, aber bald verschob sich dieses Verhältnis, und die Herrin, um die der ritterliche Mann wirbt, ist beinahe immer eine verheiratete Frau. Der Grund dafür ist unschwer einzusehen: der Minnedienst, der ideale Lehens= dienst, war eine Form gesellschaftlichen Verkehrs zwischen Männern und Frauen, welche sich dort nicht aufrecht erhalten

ließ, wo die sehr nüchternen und gemeinen Forderungen des
wirklichen Lebens, Geld und Besitz, Macht und Verwandtschaft,
Erbaussichten, darüber bestimmten, ob eine vielleicht vor=
handene Neigung zum Ehebunde führen durfte. Die „Minne"
hebt die vermählte Frau und den dienenden Ritter, der
übrigens auch verheiratet sein kann, aus diesen Bedingungen
des gewöhnlichen Daseins heraus, sie ergeht sich in Illusionen,
die sehr gefährlich werden, sobald sie sich in Thatsachen kleiden
wollen. Denn der Gemahl waltet eifersüchtig seines Haus=
rechtes, und mag er den Sänger noch so gerne hören, er um=
giebt seine Frau doch mit Spähern und Hütern, und der
erhörte Geliebte, der zu seinem Glück eilt oder sich in der
Morgenfrühe fortschleicht, setzt jeden Augenblick Leib und
Leben aufs Spiel.

Und noch Eines kommt in Betracht, was sehr wesentlich
dazu beiträgt, die verschiedene Entwicklung zu erklären, zu
welcher die Poesie des Rittertums bei den Provenzalen,
Franzosen und Deutschen gediehen ist: das sind die Ministe=
rialen oder Dienstmannen, deren Stand in Deutschland eine
ungleich höhere Bedeutung gewonnen hat als anderwärts.
Ursprünglich unfreie Leute, sind sie durch Tüchtigkeit, wohl
auch durch Bildung ausgezeichnet, zunächst als Verwaltungs=
beamte ihren adeligen Herren unentbehrlich geworden, sind,
allmählig aufsteigend, neben sie getreten und sogar über sie
hinaus gelangt. Insbesondere im Reichsdienste und wieder
vornehmlich unter den Staufern haben diese Ministerialen die
angesehensten Stellungen eingenommen. Trotzdem blieb bis
weit ins dreizehnte Jahrhundert hinauf ein gewisser Makel
der Unfreiheit an ihnen haften, Ehe zwischen Adeligen und
Ministerialen setzte nach alter Volksanschauung den besser
geborenen Teil dauernd herab und wurde deshalb gemieden.
Nun gehören, wie ermittelt worden ist, die Dichter aus der
ersten Epoche des deutschen Minnesanges zum größten Teile

diesem Stande der Ministerialen an, unter den älteren bedeutenderen finden sie sich, in der gesamten Blütezeit dieser
Lyrik machen sie gut zwei Drittel aller Sänger aus. Sie
sind um die Wende des zwölften und dreizehnten Jahrhunderts
schon zumeist mit dem Rittergurt ausgestattet. Nun traten
diese hervorragenden, gebildeten, zu Hof- und Staatsämtern
verwendeten Ministerialen in der ritterlichen Gesellschaft der
Zeit den deutschen Frauen adeliger Abkunft entgegen, mit
denen sie die Vorzüge der Bildung gemein hatten, von denen
sie aber noch immer durch Standesunterschiede getrennt waren.
Da ergaben sich dann die thatsächlich vorhandenen Beziehungen
der Minne von selbst: die Frauen mußten häufig ihre Gemahle
ungünstig mit den Dienstmannen vergleichen, es mußte von
vornherein in diese Poesie der Ton der Sehnsucht dringen,
der innere Zwiespalt eintreten, der sie bezeichnet. Der Umstand, daß die Frau durch ihre Beziehung zu dem Dichter
oft nicht bloß in ihrer Ehe, sondern auch in der Standesehre
geschädigt zu werden fürchtete, erklärt voll ausreichend das
Scheue, Unsichere, vor Allem aber die Heimlichkeit des ganzen
Verhältnisses.

Darum ist denn auch die Blüte des Minnedienstes nur
kurz, der Minnesang, in dem er sich verkörpert, bleibt nicht
lange auf seiner Höhe, schon von den ersten namhaften Dichtern
hören wir Klagen über den Verfall. Der trat bereits ein,
als man die Einbildung zu einem wesentlichen Faktor des
konventionellen Minnesanges erhob, auf die Wirklichkeit in
der Poesie verzichtete, weil doch die Poesie nicht in die Wirklichkeit umgesetzt werden konnte, und wänwisen sang; so be-
trieben unsere Anakreontiker im vorigen Jahrhundert die
schäferliche Liebesdichtung und entschuldigten sich vor philiströsen
Kritikern mit der Reinheit ihres braven, langweiligen Lebens,
und so singen unsere Wassertrinker von heute ihre brausenden
und klingenden Zechlieder mit künstlichen Strophen und

schwierigen Kehrreimen, weil es eben so herkömmlich ist und zum Handwerk des Modedichters gehört.

Man pflegte somit damals den höfischen Minnesang als eine Kunst, welche der geselligen Unterhaltung diente, und zwar noch lange und zum Teil berufsmäßig, nachdem seine Voraus= setzungen schon ihre Giltigkeit eingebüßt hatten. Das zeigt, welchen Wert man in einem sonst ziemlich schmucklosen Leben dieser Poesie beimaß, und das will auch bei der Beurteilung ihres Inhaltes beachtet werden. Es ist ja insgemein üblich, mit strengen Worten die Unsittlichkeit der mittelalterlichen „Minne" und ihrer Sänger zu verurteilen, überhaupt be= denklich über eine Zeit den Kopf zu schütteln, die an solchen Minneliedern sich freuen konnte. Das ist natürlich um so leichter, je mehr die ungetrübte Lauterkeit des ehelichen Lebens in der Gegenwart dazu berechtigt und die reine Pflege der Kunst, die heute dem französischen Drama und der Operette zu Gute kommt. Aber — im Ernst — man sollte doch milder sein gegen jene mittelalterlichen Sünder und erwägen, daß in der That ein gar nicht unwesentlicher Fortschritt der Gesittung durch den Minnedienst zu stande gebracht worden ist, der sogar noch anhielt, als der Minnesang zum Meistersang abstieg und in die bürgerlichen Steingehäuse der Reichsstädte einen Strom von Luft und Licht, von freierer Menschlichkeit einführte.

In Österreich also fand, wie wir schon wissen, das Ritter= tum eine volkstümliche Liebesdichtung vor, und sogleich fügte sich der neue Inhalt in die bekannten Formen. Da sind zum Beispiel die schönen Strophen, wahre Schmuckstücke unserer altdeutschen Poesie, welche einem Herrn von Kürenberg aus einem Rittergeschlechte Österreichs um 1170 zugeschrieben werden, aber nur weil sein Name in einem der Liedchen vor= kommt, wirklich sind sie namenlos. In leidenschaftlicher Sehn= sucht spricht die vornehme Frau: „Ich stand heut abends spät auf einer Zinne, da hört' ich einen Ritter herrlich singen in

des Kürenbergers Weise, ihn allein vernahm ich aus der
Menge; entweder erfreue ich mich seiner Liebe, oder er muß
mir das Land räumen." Hochfahrend jedoch erwidert dem
Boten der Ritter: „Nun bringt mir eilig her mein Roß und
Eisenkleid, denn einer Frau muß ich das Land räumen. Die
will mich dazu zwingen, daß ich ihr hold sei, aber sie wird
meiner Minne immer darben müssen." — Milder ist der Sinn
einer andern sehnenden Frau: „Wenn ich so allein stehe in
meinem Nachtgewande und ich denke an dich, du edler Ritter,
dann steigt mir das Rot ins Antlitz wie der Rose am Dorn
und trauriger Sehnsucht voll wird mein Herz." Sie sendet
Liebeskunde an ihren Freund, den sie behalten will, den sie
bittet, er möge ihr hold bleiben wie früher und er möge bedenken, was sie sich versprachen, da sie zuletzt ihn sah. Dann
spricht wohl der Ritter: „Du schönes Weib, nun sei du mein
eigen, Freude und Leid sollen wir teilen, so lang als ich lebe,
bist du mein, du teure." Und sie trennen sich nicht mehr,
die sich gefunden haben. — Zuweilen aber bleibt die Herzens-
freude nicht ungetrübt, wehmütig ruft dann die Frau: „Einen
feinen Ritter hatt' ich mir gewonnen; den haben mir die
Späher und ihr feindlicher Haß genommen, niemals kann
mein Herz mehr froh werden." Oder sie kleidet ihren Schmerz
in das schöne Bild: „Einen Falken zog ich mir länger denn
ein Jahr; da er nun mein eigen, und wohl gezähmt schon
war und ich mit Gold ihm schmückte sein stolzes Federkleid,
da stieg er in die Lüfte und flog von mir gar weit. Seither
sah ich den Falken oftmals fliegen, er trug an seinem Fuße
seidene Riemen, und sein Gefieder deckte all rotes Gold: ach
sende Gott sie einander, die sich lieb sind und hold." Auch
der Ritter wirbt, er klagt, daß er sein Mädchen nicht selbst
sehen darf, sondern ihr Boten senden muß: so weiß er gar
nicht recht, ob er ihr gefällt, und doch ist ihm nie ein Weib
so lieb geworden. Er mahnt in glücklicher Vertrautheit die

Geliebte, wie der Abendstern sich in die Wolken hüllt, so
möge sie, die Teure, ihre Blicke bergen, ihre Augen zu anderen
Männern schweifen lassen, damit niemand gewahre, wie es
unter ihnen beiden stehe. Auch ein übermütiger und sieg=
gewohnter Ritter ist in der Gesellschaft, derb spottet er:
„Weiber und das Federspiel, die werden gar leicht zahm: lockt
man sie nur richtig, so suchen sie den Mann. So warb sich
ein schöner Ritter auch eine Fraue gut; wenn ich daran jetzt
denke, so wallt noch auf mein Blut.“

Es sind die schönsten Liebchen des beginnenden Minne=
sanges, welche in dieser kleinen Sammlung vereinigt wurden,
gleichviel ob ein Dichter sich in so verschiedene Situationen
gleich geschickt zu finden wußte und für jede den passenden
Ton gleich unübertrefflich anschlug, oder ob, was ich für allein
richtig halte, hier mehrere Frauen und Männer ihre tiefste
Empfindung ausgesprochen haben. An und für sich liegt in
dem Auftreten edler Frauen als Dichterinnen gar nichts ver=
wunderliches, da doch ihre damals aus Klosterschulen geschöpfte
Bildung sie ganz wohl dazu befähigte. Jedesfalls unter=
scheiden sich diese Stücke sehr von den Minneliedern, die schon
unter dem Einfluß der neuen gesellschaftlichen Verkehrsformen,
der höfischen Sitte und der damit verbundenen französischen
Sangeskunst entstanden sind. Es herrscht eine Freiheit und
Frische, eine Unmittelbarkeit des Gefühls darin, die man
nur einmal zu empfinden braucht, um diese Art volkstümlicher
Minnepoesie für immer von der späteren Weise zu sondern.
Bisweilen in Bildern, nirgends aber durch ein Gespinnst der
Reflexion bricht die Leidenschaft hervor. Die Frau, das
Mädchen reden hier für sich selbst und werben, entgegen der
späteren höfischen Regel, welche dies dem Manne zuweist, der
Herrin jedoch blos Gewähren oder Versagen gestattet. Diese
Haltung der Frau ist an sich noch kein Merkmal einer be=
stimmten Epoche deutschen Lebens, sie ist nur ein Kennzeichen

eben dieser älteren Lyrik, das bald durch die Gebote höfischer
Zucht verdrängt wird, ohne daß es darum auch in der Wirk=
lichkeit zu verschwinden brauchte. Neben der geheimen Minne,
die sich vor dem Gesetz und seinen Wächtern verbergen muß,
redet hier noch eine unbefangene Empfindung, die schön zur
ehelichen Treue aufblüht. Stehen also diese Strophen noch
mitten innen zwischen Volksgesang und Minnelied, so finden
wir Herrn Dietmar von Aist aus Ober=Österreich, einen
Dichter, der von ihnen zeitlich gar nicht weit entfernt ist, ohne
Zweifel schon im vollen Zuge des ritterlichen Minnedienstes.

Herrn Dietmars Lieder sind uns in zwei „Büchlein" er=
halten. Man versteht hier unter „Büchlein" kleine Samm=
lungen von Minneliedern, die man sich etwa folgendermaßen
entstanden denkt: der ritterliche Sänger wünschte die von ihm
gedichteten Lieder aufbewahrt zu wissen, er schrieb sie entweder
selbst auf, wenn er das konnte, sonst ließ er es von einem
schreibkundigen Knappen oder Kleriker besorgen. Oder auch:
die fahrenden Spielleute, die sich ihren Lebensunterhalt er=
warben, indem sie auf ihrer Wanderschaft die Lieder vor=
nehmer Dichter öffentlich vortrugen — wie heute Virtuosen
und Recitatoren — sammelten sich die von den Verfassern
überkommenen Strophen und trugen sie ein in ihre kleinen
pergamentenen Hefte oder, wie die Bilder der Weingartner
Handschrift glauben lassen, auf lange Pergamentstreifen, die
um Stäbe gerollt wurden. Man darf vielleicht annehmen,
daß dies gemeiniglich in der Abfolge geschah, in welcher die
Lieder auch gedichtet worden waren. Nun sind unsere großen
Handschriften altdeutscher Minnesänger aller Wahrscheinlichkeit
nach aus solchen Heftchen und Büchlein zusammengestellt
worden: Liebhaber der Minnepoesie hatten sie zu einer Zeit,
als die Lust daran schon abnahm, von den Fahrenden er=
worben und abschreiben lassen. Vergleicht man nun die
Strophenfolge der Lieder eines Sängers in diesen verschiedenen

Handschriften, prüft man alsdann diese Lieder auf ihren In=
halt hin, so gelingt es zuweilen, aber auch nur zuweilen,
wirklich eine chronologische Ordnung der Lieder herzustellen.
Das ist natürlich sehr wichtig, weil es uns beim Minnesang
fast ganz an äußeren Zeichen fehlt, aus denen sich die
Abfassungszeit der einzelnen Stücke bestimmen ließe, und wir
somit auf die Untersuchung der Sprache, der Technik und des
inneren Entwickelungsganges der Dichter angewiesen sind,
also auf Beobachtungen, denen ein ziemlich starkes subjektives
Moment innewohnt, so daß wir sichere Schlüsse selten daraus
ziehen dürfen. Nun sieht man ja leicht, wie wenig Gewähr
der besprochenen Rekonstruktion von Strophenfolgen zu
„Büchlein" eigen ist, wie viele Zufälle bei der Aufzeichnung,
sei es durch den Dichter selbst, sei es durch die Fahrenden,
mitgespielt haben können, um die Reihen zu erzielen, in denen
die großen Handschriften uns die Gesänge überliefern. Man
denke zum Beispiel nur daran, wie rasch doch meistens die
fahrenden Leute sich von Ort zu Ort bewegten; selten und
nur an größeren Fürstenhöfen verweilten sie länger, weil dort
bei reichlicheren Mitteln auch die Freigebigkeit der Hörer länger
dauerte. Trotz alledem jedoch giebt es einzelne Fälle, in
denen wir uns bei den Ergebnissen dieser Untersuchungsweise
beruhigen können, und Dietmar von Aistens Lieder gehören dazu.

Dieser edle Herr scheint ein ziemlich bewegliches Gemüt
besessen zu haben, er widmet seine Neigung mit Erfolg ver=
schiedenen Frauen, freut sich seines Glückes, strebt aber sicht=
lich nach Abwechslung, ist sehr unduldsam gegen Sprödigkeit
und Zurückhaltung und giebt ein begonnenes Verhältnis, wenn
es wenig Aussicht gewährt, lieber bald wieder auf, ohne viel
zu schmachten. Das beste an seiner Poesie spendet ihm die
volkstümliche Lyrik, von der er auch die knappe Fassung seiner
meist einstrophigen Lieder sich angeeignet hat. So erweitert
er hübsch den Ausdruck der Sommerfreude: „Ahi, der kleinen

Vöglein Sang bringt uns heran die liebe Zeit, der lange
Winter ist dahin, und frisch ergrünt die Linde breit. Da sieht
man Blumen fein und schön im Glanz auf weiter Haide stehn:
dann schwebt manch Herz in Freuden hoch, und meins auch
wird des Trostes froh.“ Oder: „Ganz oben auf dem Linden=
zweig da sang ein Vögelchen so fein, und vorn am Walde ward
es laut; da schwang sich auch das Herze mein an einen Ort
mir wohlvertraut: die Rosen sah ich duftend blühn, sie mahnen
der Gedanken mich ,die nach der Herrin zu mich ziehn.“ Sehr
trotzig und selbstbewußt spricht er zu der Frau durch seinen
Knappen: „Ich bin ein Bote, her gesandt, o Herrin, spende Deine
Güte: ein Ritter, der dich auserlas aus aller Welt für sein
Gemüte, heißt mich Dir klagen seinen Schmerz: seit er Dich
sah, sehnt sich nach Dir sein Herz. Das lange Warten schafft
ihm Leid; Du sollst ihm endlich Hoffnung geben, so lang er
sich auf Dich noch freut.“ Hingegen läßt er die Frau sehn=
süchtig klagen: „Schier dünkt es mich fast tausend Jahr, daß
ich im Arm des Liebsten lag; mein ist die Schuld nicht, daß
er gar so fern mir blieb schon manchen Tag. Seit ich die
Blumen nicht mehr sah und nicht mehr hörr' der Vöglein
Sang, da schwand die kurze Freude mir und ward der Kummer
mir so lang.“ Ein ganz einfaches altertümliches Tagelied wird
dem Aister zugeschrieben, welches das Zwiegespräch der Ge=
liebten erzählt, die der Morgen auf gemeinsamem Lager über=
rascht; da spricht die Frau: „Schläfst Du noch, mein Friedel,
zu bald wird man uns leider wecken, schon hörst Du eines hüb=
schen Vögleins Lied vom Lindenzweige her.“ Und er antwortet:
„Gar sanft war ich entschlafen, nun rufst Du, teures Kind, mir
Klageworte zu; ach, nirgend giebt es Freude ohne Leid. Doch
will ich, Freundin, thun, was Du mir gebietest.“ Da begann
die Frau zu weinen: „von dannen reitest Du und lässest mich
allein; wann kommst Du wieder her zu mir? O weh, all meine
Freude nimmst Du mit Dir.“ Sehr hübsch ist die Strophe

unter Dietmars Liedern, in der jenes alte Bild vom Falken
wieder vorkommt: „Allein stand eine Fraue, blickt' über Haid'
und Aue, sie sah nach ihrem Liebsten aus. Da zog ein Falk'
vorbei am Haus: „Ach, wie Du, Falk', doch glücklich bist!
Du fliegst, wohins Dir lieb ist, Du wählst Dir frei in Wald
und Feld den Baum aus, der Dir wohlgefällt. So hab' ich
Arme auch gethan, ich suchte selbst mir einen Mann, den
wählten meine Augen; den neiden mir schöne Frauen, ach,
laßt mir meinen liebsten Herrn, ein andres Glück gönn' ich
Euch gern".

Während in Österreich sich die ritterliche Liebesdichtung
mit starkem volkstümlichen Bodengeschmack entwickelte, war in
den rheinischen Landen, damals den wohlhabendsten Gauen
und Städten des deutschen Reiches, an den französischen Vor-
bildern ein höfischer Minnesang aufgesproßt. In die Rhein-
gegenden war ja aus Nordfrankreich und aus den Nieder-
landen das Ritterwesen mit seiner feinen Zucht, mit Tracht
und Sitte und Fremdworten zuerst gekommen und hatte schnell
siegend alles für sich gewonnen. In Kürze galten die rheinischen Ritter als die besten in der neuen Bildung, sehr früh
schon übten sie sich in der Bearbeitung höfischer Erzählungen
aus Frankreich und eigneten sich bald alle Kunst der französischen Lyrik an: die dreiteilige Strophe, die künstlichen
Reime, die daktylischen Verse, deren Hüpfen den stark betonten
deutschen Worten so possierlich ansteht. Die Verbindung der
Rheinländer mit dem kaiserlichen Hause der Staufer machte
den Minnesang auch an dem höchsten Hofe der Christenheit
heimisch — selbst Kaiser Heinrich der Sechste hat ein paar
Liebeslieder gedichtet — von hier aus war ihm rasche Ver-
breitung gesichert. Nach Inhalt und Form steht jene Lyrik
des Donauthales weit ab von der rheinischen Kunst: wie das
rauhe aber warme Kleid aus heimischem Loden, das man im
Südosten trug, von den bunten geschnittenen und gerissenen

Seidengeweben der ritterlichen Gewänder, den Ciklat, Palmat
und wie sie heißen, sowie von den gesteppten vielfarbigen
Kovertiuren, die nunmehr die Rosse höfischer Ritter und Frauen
schmückten. Bald hielt auch in Österreich und an dem Hof
der Babenberger die zierliche Minnedichtung nach romanischen
Mustern ihren Einzug.

Es waren ganz bedeutende Männer in großen Stellungen,
die sich dem Zauber der Chevalerie und der Trouvères alsbald gefangen gaben. Da ist Friedrich von Hausen, des Kaiser
Rotbart vertrauter Freund, ein mächtiger Herr, der einer
unter den ersten die neue Kunst übte. Mit Amt und Würde
steht die männlich feste Haltung im Einklang, die seine Lieder
zeigen. Seine Leidenschaft bewegt sich meist in einfachen
Gängen, aber in einzelne Gedichte ist doch schon viel feine
Reflexionspoesie verwoben, die eines komplizierten Satzbaues
bedarf. Herz und Leib, die Begehrlichkeit des einen, die
Schwäche des andern stellt er gerne sich gegenüber. Die
Schönheit des Sommers, der Wechsel im Jahr, werden in
seinen wohlgebauten Strophen nicht erwähnt, er verläßt also
da die ältere Volksweise, ganz füllt ihn die Empfindung.
Dafür bringen die Ereignisse des eigenen Lebens, die Fahrten
nach Italien im Dienst des Kaisers, nach dem heiligen Lande
im Dienste Gottes, Farbe und Frische in seine Poesie. Am
besten gelingen ihm die schlichten, gefühlvollen Lieder, wie
wenn ihm, der zu Roß in Welschland dahinzieht, die ferne
Geliebte in den Sinn kommt: „Ich denke gern bisweilen, so
ich ihr nahe wäre, was ich ihr wollte sagen. Das kürzt mir
dann die Meilen, wenn ich ihr all das Schwere darf in
Gedanken klagen." Und noch hübscher: „In meinem Traum
die ganze Nacht sah ich die wunderschöne Frau, und leider
bin ich aufgewacht zu früh, beim ersten Morgengrau: da war
sie mir entschwunden — weiß nicht, wohin sie kam — und
all die frohen Stunden die Teure mit sich nahm. Daran

sind schuld die Augen mein, der möcht' ich gerne ledig sein."
Spielt hier gehaltene Heiterkeit in die zarten Gefühle, so wiegt
doch der Ernst in Hausens Liedern vor, und bitter sind die
Verse, mit denen er sich wider die Ritter wendet, welche das
Kreuzzeichen auf die Schulter geheftet haben, dann aber unter
nichtigen Vorwänden Gott die Reise weigern. „Wer's Kreuz
erst nahm, zurück dann kehrt, der wird wohl Gott zuletzt
noch sehn, wenn ihm die Pforte bleibt versperrt, durch die
des Herrn Getreue gehn." Auf dem Kreuzzuge, kurz vor
dem Tode seines Kaisers, am 6. Mai 1190, im Gefechte bei
Philomelium, fiel auch der Herr von Hausen, und seinen Tod
beklagten die Chronisten als ein schweres Unheil für die
christliche Welt.

An diese prachtvolle ritterliche Erscheinung schließt sich
nun eine ganze Heerschaar edler Sänger. Da ist Heinrich
von Veldeke, ein Niederländer, der allerdings in seinen lyrischen
Gedichten, die bei guter Laune und frischen Naturbildern doch
etwas trocken sind, nicht so glücklich war, als da er mit seiner
„Eneide" nach den Worten Gottfrieds von Straßburg auf
den Baum epischer Dichtung das erste Reis impfte, den
reinen Reim einführte und damit die geläuterte höfische Sprache
der Erzählung dienstbar machte. Da ist der liebenswürdige,
in seinen Liedern von tiefer religiöser Empfindung getragene
Albrecht von Johannsdorf, · ein Bayer, den Gustav Freytag
in den „Bildern aus der deutschen Vergangenheit" vorgeführt
hat, da ist die glänzende Gestalt des schwungvollen und leiden=
schaftlichen Thüringers Heinrich von Morungen, dessen Name
noch im späten Volkslied fortlebt, und viele andere adelige
Herren, die jeder in seiner Weise das Lob ihrer Herrinnen,
das Schicksal ihrer Liebe singen und trotz allem Vorbild der
französischen Meister doch jeder in uns den Eindruck einer fest
umrissenen Persönlichkeit zurücklassen.

Unter ihnen allen ist einer für Österreich besonders wichtig

geworden, Herr Reinmar, den man den Alten nennt, um ihn
von dem späteren Spruchdichter Reinmar von Zweter zu
sondern. Er entstammte einem edlen Geschlechte, wahrscheinlich
aus Hagenau im Elsaß, wie einige rühmende Verse zu
schließen gestatten, die sein Landsmann Gottfried von Straß=
burg ihm, „der Leitefrau der deutschen Nachtigallen", nachruft.
Er wird um 1160 geboren sein und muß schon um 1180 eine
Stellung am Wiener Hofe bei Herzog Leopold V. gewonnen
haben, in dessen Umgebung er, soviel uns bekannt ist, unter
behaglichen und ehrenvollen Verhältnissen gelebt hat. Er mag
schon ein berühmter Sänger gewesen sein, als er von dem
deutschen Westen nach dem Osten zog. Man kann aus seinen
zahlreichen Liedern eine Gruppe scheiden, in der ein froherer
Mut sich spiegelt, wie wohl der glückliche Erfolg einer ersten
Liebe ihm eingiebt. Aber die ganze Eigenart dieses Sängers
ist auch in den Frühliedern nicht zu verkennen. Reinmar war
ein weicher und feiner Mensch, von seltener Zartheit und
Reinheit des Gemütes. Takt und Geschmack, der Sinn für
die Zierlichkeit der Form, gehörten zu seiner ursprünglichen
Begabung, sowohl im Spiel der Gedanken als im Bau des
Verses und den Verschlingungen der Reime. Fast weiblich ist
sein Wesen zu nennen, ganz anders geartet als der vornehme
Herr von Hausen und der stürmische Morunger. Bald giebt
er sich der Reflexion hin, beobachtet seine eigene Leidenschaft,
analysiert sie und freut sich der mannigfachen Abschattungen
des Gefühles, welche die wechselnden Stimmungen ihm in
die Seele zaubern. Eines seiner ersten Lieder giebt diese Be=
sonderheit bereits ganz deutlich kund; Reinmar sagt darin:
„Bisweilen find' ich einen Tag, wo ich vor der Gedanken
Flut nicht singen kann noch lachen mag. Da meint wohl
mancher, daß mein Mut gebeugt mir sei von Liebesschmerz:
doch grade dann freut sich mein Herz." Des Sängers
Wünsche erfüllen sich, die Frau liebt ihn, aber wie anders

sprachen die Dichterinnen jener namenlosen Strophen, wie anders läßt Reinmar seine Freundin reden: „Zuweilen kommen Leute her, die zögen besser fort und heim; ein Ritter, des' ich lang begehr', bedächt' er mehr den Willen mein, er blieb' mir immer, immer nah. Wie gern ich, ach, bei mir ihn sähe! Die bösen Neider horchen da, ob etwa jemand heimlich Lieb's geschähe." Wie schüchtern und bescheiden! Ein andermal erwägt der frohe Dichter, wie er den Sommer zubringen solle, eine liebe Hoffnung verleitet ihn zu Wünschen: zwei Tage nur und eine gute Nacht möchte er ohne Störung mit der teuern Frau sprechen, dann wollte er alle Trauer fahren lassen und immer fröhlich sein. Darnach wollte er sich nicht grämen, wenn mißgünstige Leute gegen ihn unfreundlich wären; würde doch sie dann ihn für den unhöflichen Gruß entschädigen. Wird ihm solche Seligkeit einmal beschert, so will er sich das Leid nicht reuen lassen, das ihm jetzt seine Minne bereitet.

Mögen sich auch diese jugendlichen Lieder, in denen mitunter die Sehnsucht nach der fernen Heimat zum Ausdruck gelangt, nicht mit der Feinheit, Glätte und Liebenswürdigkeit der späteren vergleichen lassen, sie rühmen doch bereits den Meister der Sprache und des Wohllautes, den klugen Herzenskündiger, der die Lust des Liebesschmerzes tiefer erforscht hat als sonst einer unter den deutschen Minnesängern. Das Ansehen, dessen Reinmar damals schon genoß, in der Heimat und am Fürstenhof der Babenberger, es dünkt uns ein wohl erworbenes.

Dieser Mann war der Lehrer Walthers von der Vogelweide.

Walthers Anfänge.

So ziemlich allen süddeutschen Stämmen ist die Heimat Walthers schon zugedacht worden: den Alemannen und insbesondere den Schweizern, dann den Franken, den Österreichern im allgemeinen, ganz vornehmlich den Tirolern; eine späte schlechte Überlieferung der Meistersänger nennt ihn unter den zwölf Ahnen ihrer Kunst und bezeichnet ihn als Landherrn aus Böhmen. Ließen sich solche Dinge durch Volksabstimmung entscheiden und finge man heute damit in Tirol an, so bliebe kein Zweifel, daß Walthers Vaterhaus der Vogelweidehof im Layener Ried gewesen sei, unweit von dem schnellfließenden Eisack, in einer der schönsten Gegenden des herrlichen Südtirol. Es ist ein undankbares Geschäft, über die lebhafte Begeisterung, welche dies- und jenseits des Brenner aufgeflammt ist, einen Strom kühler Erwägungen und Bedenken zu leiten, aber es muß doch geschehen, wollen sich die deutschen Philologen nicht dem Vorwurfe aussetzen, daß auch ihnen der Zauber willkommener Selbsttäuschung das ruhige Urteil gefangen genommen habe.

Was wissen wir von Walthers Geburtsland, was können wir wissen? Mit Ausnahme des erwähnten Meistersängerspruches, dem niemand irgend welche Autorität beimessen wird, besitzen wir kein einziges Zeugnis aus dem Mittelalter und der nächst angrenzenden Zeit, das auf eine wenngleich nur mündliche Überlieferung zurück ginge und uns die Heimat des Dichters bekundete. Er selbst sagt uns nichts, er nennt sich

nicht einmal mit vollem Namen, nur die Aufschriften über
den Sammlungen seiner Gedichte und die lobenden oder
klagenden Verse seiner Zeitgenossen machen uns damit bekannt.
Wo liegt nun die Vogelweide, der Walther entstammte? Bei
anderen Dichtern genügt die Angabe eines Ortsnamens, um
die Heimat sicherzustellen, so bei Wolfram von Eschenbach,
bei Gottfried von Straßburg, bei Wirnt von Gravenberg, bei
den meisten Minnesängern. Leider gerade bei Walther nicht,
denn „Vogelweide" ist keine Stadt, kein Dorf, keine Burg,
sondern bezeichnet als Flurname vielleicht nur einen abligen
Ansitz, ein festes Haus mit einem steinernen Turm, ganz be=
scheiden und unberühmt. Es gab viele solche kleine Ritter=
oder Dienstmannensitze, wie uns eine sehr interessante Schilderung
der Zustände Deutschlands aus jener Zeit belehrt, wir finden
sie auch heute noch in Westfalen, am Rhein, in Franken, in
Tirol und der Schweiz. Der Name „Vogelweide" selbst
hilft uns gar nicht weiter, denn in verschiedenen Gegenden
Süddeutschlands haben sich nicht weniger als vierzehn Orte
dieses Namens nachweisen lassen, an denen Vögel entweder
gefüttert wurden oder auf der Wanderung mit Vorliebe ein=
zufallen pflegten. Der Vorzug der südtirolischen „Vogel=
weide", daß sie nämlich im Mittelalter erwiesenermaßen ein
kleiner Edelsitz war, ist nur ganz scheinbar, denn unter den
übrigen „Vogelweiden" kann es noch mehrere ablige gegeben
haben; in den allerseltensten Fällen reicht unsere auf Urkunden
gestützte Kenntnis so weit, dies von alten Höfen zu erweisen.
Es ist nun allerdings möglich, die Zahl der Vogelweidehöfe
enger zu begrenzen, und zwar durch ein Hilfsmittel, das wir
Walters Gedichten selbst entnehmen.

Die höfische Lyrik legt schon in ihren Anfängen das
größte Gewicht auf feine, gebildete Sprache und insbesondere
auf Reinheit der Reime, ein Erfordernis, das durch die
genauestens mit der Dichtung verbundene Musik hervorgerufen

wurde. So finden sich in der That nur bei den allerersten
Trägern des Minnesanges etliche Reimungenauigkeiten, bei
den nächstfolgenden überhaupt keine mehr oder höchstens
Ungenauigkeiten, die blos für unser Auge in der Schrift be=
stehen, in der damals üblichen Sprechweise jedoch verschwanden.
Unter diesen unebenen Reimen giebt es eine besondere Art,
solche nämlich, die nur unter der Voraussetzung mundartlicher
Aussprache ganz genau sind, und diese dienen uns selbst=
verständlich als Merkzeichen, durch die wir den Dialekt des
Dichters, somit sein Heimatland, zu bestimmen vermögen.
Der methodische Grundsatz gilt auch noch für viel spätere Zeit:
an Schillers ungenauen Reimen erkennen wir den Schwaben.
Walther von der Vogelweide hat in seinen Poesien zwei
solcher Reime gebraucht (niht: lieht, verworren: pfarren),
welche ganz rein sind, wenn die Aussprache des bayrisch=
österreichischen Dialektes dafür angenommen werden darf; die
Zugehörigkeit des Dichters zu diesem Volksstamme ist also
zweifellos. Nun ist damit freilich noch nicht sehr viel ge=
wonnen, denn dieser Dialekt wurde in Ober=Bayern, in
Österreich ob und unter der Enns, in Salzburg, teilweise in
Steiermark, Kärnten und Tirol gesprochen. Trotzdem hört
an diesem Punkte schon unsere Sicherheit auf, alles weitere,
was wir etwa behaupten können, sind Vermutungen und
Kombinationen von Vermutungen. Wenn unter den möglichen
Landschaften heute in der öffentlichen Meinung Tirol die erste
Stelle einnimmt, so verdankt es dies nur dem Eifer und der
Betriebsamkeit seiner Vertreter, aber keineswegs der besseren
Beschaffenheit der Gründe; von einem Beweise kann über=
haupt gar nicht die Rede sein. Die Sache steht heute um
nichts besser, als sie vor 30, vor 25 und 15 Jahren stand:
alle Schlüsse, die man für Tirol vorgebracht hat, hängen völlig
in der Luft, alle historischen Erörterungen verdichten sich
nirgends zu etwas Greifbarem, sie entbehren alles thatsächlichen

Untergrundes. Das sei hier ganz nachdrücklich festgestellt, und auch die von mehr Begeisterung als Methode eingegebenen Schriften der allerjüngsten Zeit ändern nicht ein Pünktchen an diesem Sachverhalte.

Im Gegenteil: die Sache Tirols steht, verhältnismäßig schlechter als die anderer Landschaften, von denen man vielleicht Steiermark und Kärnten gewisser allgemeiner Umstände wegen wird ausschließen dürfen. Denn nicht ein einziger Aufenthalt Walthers in Tirol ist nachgewiesen. Sollte er, umschweifend wie er die Welt durchfuhr, niemals das Bedürfnis empfunden haben, in die Berge seiner schönen und damals auch reichen Heimat zurückzukehren, und sollte er uns das nirgends an=gedeutet haben? Nicht die geringste Spur hat die eigentüm=liche Großartigkeit tirolischer Szenerie in seinen Gedichten hinterlassen, kein poetisches Bild, kein Zug von Naturbeschrei=bung stammt dorther. Andererseits bildet Niederösterreich und der Hof zu Wien im Wechsel von Walthers Fahrten den ein=zigen festen Punkt: mag er gewesen sein, wo immer, bis an den Grenzen des deutschen Reiches im Westen und Norden, stets kehrt er dahin zurück, und das einzige urkundliche Zeug=nis über ihn, das wir besitzen, weist uns einen früher un=bekannten Aufenthalt Walthers in Österreich nach. Verfährt und überlegt man ohne jede Voreingenommenheit, so hat Nieder=österreich den besten Anspruch, als die Heimat des Dichters angesehen zu werden. Dafür sprechen die beiden Stellen, in denen Walther dieses Land erwähnt, dafür vielleicht seine Zeichnung von Gegenden. Jedesfalls läßt sich auch diese An=sicht zur Zeit nicht erweisen.

Nun wird ja kein Verständiger den Tirolern ihre Freude an Walther von der Vogelweide, dessen Idealgestalt der allzu früh uns entrissene Meister Heinrich Natter auf dem Johannes=platz zu Bozen (eine Nachbildung ist diesem Buche vorangestellt) aufgerichtet hat, mißgönnen wollen. Niemand hat mehr dazu

gethan, das Andenken Walthers aufzufrischen und den Sinn
der Gegenwart dafür wach zu erhalten als eben die Tiroler,
denen schon lange ein starkes Gefühl für die heimatliche Land=
schaft und ihre Ehre eigen ist. Das müssen wir alle ihnen
danken. Und es wäre auch schwer, einen Ort auszufinden, wo
Walthers Denkmal passender stünde, als dort an der Grenze
von Deutsch und Welsch, an der Straße, auf der so viele
deutsche Männer alter Zeit zur Heerfahrt nach dem Süden
gezogen sind, und so viele Deutsche neuer Zeit nach Italien
wanderten, um dort aus dem farbigen Leben, der Landschaft,
der Kunst, sich Mut und Frische für die schaffende Arbeit
heimzuholen. Auf dem Markte der malerischen Kaufherrnstadt,
bei ihren Rebengehängen und Fruchtkörben, im Rahmen der
wundervollen Berge, unter dem blauen Himmel, umweht von
der weichen und warmen Luft — welchem Steinbild eines
deutschen Dichters ist eine schönere Stätte beschert? —

Etwas besser sind wir über die Zeit von Walthers Ge=
burt unterrichtet. Nach Angaben, welche der Dichter in einem
seiner spätesten Lieder über die vierzig Jahre macht, die er
nun schon gesungen habe, kann er nicht lange vor 1170 geboren
sein und muß etwa in der zweiten Hälfte der achtziger Jahre
sein poetisches Lebenswerk begonnen haben. Also dürfen wir es
ja heißen, denn Walther trieb seine Dichtung als Beruf, er
verschaffte sich den Lebensunterhalt damit. So sicher es ist,
daß Walther einem edlen Geschlecht angehörte — den ge=
ziemenden Titel „Herr" gibt er sich selbst, und keiner seiner
Zeitgenossen nennt ihn anders — so gewiß auch ist Walther
arm gewesen. Er war noch ärmer als Wolfram von Eschen=
bach, denn dieser besaß doch für sich und Weib und Kind einen
Burgstall, zwar ein dürftiges Heim, aber doch ein eigenes
Dach; Walther hingegen entbehrte dieser Zuflucht, erst spät
hat er sich selbst durch seine Kunst ein Zinsgut erworben.
Einem jungen Manne von seiner Abkunft und seinen Ver=

hältnissen standen damals nicht all zu viele Wege offen. Am nächsten lag es, in den Dienst eines größeren Herrn zu treten, mit dessen Geschick das eigene zu verflechten, seine Fehden zu schlagen und sein Brot zu essen. Allen, die sich etwas Bildung angeeignet hatten, war der geistliche Stand zugäng= lich; wer aber auch dazu keine Neigung fühlte, was konnte der thun? Wir wissen nicht, welche Lebenspläne Walther gehegt hat, wir können nur vermuten, daß er durch irgend eine Verbindung an den Hof Herzog Leopold V. nach Wien gekommen ist, um dort nach einer Stellung zu suchen. Wahr= scheinlich hat er als Beiläufer eines vornehmen Herrn oder in dem Edelgesinde des Herzogs selbst seine Nahrung ge= funden und dabei Gelegenheit, sich in den höfischen Künsten auszubilden; jedesfalls hat er sich dem angesehenen Meister, Herrn Reinmar, angeschlossen, — der zwar um etwa zehn Jahre älter war als Walther, ein Unterschied, der in der Jugend sehr viel beträgt, — und ist sein Schüler geworden, vielleicht auch ohne daß dieses Verhältnis eine ganz bestimmte äußere Form annahm.

Reinmar hatte in Österreich noch Fortschritte gemacht und sich auf die Höhe seiner Kunst geschwungen. Es ist ihm auch geglückt, hier eine neue Herrin zu finden, der er fortan seine Lieder weiht. „Geglückt" darf man wohl sagen, ob= gleich dem Dichter seine Liebe hauptsächlich Schmerz bereitet hat, denn sie ist doch der Born, aus dem er immer schöpft, und auch den Schmerz gestaltet er zur Klage nicht ohne das behagliche Gefühl des erfolgreichen Künstlers. Alles dreht sich in Reinmars Liedern darum, daß er der geliebten Herrin seine Wünsche vorträgt, daß sie die Erfüllung ihm versagt, aber ihn doch wieder ermutigt. Das stellt der Dichter mit einer wirklich staunenswerten Mannigfaltigkeit der Mittel dar: bald kühn vordringend, bald sachte zurückweichend, in linden und süßen Bitten, dann flehend und Thränen in der Stimme

oder auch in Klagen, die alle Abstufungen von der Wehmut
bis zur Herbigkeit durchmessen. Er bringt stets Abwechslung
in die Situation, in der er die feinsten Abbilder aller seiner
Stimmungen vorträgt oder sie in die Seele der Frau hinein
reflektiert. Er empfindet gewiß ebenso unmittelbar wie jeder
andere wirkliche Dichter, auf seine Hörer jedoch muß er alles
durch ein Medium der Objektivierung wirken lassen, was uns
dann den Eindruck macht, als ob er selbst sich beständig in
Reflexion bewege. In der That gibt es keinen subjektiveren
Dichter als Reinmar. Der ganze Stoff seiner Poesie wird
durch Stimmungen gebildet: Sehnsucht und Trauer geben
die Grundakkorde, Freudigkeit setzt mit helleren Tönen ein,
aber diese Freude steht von der Trauer, die Reinmar zum
Merkmal höfischen Sanges erhoben hat, gar nicht so weit ab.
Seine Trauer ist ein weiches Zerfließen und die Freude ein
ähnlich schmelzendes Gefühl, sehr verschieden von der heiter
gesteigerten Lebensempfindung, die wir heute darunter be=
greifen. Ungemein wenig Thatsächliches findet sich in seinen
Liedern. Versteigt sich Reinmar zu dem für ihn bezeichnenden
Wunsche, nur einmal, sei es auch bloß zum Scheine, die Ge=
liebte im Arm zu halten, so ist er gleich wieder so bescheiden,
daß ein kleiner Bote, der ihm abends ein paar Hoffnung
spendende Wörtlein der Herrin überbringt, schon sein Herz
freudig erzittern macht, dann steigt sein Hochgefühl empor wie
zur Sonne! Daß in solchen Stellen doch Echtes steckt, ersieht
man aus dem schlichten Wort: „ich bin dein", in das der
Dichter ein anderes Mal seine Leidenschaft zusammenfaßt,
oder aus dem schönen Liede, wo die Liebe in Gestalt der
Herrin selbst durch die Augen zu seinem Herzen dringt, wie
ein gewappneter Mann, der auf Raub auszieht, dem niemand
zu widerstehen vermag. Auch bei Reinmar findet sich das Bild
vom Falken einmal, aber was ist daraus geworden! Der
Sänger vergleicht sich und sein allzu kühnes Wünschen mit

dem Falken, den sein wilder Sinn so hoch trägt, der über des
Jägers Gebot nach Beute strebt, und deshalb nur Verlust
einheimst. Gegen seine Leidenschaft gehalten scheint Reinmarn
alles sonst in der Welt nur wenig Eindruck zu machen: er
lehnt es ab, von den Blumen, vom Frühling und Winter zu
singen, denn er hat Besseres zu thun; der Tod seines
Gönners Herzog Leopold ergreift ihn zwar tief, läßt aber
doch noch seiner Liebesklage Raum, und selbst die über=
nommene Kreuzfahrt kann ihm die sehnsüchtigen Gedanken
nicht vertreiben, die um das Haupt der Geliebten flattern.

Wir sind heutzutage nicht fähig, diesem Dichter gerecht
zu werden, wir empfinden die Voraussetzungen seiner Poesie
nicht mit. Uns erscheinen seine Lieder manchmal unmännlich,
blaß, eintönig, allzu beredt; seine Zeitgenossen waren davon
entzückt. Reinmar übertreibt gewiß nicht, wenn er die Frau
zögern läßt, ob sie dem Dichter seinen Sang verbieten solle,
da ihr dann die Leute fluchen würden, er rühmt sich nicht
mit Unrecht, daß er die Menschen „froh" und „hunderttausend
Herzen" höher schlagen gemacht habe. Diese bedeutende
Wirkung, die sich in Reinmars Ansehen und seinem Einfluß
auf so viele junge Sänger zeigt, kann nicht allein in der
überaus zierlichen Form, den wechselvollen Strophengebäuden,
der sicherlich reizenden und feinen Musik, auch nicht in der
klaren, wohltönenden Sprache begründet gewesen sein. Gerade
der Inhalt muß für die ritterliche Gesellschaft, in der Reinmar
lebte, besondere Wichtigkeit gehabt haben. Diese Hingabe an
eine leidenschaftliche Empfindung, diese Weise, sich in ein
Gefühl so ganz zu verlieren wie in einen Traum, sich ihm
zu überlassen und von ihm getragen zu werden, sie mußte für
die harten selbstsüchtigen Krieger und Politiker am Baben=
berger Hofe einen bestrickenden Reiz haben. Kam das alles
dann im Geleite der ritterlichen Mode und ihrer feinen Lebens=
formen, so versteht sich die überwältigend starke Wirkung von

Reinmars Liedern, versteht sich das Bedürfnis nach dem
Doppelleben, das z.B. in der Persönlichkeit Ulrichs von Liechten=
stein zum Ausdruck kommt. Man hat den steirisch=österreichi=
schen Landherrn einen Don Quixote genannt, das ist aber
nur teilweise richtig, weil er mit seinen Irrfahrten der Liebe
immer ganz reale Unternehmungen im Interesse des steirischen
Adels verbindet; viel eher wäre etwas von der Art des
Junkers de la Mancha schon in der Weltversunkenheit Rein=
mars zu spüren. Das soll aber gar kein Tadel sein — wer
wüßte nicht Don Quixotes rührende Seite zu finden? —
sondern nur ein Versuch, das Wesen Reinmars begreiflich zu
machen. Darum sagt man kaum zutreffend, Reinmar habe
die Poesie ärmer gemacht, indem er ihre Kreise verengt habe;
vielmehr hat Reinmar sie bereichert, da er die Empfindung
vertieft, alle sprachlichen Mittel vervielfältigt und in den
Dienst der erweiterten Aufgabe gestellt hat. Oder glaubt
man, Walther hätte ohne Reinmars Schule so leicht die
geistige Freiheit gefunden, welche ihn sein menschliches Gefühl
in die Welt jubeln ließ?

Gewiß ist einer solchen subjektiven, idealistischen Dichtung,
wie Reinmar sie trieb, nur eine kurze Spanne des Erfolges
beschieden. Reinmar hat selbst erleben müssen, daß man an=
fing, sich von seinen Liedern abzukehren, daß man über das
Alter der lang besungenen Herrin spottete, und es gebricht
ihm auch nicht an Selbstironie, mit der er auf sein er=
grauendes Haar anspielt. Dabei mag die Frage ganz un=
berührt bleiben, in wie weit Reinmars Lieder naiv sind, das
fällt gerade bei seiner Art viel weniger ins Gewicht als man
meint: in Reinmars weicher Seele klangen die einmal an=
geschlagenen Saiten immer fort, leiser und stärker, wie der
Atem seines Lebens an sie schlug. Sicherlich aber haben sich
seine Zeitgenossen wenig um die Echtheit bekümmert, sondern
sich an der Bewegung gefreut, die Reinmars Poesie in ihre

Gemüter brachte und die durch etliche Zeit ein Element der
höfischen Erziehung wurde. Es soll nicht behauptet werden,
daß Reinmar vor Walther steht wie Lyly und sein „Euphues"
vor Shakespeare; aber nicht, weil es an sich so sehr falsch
wäre, sondern weil man mit dem „Euphuism" der englischen
Litteratur eine irrige und einseitige Vorstellung verbindet und
dabei ganz vergißt, wie bedeutend diese Richtung auf Shake=
speare wirkte und wie unentbehrlich sie für ihn war als
Gegengewicht wider Kyd und Marlowe. Gewisse einseitige
Richtungen müssen stets durch bedeutende Menschen vertreten
sein, wenn ein Großer sie zu einheitlicher Vollendung ver=
binden soll. —

Wir haben von Walther keine Lieder aus einer Zeit er=
halten, die vor seiner Bekanntschaft mit der Poesie Reinmars
läge. In den ältesten Stücken bereits schlägt der Einfluß des
Lehrers mächtig durch, und es ist nicht uninteressant, daß viel=
leicht das erste der uns bewahrten Gedichte Walthers (L. 90,
15) über die Dürftigkeit und Öde der Welt klagt. Das sind
nur leere Formeln, die da zusammengetragen werden, die Er=
fahrung fehlt, Mißmut spricht aus dem Jüngling, die Welt
gönnt ihm keinen Raum, seine Bemühungen, emporzukommen,
sind ohne Erfolg, überall steht ihm seine Ärmlichkeit im Wege.
Solche Weltklagen finden sich auch in der späteren Liebes=
dichtung Walthers ungemein häufig, gewiß hat ihn dieses
Gefühl der Unbefriedigung in die Ferne geführt, ist aber zu=
gleich der Ausgangspunkt für seine lehrhafte Poesie geworden.
Darum ist es nur angelernt und entbehrt der Frische wirklichen
Lebensinhaltes, wenn Walther ein nächstes Mal (L. 91, 17)
seinen jungen Genossen den Wert und Trost der Minne rühmt:
so spricht von dieser Sache nur, der sie nicht kennt. Etwas
lebhafter und ein wenig angeregt durch die Sommerfreude
schildert Walther in einem anderen Liede (L. 92, 9), wie er
sich von seiner Herrin — echt reinmarisch — mehr Freude

hoffe, als vom Gesang der Vögel. Pedantisch lobt er seine
Auserwählte, von deren Tugenden und Liebenswürdigkeit sich
ihre Schönheit abhebe, wie der edle Stein von seiner goldenen
Fassung. Schon ihr Anblick ist lieblich, erst, wenn einem
etwas Besseres widerfährt! Zwar natürlich in allen Ehren;
ein Mann trägt Vorteil für sein Leben davon, auch falls ihm
nichts wirklich gewährt wird.

Das schmeckt alles nach der Schule und ist gemacht.
Reinmars Unterricht trägt auch in dem nächsten Stück (L. 93,
20) Früchte, wo nicht ohne Geschick und Feinheit die Herrin
als eine wohlverklauste Burg beschrieben wird, die Schlüssel
zu ihrem Leben, ihrer Tugend, möchte der Sänger gerne
gewinnen. Selbst die Hut, unter der die Frau sich befindet,
entmutigt ihn nicht, er hat wahrscheinlich durch sie nichts ein=
zubüßen, denn er sagt ganz ausdrücklich, daß er ihr nur in
„liebevollem Wahne" dient. Freilich reut ihn diese müßige
Hoffnung bald wieder (L. 95, 17): das ist auch gar nicht die
rechte Freude, die man sich selbst nur einbildet. Wahrhaft glück=
lich aber sind zu preisen, die sich gegenseitig in Treuen ergeben
sind. Das kann ein Thor, wie es ihrer so viele giebt, gar
nicht ermessen. Vielleicht besteht doch auch für ihn eine
Hoffnung, er zählt darauf, daß die Frauen zu wählen ver=
stehen und solche Männer vorziehen, die sich wirklich ihrem
Dienste weihen. — Man sieht, Walther ist noch sehr weit
davon, sich ein bestimmtes Ziel zu stecken, seine Wünsche sind
noch frei und haften nur gelegentlich an einem Frauenbild,
wie der zufällige Anblick seinem Auge behagt. Dafür zeugt
auch sein nächstes Lied (L. 96, 29), dessen Musik sehr hübsch
gewesen sein wird. Er behandelt darin, vielleicht nach dem
Beispiel Hartmanns von Aue, etwas ironisch den Wert der
„stæte", das ist der treuen Gesinnung, hier wohl nur betreffs
der Herrin. Dieser klagt er, daß sie eigentlich ihm viel Un=
gemach verursache, und wünscht, von ihr freigelassen zu werden.

Wem die Treue bei der Geliebten nützt, der hat leicht treu sein, ein anderer wird wegen seiner Treue höchstens ausgelacht. Die Herrin möge sein Heil bedenken, sie möge die Bescheidenheit seiner Erwartungen anerkennen und belohnen. Ganz formell wieder sind die Klagen des nächsten Liedes (L. 97, 30), vielleicht ist nur das eine darin richtig, daß Walthers Weisen nicht überall den gewünschten Anklang finden. Er ärgert sich dann über die Aufpasser und über die Neugierigen, die durchaus den Namen seiner Herrin wissen wollen, beide fertigt er ab.

Ein frischerer Ton läßt sich in einem folgenden Liede vernehmen. Das ganze Jahr hindurch (L. 99, 6) hat ein guter Mann Freude, Winters und Sommers, ihm spenden sie die Frauen. Und da nun ein Mann zu nichts taugt, den nicht eine hochgemute Stimmung erfüllt, so möchte auch Walther sich gerne freuen. Er weiß schon, daß nur die geliebte Herrin dies vermitteln kann; sendet sein Herz die Augen zu ihr, dann — sagt er mit einem Bilde, das von ihm auf Neidhart und von diesem zu dem grob travestierenden Schweizer Sänger Steinmar übergegangen ist — springt es fröhlich empor. Aber die Augen des Herzens, wo kommen die her? „Fragt ihr, welche denn die Augen sei'n, womit ich sie seh' durch jedes Land: es sind die Gedanken des Herzens mein, damit schau' ich durch Mauer und Wand". An diese hübsche französische Wendung knüpft er die Bitte, daß auch die Herrin ihre Gedanken ihm zukehren und seinen guten Willen durch den ihren vergelten möge. — Das scheint nicht viel geholfen zu haben, denn ein nächstes Lied (L. 100, 3) klagt darüber, daß die Frau von dem Lobe des Dichters ungerührt bleibt. Und doch zöge er ihren Dank jedem anderen vor, den er leicht fände: „Fremder Frauen Lob könnt' ich genießen, — möchten sie darob stets glücklich sein! Aber wider meiner Herrin zärtlich Grüßen dünkt ihr Aller Dank mich winzig klein". — Ein andermal tritt der Dichter bereits in einer Rolle auf (L. 112, 35), der des Boten, die er später so vervollkommt hat. Die Frau soll ihrem Ritter seinen Kummer wenden, ihm Freude bereiten, er singt dafür ihr Lob und thut sein Bestes. Die Herrin jedoch, welche die Bitte wohl versteht, weist sie ab, denn sie will nur die gerade Straße der Ehrbarkeit gehen und sich nicht auf die krummen Fußpfade verirren, die überall neben= her laufen. — In munter springenden Daktylen (L. 110, 13) rühmt Walther nun den roten Mund der Frau, welche ihm freundlich lächelnd begegnet ist: „Heil sei der Stunde, da ich sie erkannte, die mir den Leib und den Sinn hat bezwungen, seit ich mein Herz an die Herrin gar wandte, aus dem die Teure mich selbst hat verdrungen. So kann ich jetzt mich von ihr nicht mehr scheiden: das hat ihre Schönheit und Güte gemacht und ihr roter Mund, der so lieblich mir lacht". — Der gehobene Mut ist etwas gedämpft in einem anderen Liede (L. 121, 33), worin der jugendfrohe Sänger über die Alten schilt, welche die Welt so traurig finden. Leider scheinen sie Recht zu behalten, denn die Welt zieht den reichen Thoren dem armen Klugen vor. — Das war wohl eine eigene bittere Erfahrung Walthers.

Dem feineren Frauendienste wendet sich der Dichter mit einem schönen Liede (Minnesangs Frühling 152, 25) zu und er wächst sichtlich mit seiner Aufgabe. Alles ist in diesem und in den anschließenden Stücken viel voller und reicher als vorher. Eine heitere Stimmung spricht schon aus den ersten Versen: „Gerne leb' ich nach der Leute Munde, nur bleiben sie bei ihrem Wort nicht stehn: gewinnen sie von meinem Glücke Kunde und wird's, daß sie mich frohen Mutes sehn, so tadelt's einer mir zu Leide, ein andrer findet ehrenvoll die Freude. Ich weiß nicht, wem ich folgen soll; wär' ich nur weis' und klug, gern macht' ich alles wohl". Vielleicht läßt sich das Rechte im Dienst einer Herrin erlernen, und so wendet sich Walther an die Frau mit der Bitte, ihr Diener sein zu dürfen.

Das wird ihm gewährt, schon erfreut sich ja der Dichter eines
gewissen Ansehens; nur fürchtet die Dame, daß Walther es nicht
ganz treulich meine, Gott soll ihr helfen, dessen gewiß zu werden.
Noch ist also nicht alles klar, und der Sänger hat trübe
Stunden. — Das spricht der Eingang des nächsten Liedes
(L. 13, 33) aus: „Mancher fragt mich um mein Leid und sagt
mir, daß es nicht vom Herzen gehe. Der verliert doch seine
Zeit, denn ihm ward nie von rechter Liebe weder wohl noch
wehe, deshalb ist sein Glaube schlecht. Doch wenn er denkt,
wie Minne kränkt, dann wird er meinem Sang gerecht". Viel
hoffnungsvoller klingt schon das folgende: „Minn' ist ein
alltäglich Wort und doch seltsam in den Thaten, das ist
schon so. Minn' ist aller Tugend Hort, ohne sie wird nie
ein Menschenherz recht froh. Weil ich dessen sicher bin, nun,
Frau Minne, freu' auch meine Sinne, denn mich schmerzt'
es, wär' mein Trost dahin". Der Trost ist die Zuversicht
auf die freundliche Gesinnung der Herrin; könnte er ihr nur
seine Neigung klar machen, dann würde ihm herzlicher Empfang
zu teil. — Dies ist auch geschehen, und die nächsten Lieder
(L. 109, 1. 71, 35. 113, 31) bezeugen ein bescheidenes
Liebesglück, die Gefühle Walthers werden erwidert. Das
schwellt die Brust des Sängers und steigert seine Hoffnungen.
Jetzt erfährt er, wie durch die Liebe oft Freude und Schmerz
in Eins verschmelzen. Einfach, aber gerade deshalb um so
herzlicher, gesteht nun die Frau ihre Empfindung: „Es lebt
ein Held mit treuem Sinn, der immer mir gebieten kann,
was er des Guten von mir will. Sein bied'rer Mut bringt
ihm Gewinn: ich that ihm Lieb's schon manchen Tag. Das
kommt von Minn' und ihrem Spiel. Mir ist durch ihn,
muß ich gestehn, ein Heil vor allen Frau'n geschehn. D'rum
ist das Glück uns beiden jetzt erblüht, es ward in meinem
Herzen sich den Sieg sein ritterlich Gemüt." Ja die Frau
gerät alsbald in Kampf mit sich selbst: sie zweifelt, ob sie

wird verjagen können, worum er sie fleht. Und dennoch darf sie
es nicht, das ist ihre schmerzliche Klage. „Über alle anderen hat
er es davon getragen und ihre Liebesmühen matt gesetzt", schließt
sie mit einer Phrase Reinmars. Zum Theil überwindet die Leiden=
schaft ihre Bedenken, denn daß Walther sie geküßt und umarmt
habe, gibt die Frau in einem weitern Liede (L. 119, 17) zu:

Du hast viel Gnade mir gethan,
o Gott! Du hast mein Aug' gelenkt
nach ihm, dem allerbesten Mann,
und Liebe in mein Herz gesenkt.
Es war ein Augenblickchen nur,
daß ich ihn küßte, und es fuhr
Mir in das Herz. So kann's nicht gehn.
Gewähre ihm und mach' ihn froh.
Wenn ich nur wüßte: wie und wo?

Das erregt nun freilich den Neid, mit Fingern weisen
die Leute auf den Glücklichen, sie bedrängen ihn mit lästigen
Fragen (L. 63, 32), wer denn seine milde Herrin sei. So
muß er für eine Weile sich abseits halten, um sein Glück
nicht zu verlieren. Trauer und Hoffnung beherrschen ihn nun
abwechselnd, die Aufregung macht ihn krank, aber das Ver=
trauen auf die Zukunft hält ihn aufrecht. Der neue Frühling
giebt ihm das frische, bewegte Lied (L. 114, 23) ein:

Der Reif that kleinen Böglein weh,
daß sie nicht mehr sangen;
nun singt es herrlicher denn je,
da Wald und Wiese prangen
und Blumen streiten mit dem Klee,
wer wohl länger wäre:
Herrin, welche Märe!

Des Winters Frost und andre Not
thaten mir zu Leide.

4*

Ich dachte nicht mehr Blumen rot
zu sehn auf grüner Haide;
und manche klagten, wär' ich tot,
die so lustig sprangen,
wenn die Saiten klangen.

O Frühlingstag, o Frühlingstag,
müßt' ich dich versäumen,
es wäre ein zu harter Schlag
für all mein Lieben und Träumen,
wie ich so gerne einstens pflag.
Nehmt des Himmels Grüße,
daß mir Heil ersprieße.

So singt er von neuem seiner Herrin zu Ehren (L. 118,
24), und wird auch seine Zuversicht bisweilen klein, so flackert
sie doch wieder auf, wenn er sich ihrer Schönheit erinnert,
an der sie Helena und Diana übertrifft. Sie ist eine wahr=
hafte Zauberin (L. 115, 30), sie erobert viele Herren, die bei
weitem stattlicher sind, als der Dichter selbst, der sich männ=
licher Schönheit nicht rühmen kann, wie die Frau weiß.
Sitzt er bei ihr (L. 115, 6), so verliert er ganz die Be=
sinnung, sein Kopf wirbelt, alles vergißt er, was er ihr hatte
sagen wollen. Allmählig wird der Sänger unsicher über den
Ernst in der Gesinnung der Geliebten. Zudem treten Lügner
und Verleumder zwischen beide (L. 44, 11), die er doch nicht
anders als durch Verachtung strafen kann. Er faßt sich re=
signiert (L. 41, 13): „Niemand findet Freuden hier, denn
sie vergehen wie der Blumen farb'ger Schein; d'rum darf
auch das Herze mein nur ein ein echtes dauernd Glück sich
noch erslehn." So will sich Walther denn aufmachen und es
anderwärts versuchen. Zuvor aber rechnet er mit denen ab,
die ihm seinen Frühling verdorben haben (L. 60, 34):

Nun will ich teilen, eh' ich zieh',
Mein fahrend Gut und festes Land,
daß niemand streite, außer die,
so ich als Erben hab' erkannt.
Mein Unglück will ich jenen lassen,
die gerne neiden, gerne hassen,
dazu mein angebor'nes Leid:
den Kummer soll der Lügner erben;
der Liebe ungestümes Werben
sei treulos Liebenden geweiht;
Euch Frauen aber will ich schenken
der Liebe schmerzliches Gedenken.

Blicken wir auf diesen ersten Abschnitt in dem Sänger=
leben Walthers von der Vogelweide zurück, so finden wir
vielversprechende Anfänge. Der Dichter beherrscht die Mittel
seiner Kunst, anmutig fließen ihm die Verse, die Sprache ist
lauter und melodisch, gern fügt sie sich den zierlichen Weisen.
Nicht alles ist gleich gut, manches klingt spielerisch. Oft
greift er auf die Wendungen zurück, die andere vor ihm
gebraucht haben, doch niemals, ohne sie zu verfeinern, sie
überraschend umzubilden. Sein Vortrag läuft gerne in
Pointen aus wie bei Friedrich von Hausen, eine gewisse
Vorliebe für Epigrammatisches ist ihm eigen. Noch merkt
man, daß Reinmar als Vorbild auf ihn wirkt, aber sichtlich
löst er sich von dem Zauber des Meisters und bricht mit
jugendlichem Mut sich neue Bahn. Was ihn jetzt schon
kennzeichnet, ist die frische und unmittelbare Anschauung, die
feine Empfindung, welche manchmal in Gereiztheit umschlägt,
und der Sinn für das rechte Maß. Solche sind edle Gottes=
gaben für den Dichter. Walthers Poesie hat bereits Haltung,
der Sänger gewinnt an Selbstgefühl: aus dem Jüngling
wird ein Mann, der mit festem Schritt sich in die Welt
hinauswagt, um sein Leben zu erstreiten.

—⟩•·⟨—

IV

Hohe Minne.

Wir wissen nicht, um welche Zeit Walther zuerst als fahrender Mann vom Wiener Hofe ausgezogen ist; wir wissen auch nicht, unter welchen Umständen. Nur vermuten darf man, daß er genötigt war, sich anderwärts umzuthun, vielleicht vermochte er neben Reinmar nicht recht aufzukommen. Zwar, auch wie es mit Reinmar stand, ist uns keineswegs bezeugt. Man glaubt gemeinhin, Reinmar habe in Wien als „Hof= dichter" dauernd verweilt, doch erschließt man das nur bei dem Mangel jeglicher Überlieferung aus seiner Klage über den Tod Herzogs Leopold V. Allerorts sind wir auf bloße Kombinationen und Einfälle angewiesen.

Jedesfalls ist Walther viel und weit herumgekommen. Wo er selbst seiner Fahrten gedenkt, da erwähnt er Gegenden, in denen wir ihn nie gesucht hätten, und jenes urkundliche Zeugnis, das sich gefunden hat, weist auf einen Aufenthalt, der uns sonst ganz unbekannt war. Nur völlig vereinzelte Punkte seiner Laufbahn können wir. markieren und zwar, wohl gemerkt, nur aus der zweiten Hälfte seines Lebens. Denn die historischen Anspielungen in seinen Sprüchen sind die alleinige Grundlage unseres Wissens, und selbst diese sind nicht immer klar, sondern gestatten vielerlei Deutungen. So gewinnen wir noch das Meiste für die Erkenntnis von Walthers Leben, sofern wir uns um seine innere Entwicklung bekümmern, wie sie aus seinen Dichtungen ermittelt werden kann. Aber bieten diese Poesien uns dafür auch einen sicheren Halt? Sind

sie denn überhaupt zahlreich genug vorhanden, um Be=
obachtungen über Zusammenhänge und Fortschritt zu erlauben?
Ehe diese Fragen allmählich beantwortet werden, sollen einige
allgemeine Erwägungen hier Platz finden. —

Walther zog aus als fahrender Mann. Wie haben wir
uns das zu denken? Vor allem ist Walther immer geritten,
wenn er von einem Orte zum andern gelangen wollte. Das
versteht sich einmal schon bei dem Zustande der mittelalterlichen
Straßen von selbst, dann ziemt es Walthers ritterlichem
Stande, endlich erfahren wir es aus des Dichters eigenen
Worten. Die Höfe adeliger Herren, der Grafen, Bischöfe und
Fürsten waren die großen Stationen seines Zuges. Während
er in den kleinen Herbergen, in Dörfern und Weilern, ein
Gast war, der für Unterkunft und Zehrung bezahlte wie jeder
andere, war für ihn an den Höfen nicht nur beides frei,
sondern dem Sänger wurde nach kürzerem Aufenthalte ein
Geschenk zu teil, etwa Geld, Stoffe, Schmuck, ein Pferd.
Gefiel seine Kunst und auch seine Persönlichkeit dem Herrn,
so behielt er ihn länger, nahm ihn vielleicht gar unter seinen
Hofstaat, in sein „Gesinde" auf. Nicht daß es dem Dichter
überall so gut geworden ist, auch er hat über unmilde Fürsten
zu klagen, über Konkurrenten und Streber, die sich unver=
schämt vordrängen und ihre Trivialitäten als Kunst ausbieten.
Aber im Ganzen ist man dem Sänger und Edelmann doch
gewiß mit Achtung begegnet, dafür zeugt sein späteres Schicksal.

Was erwartete man von dem fahrenden Dichter, was
hatte Walther zu leisten? Musik und Gesang, das ist Vor=
träge von Liedern. Sein Instrument führte der Sänger mit
sich, entweder die Fiedel nebst Bogen, die, mit einem Tuch
umhüllt, beim Reiten an den Sattel geschnallt oder wie der
„Schnerfsack" eines heutigen Touristen über den Rücken ge=
hängt wurde. Vielleicht auch eine kleine Harfe, welche der
Sänger auf das Knie stellte und gegen die Brust stemmte.

Ort und Zeit des Vortrages waren wohl Winters und
Sommers verschieden: in einem der großen Burgzimmer nach
dem Mahle oder des Abends, wenn das Feuer in dem mächtigen
Kamin loderte. Auch sonst fand sich in der rauhen und langsam
verfließenden Jahreszeit die Gelegenheit reichlich, da der Dichter
diese Monate, wofern es irgend möglich war, an einem und
demselben Hofe zubrachte. Während des Sommers aber bot
der Baumgarten oder der Hof in der Burg, vielleicht auch
eine der steinernen Lauben, wie sie sich am Oberstock alter
Schlösser manchmal hinziehen, den passenden freien Raum.
In den großen Kaiserpfalzen, bei den Fürsten und auf den
Bischofhöfen wird das nicht erheblich anders gewesen sein.
Waren die Hörer im Halbkreis versammelt, die Vornehmsten
auf erhöhten Sitzen in der Mitte, dann hub der Sänger an.
Es läßt sich vermuten, daß er zuerst ein Vorspiel auf seinem
Instrument zum Besten gegeben haben wird. Walther selbst
erwähnt, wie er auf der Geige zum Tanz aufspielte. In
welcher Art jedoch der eigentliche Vortrag der Lieder stattfand,
darüber besitzen wir keine genaueren Mitteilungen, weder von
den Dichtern, noch von ihren Zeitgenossen, auch die überlieferten
Bildwerke helfen uns nicht. Sicher ist eines: die Vorstellung,
die man jetzt insgemein von der Sache hat, daß nämlich
der fahrende Mann auf der Fiedel gespielt und dazu gesungen
habe, ist unrichtig. Zwei Hauptarten von Geigen sind uns
aus dem Mittelalter bekannt: die eine, welche wie heute an
den Hals gesetzt wurde; die andere legte man über die Kniee
und griff mit der linken Hand die Saiten, indes die Rechte
den Bogen führte. Wahrscheinlich besaß man auch Kniegeigen
in Gestalt des Violoncello. Bei keinem von diesen Streich=
instrumenten ist es dem Spieler möglich, gleichzeitig zu singen,
insbesondere aber zu singen, wie es die Minnepoesie forderte,
so nämlich, daß der Inhalt vollkommen und in der richtigen
Weise accentuiert den Hörenden vernehmlich wurde. Ent=

weder begleitete sich der Sänger auf einer kleinen Knieharfe (liet slagen nennt das Neidhart) oder er begleitete sein Lied überhaupt nicht, sondern spielte nur die Melodie und sang es dann. Wenn man sich jedoch die überlieferten Minnelieder genauer ansieht, so wird man finden, daß es bei der über= großen Mehrzahl darunter einfach undenkbar ist, sie seien ohne Begleitung gesungen worden. Ihre Melodien waren nämlich meist sehr kompliziert, und wahrscheinlich haben nicht einmal gegriffene oder gerissene Afforde genügt, welche die guten Takt= teile und die harmonischen Übergänge markierten; um den Sänger fest zu erhalten, ist ein durchgehendes Affompagnement notwendig gewesen. Man denke an die heutigen großen Re= citative und Opernarien. Es bleibt also nur die Annahme übrig (sie wird uns insbesondere durch Zeugnisse aus der Provence reichlich bestätigt), daß der Sänger einen Genossen mit sich hatte, der zu seinem Liede die Begleitung fiedelte. Bei armen niedrigen Fahrenden werden sich je zwei Künstler zu gemeinsamer Arbeit zusammengethan haben, bei Walther wird man vermuten dürfen, daß er einen gemieteten Spiel= mann auf seinen Fahrten mitgenommen hat. Er selbst nennt einmal seinen Knappen Dietrich, der ihm wohl die nötige Hilfe geleistet hat. Ulrich von Liechtenstein und spät darnach der Graf Hugo von Montfort sangen auf dieselbe Weise mit Unterstützung durch einen Begleiter. Der Vortrag epischer Lieder durch die Fahrenden verlangte natürlich nur eine geringe musikalische Leistung, Vor= und Zwischenspiel mochten genügen, hie und da ein Afford, um den rhythmischen Accent zu verstärken, etwa beim Anfang des Abgesanges der Strophen.

Walther hat die Weisen zu seinen Liedern und Sprüchen selbst komponiert, wie denn auch alle angesehenen ritterlichen Minnesänger vor und nach ihm gethan haben. Ja Walther ist gerade seiner Melodien wegen berühmt gewesen, und das

Lob Gottfrieds von Straßburg gilt vornehmlich seinem musi=
kalischen Können; er ist darnach der erste in der Reihe der
großen Musiker, die Österreich hervorgebracht hat, wenngleich
es uns bis jetzt noch nicht gelungen ist, eine der aus der
Nachblüte des Minnesanges erhaltenen Melodien ihm bestimmt
zuzuweisen. Manches seiner Lieder singt sich fast von selbst,
man fühlt nicht blos den Rhythmus, sondern auch die Inter=
valle der Melodie. Zu nicht weniger als einhundertein solcher
Kompositionen sind uns die Texte erhalten, darunter befanden
sich umfangreiche und schwierige Nummern, die verlorenen gar
nicht zu rechnen. Nur ein großes durchkomponiertes Stück ist
dabei, der Leich, die übrigen haben blos je eine Weise für
mehrere Strophen, wenn auch diese inhaltlich bisweilen ganz
lose zusammenhängen. Besonders fällt das bei den einstrophigen
Sprüchen auf, gnomischen und politischen Dichtungen, deren
ziemlich große Zahl Walther auf nur neunzehn verschiedene
Weisen aufgeteilt hat. Es ist also das Bedürfnis nach neuen
Melodien bei den Liedern viel stärker gewesen als bei den
Sprüchen, offenbar, weil in diesen der Inhalt mehr zu be=
deuten hatte.

Ob Walther von der Vogelweide als Fahrender außer
seinen eigenen Liedern und Kompositionen noch die anderer
Dichter vorgetragen hat? Es scheint ganz unzweifelhaft, daß
er es that. Da er als junger Mann in die Welt zog, war
der Vorrat seiner eigenen Schöpfungen gewiß bei weitem
nicht groß genug, um, besonders bei längerem Aufenthalt, der
Hörlust seines Publikums zu genügen. Auch wissen wir von
anderen Dichtern und Fahrenden, wie sehr die höfische Gesell=
schaft nach Neuem und Aufregendem begierig war. Da hat
die Lyrik überhaupt nicht ausgereicht. Überdies ist Walther
sicherlich des öfteren in fürstliche Häuser gekommen, die noch
nicht von dem Modegeschmack des ritterlichen Minnesanges
ganz erfüllt waren, seine Vorträge werden sehr verschiedenen

Wünschen haben Rechnung tragen müssen, und diesem Umstande
wird man es insbesondere zuschreiben dürfen, daß sich Walther
so viel als möglich um Erweiterung des Stoffkreises für seine
eigene Dichtung bemüht hat, wie uns das aus seinen späteren
Jahren bekannt ist. Zugleich versteht sich aus diesen Verhält=
nissen die Notwendigkeit schnellerer Bewegung, größerer Reisen,
die uns von den Fahrenden bezeugt sind. Was hätte Walther
sonst so weit in ganz Deutschland und darüber hinaus umher=
getrieben? Es ist — in gebührendem Abstande — nicht anders
mit den Umzügen durch die Welt, auf die heutzutage Virtuosen,
Panorama, Zirkus und Wandertheater angewiesen sind. Man
mag es darnach als sicher erachten, daß Walther außer seiner
eigenen Poesie noch die Minnelieder anderer Herren, aber auch
sonstige beliebte Stücke, z. B. die volkstümlichen Dichtungen
aus der Heldensage, wohl nicht minder volkstümliche Gnomik,
seinen Zuhörern vorgetragen hat. Vielleicht lag es ihm aus
dieser Kenntnis nahe, einmal das Lied von Walther und
Hildegunde zu erwähnen, das in Österreich entstanden war.
Mag sein, daß der Dichter als alter Mann sich auf die
Rezitation seiner eigenen Sachen beschränkt hat, im weitaus
größeren Zeitraume seiner Jugend und vollen Mannesthätigkeit
ist das gewiß nicht der Fall gewesen. Es läßt sich nicht
leugnen, daß die allgemein übliche Vorstellung von Walther
zu diesen Annahmen nicht stimmt, aber diese Vorstellung ist
eben nicht durch Zeugnisse und Thatsachen begründet.

Ein anderes: es wird viel Gewicht darauf gelegt, Walther
sei der erste fahrende Mann gewesen, der die neue höfische
Minnepoesie vorgetragen habe, sein Auftreten bezeichne also
gewissermaßen einen Abschnitt in der Geschichte der durch die
Fahrenden verbreiteten Dichtung. Das läßt sich nicht er=
weisen, wir wissen gar nichts darüber. Ganz leicht kann
schon vor Walther ein Ritter die Lieder der neuen Kunst auf
Wanderfahrten mitgenommen haben. Die Hauptsache ist, daß

bei genauerer Betrachtung der Schritt -- wenn Walther ihn
gethan hat — von der älteren Weise der Fahrenden zu der
seinen gar nicht so groß ist, als er sich von weitem ausnimmt.
Es darf nämlich nicht übersehen werden, daß schon der ältere
Minnesang ganz auf den Ortswechsel angewiesen ist. Das
ergiebt sich aus folgenden Erwägungen. Bei der Beschaffen=
heit des Verhältnisses, in dem sich der ritterliche Sänger zu
seiner Herrin meistens befand, war beiden, sofern sie sich
wirklich liebten, äußerste Vorsicht geboten. Hatte das Gefühl
einmal gesprochen: dann trachteten die Liebenden auch sofort,
sich zu besitzen; es waren eben gesunde und lebenskräftige
Menschen, die sich eine platonische Empfindung nur sehr
mühsam zu konstruieren vermocht hätten. Rasch wallte das
Blut und vom Gedanken zur That dauerte es nicht länger,
als Paolo Malatesta und Francesca da Rimini zum Lesen
des französischen Lancelot brauchten. — Es verstand sich von
selbst, daß der Name der Frau nicht genannt werden durfte.
Überhaupt war alles zu vermeiden, was auf die Spur leiten
und das Verhältnis offenbaren konnte. War denn aber
Geheimhaltung überhaupt möglich? An einem großen Fürsten=
hofe Deutschlands bestand die Familie des Herrn mit allem
Ingesinde, das heißt mit den hoffähigen Genossen des Haus=
haltes, aus höchstens zwanzig bis dreißig Personen, wozu
man vielleicht noch eine Dienerschaft von etwa hundert Köpfen
fügen darf. Wenn nun ein adeliger Dichter bei längerem
Aufenthalte einer Dame des Hofes seine Gefühle in Liedern
vortrug, wie hätte man unter diesen Umständen nicht erraten
sollen, wer gemeint war? Die Einrichtung der Späher des
Gatten (meistens Hofbeamte, höhere Diener, zuweilen Geistliche,
selten Knechte), die in der gesamten Minnepoesie als „Merker"
und „Hüter" eine stehende Rolle haben, beweist, daß man in
der Regel schnell erfuhr, zwischen welchem Paar sich eine
Neigung entsponnen hatte. Dann wurde aber der Boden für

den Sänger bald zu heiß, und es mußte ihm geratener
scheinen, aus der Ferne die Wünsche und Klagen oder gar
den Dank für das genossene Glück in Liedern zu der Geliebten
fliegen zu lassen. Wir sehen aus den Übertreibungen im
„Frauendienst" Ulrichs von Liechtenstein, wie die Sachen
standen. Bei dieser Auffassung erklärt sich auch erst die merk=
würdige Erscheinung, daß die übergroße Mehrzahl der Minne=
lieder die Trennung des Sängers und der Herrin voraus=
setzen: alle die kleinen Formen, die darauf gebaut sind, werden
reichlich entwickelt: das Botenlied, vor allem die „Wechsel",
jene Gesänge, die aus Strophen der Frau und des Mannes
bestehen und die bei wahrhafter Neigung gewiß nur den
Reflex wirklich getauschter Botschaften in der künstlerischen
Bearbeitung des Dichters enthalten. Auch hier sind die ge=
reimten Brieflein, die Ulrich von Liechtenstein in seine Er=
zählung einschaltet, mit ihrer ungelenken Sprache und den
fehlerhaften Versen klassische Zeugen. Erleichtert wurde die
Sache allerdings durch einen anderen Umstand. Die Orts=
veränderung war für sehr viele Ritter jener Zeit der gewöhnliche
und natürliche Zustand, das Stilleliegen die Ausnahme, und
deshalb empfand man den Winter als die unleidliche Jahres=
zeit, weil er dieser Bewegung außerordentliche Hindernisse
bereitete. Man braucht nur einmal nach den Urkunden, deren
Orts= und Zeitangaben sich freilich nicht immer mit den Daten
der wirklichen Vorgänge decken, die Lebensbahn eines großen
Adeligen zu verfolgen, so wird man über die Beweglichkeit
erstaunen. Und zwar lehren das nicht bloß vereinzelte Fälle,
sondern dieser Eindruck ändert sich nicht bei umfassender Durch=
musterung der Urkundenbücher und der Lebensläufe großer
Herren aus dem Mittelalter. Gewiß beruht darauf auch die
Bedeutung, welche die fahrenden Spielleute schon früh für
den ritterlichen Minnesang gewannen. Sie wird man haupt=
sächlich als Boten verwendet haben, nicht bloß, weil sie lesen

und schreiben konnten, sondern auch), weil sie ohne Noten=
aufzeichnungen die eigentümlichen und schwierigen Melodien
der Lieder behielten. Steht es so bei der Minnepoesie, war
sie solchermaßen auf den Ortswechsel und die nebenher auch
minder gefahrvolle mündliche Überlieferung angewiesen, dann
war es kein Sprung, sondern nur eine begreifliche Weiter=
entwicklung der gegebenen Verhältnisse, wenn auch Herr
Walther in die Reihe der Fahrenden trat und Liebeslieder
in seinen Sangesplan aufnahm.

Noch ein Weiteres: man hat schon oft bemerkt, daß die
vorhandenen höfischen Lieder sehr wenig bestimmt in der Aus=
malung der realen Zustände, der augenblicklichen Situation
der Liebenden sind, und man hat das mit Recht aus der ge=
botenen Heimlichkeit des Verhältnisses erklärt. War das der
Fall, dann darf es auch nicht Wunder nehmen, wenn so
schnell wänwisen erscheinen, denn bei der Notwendigkeit, un=
deutlich zu sein, ja zu fingieren — eine Notwendigkeit, die
viel größer war, als wir sie jetzt nachempfinden können —
lag es doch ungemein nahe, überhaupt ins Eingebildete aus=
zuweichen und Stimmungen darzustellen statt örtlich festgelegter
Gefühle. Der höfische Minnesang war somit nach seinen
Existenzbedingungen eine Kunst, die darauf ausging, nicht so
sehr die Wirklichkeit zu verarbeiten und zu gestalten, als sich
von ihr nur anregen zu lassen. Der Unterschied zwischen
echter und unechter Empfindung fällt dabei wenig ins Gewicht.

Für uns aus der Ferne Beurteilende ist das übrigens
schon an sich nicht so bedeutend. Es verhält sich eben bei
der besten Liebeslyrik auch der modernen Zeit nicht anders:
Goethes Sesenheimer Lieder werden von uns genossen, ohne
daß wir ihren wirklichen Hintergrund uns vor Augen zu
halten brauchen; die Schönheit von Heines Liederkränzen
wirkt auf uns ganz unmittelbar, wie sehr dem Litterarhistoriker
daran gelegen sein mag, sie nach äußerlich begründeten Gruppen

zu sondern. — Andererseits wird man nicht verkennen, daß genialen Naturen diese Grenzen des Minnesanges rasch zu enge wurden, daß sie die Verpflichtung der Undeutlichkeit als eine drückende Fessel ihrer Kunst empfanden und darnach strebten, sich ihrer zu entledigen: so macht sich auch Walther in seinen späteren Liedern frei, deren Naivetät den Übergang vom Idealismus des Minnedienstes zum Realismus der Dorfpoesie bildete. —

Zunächst beobachten wir jedoch Walther erst, wie er die rechte Meisterschaft in dem höfischen Sange gewinnt und ihn selbst zur Höhe emporhebt. Von den Liedern, deren Reihe jetzt erörtert werden soll, wissen wir nicht, wo sie gesungen wurden; meistens wohl in der Fremde, einzelne auch bei zeit- weiliger Anwesenheit am Wiener Hofe, wo wir die Herrin uns zu denken haben. Sie liegen gewiß der Zeit nach viel weiter auseinander als es in unserer Darstellung scheint, doch ist es nicht möglich, sie über andere Abschnitte hin zu ver- teilen, ohne daß Zusammenhang und Verständnis gleicher- maßen litten.

Mit einem Male erwacht in dem reiferen Dichter die Liebe zu einer schönen vornehmen Frau. Er hat sie be- wundern dürfen, als sie mit ihren Dienerinnen aus dem Bade schritt, und seine Phantasie zaubert ihm den herrlichen Leib vor die Augen. Prächtig setzt er ein (L. 53, 25) und mit dem Selbstgefühl, wie es dem Sänger ziemt, dessen Lied schon weithin geklungen ist: „Ich sah ein wundervolles Weib; ach, würde mir von ihr ein Dank! D'rum rühm' ich heute ihren Leib gar hoch in meinem besten Sang. Gern bin ich dienstbar allen Frauen, doch diese hab' ich mir erwählt. Mag jeder nach der seinen schauen und loben, welche ihm gefällt. Er thu' es meinethalben auch mit meinen eigenen Worten, ich bin nicht bös' darob: ich preise hier, er dorten".

Ich darf Dir nur ins Antlitz schauen,
so ist mir schon, ich säh' fürwahr
den Himmel selbst, den dunkelblauen
in Sommernächten rein und klar.
Zwei Sterne, mir ein Gottessegen,
sie lächeln mich so freundlich an —
O Herrin, komme mir entgegen,
daß ich mich darin spiegeln kann;
und bin ich noch so alt und krank,
ich werde jung durch Deinen Dank!

Und deine Wangen erst, o sprich,
Gott selbst hat sie gemalt, mein Kind,
so weiß und rot und minniglich,
wie Lilien und Rosen sind!
Es ist doch, Herrin, keine Sünde,
daß ich Dich schöner als das Blau
des Himmels und die Sterne finde? —
Doch stille, Mund! Die beste Frau,
sie sieht Dich bald von oben an,
denn zuviel Lob entehrt den Mann.

Du hast ein Kissen, o wie rot!
ach, legt' ich darauf meinen Mund,
ich würde frei von aller Not
und bliebe immerfort gesund.
Wem Du das an die Wangen legst,
der schmiegt so gerne sich herbei —
es duftet ja, wie Du's bewegst,
als ob es lauter Balsam sei.
O gieb mir doch das Pölsterlein,
und so Du's willst, sei's wieder Dein!

Der Hals, die Hände und der Fuß,
wie ganz nach Wunsch seid ihr gebaut!
Euch anzusehen ist Genuß.
Und dennoch hab' ich mehr geschaut. —
Nicht gerne, als ich nackt Dich sah,
hätt' ich gerufen: Decke doch!
Mich aber traf's im Herzen da,
und so wie damals sticht es noch,
denk' ich des Orts, wo voller Scham
die Herrin aus dem Bade kam!

Die freudige Hoffnung nach trüber Zeit spricht sich in seinem schönen Liede aus (L. 42, 15). Ob nicht jemand wieder fröhlich sein möchte, fragt der Dichter, und wirft den Jungen vor, daß sie, denen die Lebenslust das Herz schwellen soll, sich langweiliger Trauer hingeben. Ihnen und den Reichen steht es an, heiter zu sein. Frau Glück hat eben ihre Güter blindlings ausgeteilt: dem Reichen verleiht sie trüben Sinn, dem armen Dichter frohen Mut; gern gäbe der Dichter davon etwas ab und tauschte dafür ein Teil von der Last des Besitzes ein. Dann aber fährt Walther in tiefer Empfindung fort: „Wen geheime Sorge drückt, der denke holder Frau'n, er wird befreit, und gedenk' an heller Tage Glück! Mein bester Trost war dies in kummervoller Zeit. Mit den finstern Tagen zieht's über mich wie Not. Und doch hilft mir dann die Haide, denn die schämt sich ihres Leides: ist der Wald nur grün, wird sie bald rot."

O wie gut bist Du und rein,
meine Seele ist Dir offen;
o laß ab und schone mein,
die du mich ins Herz getroffen!
Lieb und lieber? Nein Du bist
das mir Liebste, das ich kenne;

wenn ich Deinen Namen nenne,
alles Leid verschwunden ist.

Noch gehobener ist die Stimmung des Sängers in den
vollklingenden Versen des nächsten Gedichtes (L. 45, 37): [5]
Wenn die Blumen aus dem Gras sich drängen, als ob sie
lachten gen den Glanz der Sonne, im holden Mai und in der
Morgenfrühe, da gleicht auf Erden nichts mehr dieser Wonne.

Man glaubt sich schon im halben Himmelreich.
Und dennoch sah ich einst, ich sage Euch,
was meinen Augen wohler noch gethan
und noch thun würde, säh' ich's wieder an.

Ihr zweifelt wohl? Nun denn, das ist ein Weib,
ein junges, schönes, hochgebornes Weib,
das mit dem Kranz im aufgebund'nen Haar,
geschmückt mit festlich wallendem Gewand,
voll Zucht einhergeht in der Frauen Schar.
Ein holdes Lächeln sitzt auf ihrem Munde,
verstohlen blickt sie manchmal in die Runde
und wirft in manches Herz der Liebe Brand.
Wie unter Sternen steht sie eine Sonne —
o armer Mai! wo bleibt da deine Wonne?
All deine Blumen laß' ich gerne stehn
und will nur sie in ihrer Schönheit sehn.

Ihr neigt das Haupt und lächelt? Nun wohlan!
Mit Blüten ist bestreut die grüne Bahn
und unter sanften Nachtigallentönen
zieht siegreich ein der königliche Mai.
O blickt auf ihn, doch schaut auch auf die schönen
und keuschen Frauen mit den holden Wangen!
Wem glüht da nicht die Seele vor Verlangen
und wer aus Euch fühlt sich von Fesseln frei?
Ihr heißt mich wählen: Frühling oder Frauen!

Bei Gott, da giebt's kein überlanges Schauen:
März müßt Ihr sein, Herr Mai, der wolkenbleiche,
bevor ich je von meiner Herrin weiche!

Da sind alle Register der Kunst gezogen. Wie rauschen
diese Strophen nach Art der Stanzen gebildet, in dem weiten
Satzbau ihrer Reimbänder voll dahin! Und was ist hier
aus den einfachen Natureingängen der volkstümlichen Liebes=
lieder 'geworden! Die Blümchen sind belebt, sie lachen das
Himmelslicht an, und mit der ganzen Herrlichkeit des Maien=
morgens zieht die Lebensfreude ein in das Gemüt. Und doch
wird sie noch gesteigert durch den Anblick der schönen Frau,
die Walther, als ein echter Künstler, in voller Bewegung
vorführt. Mit welcher Frische und Keckheit wendet sich dann
der Sänger an die Hörer, indem er ihnen kühnlich die Wahl
frei giebt zwischen der Maienpracht und dem Anblick der Herrin.
Er zeigt da die Verwegenheit des Dichters, der seiner Mittel
und ihrer Wirkung vollkommen sicher ist, er fühlt sich seinem
Publikum überlegen, er leitet zu dem Genuß, den er selbst
vorbereitet hat. Diese Gewandtheit ist durch Übung erworben
und wohl auch durch die Erfahrung abgenötigt, daß die Teil=
nahme der Hörer an den Minneliedern bald ermattet, wenn
sie nicht persönlich in das Interesse gezogen werden; dieses
Kunstmittel hat Walther allein ausgebildet.

Schon tritt der Sänger in nähere Beziehungen zu der
gepriesenen Herrin, das nächste Lied (L. 43, 9) ist ein Bei= 16.
spiel seiner höfischer Konversation, dessen Anlage Ulrich von
Liechtenstein beim Aufbau seines Frauenbuches vorschwebte.
Walther sieht es als ein Glück an, daß er die Frau kennen
gelernt hat, er möchte dessen noch würdiger werden, möchte
gerne leben, wenn er nur zu leben wüßte, aber er fühlt seine
Unerfahrenheit und bittet nun die Dame, ihn das Maß,
das rechte Gleichgewicht edler Sitte zu lehren. Darauf

antwortet sie höflich, sie riete wohl gerne, doch sei sie der
mâze noch weniger kundig als er. Sie will's aber versuchen,
wofern er ihr zuerst das Urteil der Männer über Frauen
bekannt giebt. Der Sänger rühmt nun die Stetigkeit, das
Hochhalten weiblicher Ehre als die Krone der Frauentugenden.
Dazu fügt sich wohl maßvolle Heiterkeit wie die Rose zur
Lilie. Und Liebenswürdigkeit im Verkehr, freundliche An=
sprache, das schmückt die Frauen wie der Vogelsang die
Linde, welche auf bunter Wiese steht. Und die Herrin erwidert:
„Ich lehr' Euch, wer von Männern uns behagt: nur der zu
scheiden weiß das Bös' und Gut' und stets das Beste von
uns Frauen sagt; dem sind wir hold, wenn er's in Treuen
thut. Versteht er sich auf frohe Sitten, ist maßvoll sein
Gemüt, von Heiterkeit getragen, dem spenden wir, was immer
er begehrt. Welch' Weib könnt' ihm des Fadens Pfand
versagen? Ein guter Mann ist seidner Bande wert." Auf
dieses Mahnwort läßt Walther nun ein Lied folgen (Lied 46, 32),
das sich an die gepriesene „Frau Maße" selbst wendet. Alles
Treffliche in der Welt ist durch sie erreicht worden. Glücklich
der Mann, dem sie hilft. Der braucht sich nirgend etwas
zu vergeben, nicht bei Vornehm, nicht bei Gering. Er bittet,
sie möge ihn doch die edle Mittelstraße finden lehren. Über=
mäßiges Streben thut nach keiner Seite gut, das hat der
Dichter an sich selbst erfahren. Am meisten in der Liebe.
Niedere Minne macht, daß der Mann in Leidenschaft dahin=
siecht, ohne Ehre zu gewinnen. Aber die hohe Minne, sie
erhöht den Mut, so daß er sich aufschwingt nach den zu er=
werbenden Ehren. Und jetzt ist sie hier und winkt dem Dichter,
ihr zu folgen. Wo ist Frau Maße geblieben? Sie ist fort, aber
selbst wenn sie wieder käme, würde der Sänger ihr nicht mehr
gehorchen: seine Sinne nahm eine hohe Frau gefangen. Zwar
fürchtet Walther, die neue Liebe werde ihm viel Schmerz bringen,
aber er ist bezaubert und giebt sich der Leidenschaft hin.

Mit einem metrischen Kunststück (L. 47, 16) sucht der
Dichter die Bewunderung der Dame zu erregen: eine Strophe
trägt er vor, deren Verse, nach Kürze und Länge symmetrisch
geordnet und mit Schlagreimen geschmückt sind, das heißt, es
reimen unmittelbar aufeinander folgende Worte. Bereits hat
Walther Ursache zu klagen, er fleht die Minne an, sie möge
sich besinnen und das Unrecht schlichten, das ihm durch die
unvermählte Herrin widerfährt; mindestens sollte sie ihn, den
treuen, zuweilen ansehen, er will sich schon klug benehmen.
Aber das hilft nicht, und in einem Kranz von fünf Strophen
(L. 47, 36), giebt Walther ein sorgsam ausgeführtes Bild
seiner Ansicht über die Frauen der vornehmen Welt. Zwei
gesellige Tugenden spricht sich der Sänger zu: er lebt gern
mit den Fröhlichen und empfindet doch das Leid der Trauernden
in seinem Herzen, er weiß mitzufühlen. Das mangelt dem
höfischen Minnedichter, den peinlichen Sinnes nur das eigene
Geschick erfüllt — die Spitze kehrt sich wohl wider Reinmar —
und darum hat Walther auch andere Stoffe gepflegt. Aber
gern will er sich der Minnepoesie wieder zuwenden, falls er
nur wüßte, wie er damit den Beifall der Frauen gewinnen
könnte. Denn die vornehmen Frauen haben einen großen
Fehler, sie wissen das Gute und das Schlechte bei den
Männern nicht zu unterscheiden; Walther wirft das der
Herrin wiederholt vor. Sie sollten sich daran erinnern, daß
Damen nur dann Achtung und Liebe verdienen, wenn sie die
Vorzüge des Weibes besitzen: „Weib" zu sein im edelsten
Sinne des Wortes ist die Krone aller Frauenart. Dazu
gehört auch freundlicher Gruß und Dank an den Sänger.
Werden diese ihm nicht zu teil, dann will auch Walther nicht
mehr ihr Lob singen, er will ihnen den Rücken kehren und
damit sagen, daß sie für ihn nur so viel wert seien, als er
für sie. Was hat er von dem hochfahrenden Übermut dieser
Damen?

Die scharfe Lektion zeigt, wie sehr Walther sich des
eigenen Wertes bewußt war, er muß die Anerkennung seiner
Zeitgenossen schon gefunden haben. Das Gedicht lehrt auch,
welche geistige Freiheit Walther bereits errungen hatte: er
steht über den Rangunterschieden der Menschen und selbst
über seiner eigenen Leidenschaft. Losreißen kann er sich noch
nicht. Er fragt in dem nächsten seiner Gesange (L. 69, 1),
was die Minne denn sei. Zwar wisse er manches von ihr,
aber gerne wüßt' er mehr. Minne verdient ihren Namen
nur, sofern sie wohl thut; schafft sie Leid, dann ist es nicht
die rechte Liebe. „Wenn ich gut zu raten mich besinne, was
die Minne sei, so sagt mir alle „ja": zweier Herzen Wonne
ist die Minne; teilen sie sich drein, dann ist die Minne da.
Soll aber ungeteilt die Freude sein, dann vermag ein Herz
allein sie nicht zu bergen. Ach, wolltest Du mir teilen helfen,
Herrin mein!" Das muß jedoch bald geschehen, sonst will
Walther sich lösen und wieder ein freier Mann werden. Dann
wird aber niemand mehr kommen, der sie in seiner Art zu
preisen verstünde. Darum soll sie sich bedenken. Doch ist
der Dichter selbst noch von Liebe geblendet. Im folgenden
Liede (L. 40, 19) sucht er Recht und Hilfe wider die Geliebte
vor dem Richterstuhle der Frau Minne. Er beruft sich hier
auf das Lob, womit er die Herrin geehrt hat, rückt der
Minne seine Verdienste vor und verlangt, daß sie, die sein
Herz getroffen habe, auch auf die Geliebte einen ihrer übrigen
Pfeile absende. Andernfalls müßten sie scheiden und die
Minne verlöre ihren Diener. — Freundlicher ist die Stimmung in einem folgenden Liede (L. 85, 34). Der Sänger
rühmt die Schönheit der Frau. Sie erwidert dankend, davon wisse sie nichts, aber gut möchte sie sein, und das soll
er sie lehren. Da fordert er wieder Liebenswürdigkeit gegen
alle, Einem jedoch soll sie sich zu eigen geben. Will sie
seinen Leib, so ist er bereit, mit ihr zu tauschen. Sie meint,

höflich wolle sie gerne sein und bessern, was sie darin ver=
säumt habe. Doch nur ihr Redegenosse dürfe der Sänger
werden; es thäte ihr leid, wenn er seines Leibes sich begeben
sollte. Walther möchte das gerne wagen, es dünkt ihn ein
sanfter Tod, aber die Herrin weigert's, sie will selbst noch
länger leben und von einem Tausch nichts wissen. —

Walther war mit diesen Liedern über Reinmars Weise
längst hinausgekommen, er hatte sie selbständig fortgebildet
und mit dem Schwunge seiner kräftigen reicheren Natur erfüllt.
Reinmar mußte das empfinden, und wenn der jüngere Neben=
buhler ihn überwuchs und jetzt am Wiener Hofe sich zu ihm
stellte, so konnte der Gegensatz und damit Gereiztheit des
älteren Sängers nicht ausbleiben. Wir merken das in einem
Liede (L. 120, 25), wo Walther mit Reinmarschen Gedanken
spielt, über das Verhältnis zwischen der wahren Stimmung
des Dichters und dem Tone seiner Lieder redet und die
Herrin bittet, sie möge seinen Dienst recht würdigen, obgleich
ihre Gegenwart ihm die Besinnung raubt und ihn schweigen
macht. Darauf erfolgte ein ziemlich heftiger Angriff Reinmars,
der am Schlusse eines Liebesliedes über einen Mann klagt,
welcher zwar bei Frauen schweige, aber auch niemand sonst
reden lasse. Der solle sich fortmachen und einen Ort ver=
lassen, an dem er nichts zu suchen hat. Walther erwidert,
indem er Reinmar parodiert. Weil Reinmars Herrin für
diesen wie der Anbruch der Osterfreude sei, braucht das ja
für andere nicht zu gelten, und der freundliche Gruß seiner
Frau sei ihm, Walther, mehr wert als das Lob Reinmars,
womit dessen Herrin alle übrige Damen matt setzen soll. Und
er fährt mit scharfem Spotte fort und knüpft an ein Lied an,
worin Reinmar von dem Diebstahl eines Kusses spricht, den
er wieder an seinen Platz zurückbringen will. Walther aber
läßt die Dame antworten: „Das Stehlen solcher Leute schade
ihr nichts an ihrer Ehre. Wer einen Kuß von ihr wirklich

haben wolle, der müsse ihn auf geziemende Art erwerben. Mit der Wiedererstattung durch den Dieb gebe sie sich nicht ab." Indem Walther Ausdrücke der Rechtssprache anwendet, bringt er eine witzige Pointe in das Gedicht. Aber im Ganzen hinterläßt diese eifersüchtige Polemik, deren Spuren schon in früheren Neckereien zu finden waren, einen unerquicklichen Eindruck. Die Wege der beiden mögen sich später nicht mehr gekreuzt haben, Verstimmung blieb jedesfalls zurück, und erst der Tod des älteren Sängers brachte Frieden und Ver= söhnung. —

Noch geraume Zeit schwankt Walther zwischen Hoffnung und Entsagen, es wird ihm aber immer deutlicher, daß die Frau sich bisweilen an seiner Unterhaltung freut, daß eine herzliche Neigung jedoch in ihr nicht aufkommt. So mischen sich Sorge und Freude in seinen Liedern. Zwar rühmt er die Schönheit und Ehre der Herrin und stellt ihnen seine Zucht und Treue gegenüber, doch wie beneidet er die (L. 117, 29), 58 denen die langen Winternächte Glück spenden! Alle schönen Frauen und alle gute Jahreszeit helfen dem nichts (L. 118, 12), 64 der seinen Morgen mit Trauer beginnt. Mühselig schleichen dann die Tage dahin, und selbst zu der Herrin geht er nur selten, denn seine Hoffnungen schwinden, sie spottet seiner (L. 70, 1), er habe ja bekanntlich kein Glück. So verliert 48 er die Zeit und verzehrt sich in fruchtlosen Wünschen. Jahre ziehen vorbei, die Jugend vergeht (L. 52, 23). So darf die 46 Frau, der er sonst alle Opfer gebracht hätte, die aber lieber mit ihren und seinen Feinden verkehrt als mit ihm — das tadelt er mehrmals an ihr — sich nicht wundern, wenn er in fremde Länder zieht und dort nach Frauen wirbt. Aller= dings giebt es nur Eine, deren Versagen ihn schmerzt. Doch die Frau nimmt diese Unsicherheit des Empfindens übel (L. 70, 22) und verweist sie dem Sänger. Blickt er nach anderen aus, wie soll sie ihn lieben? So muß sie sich ihm entfremden. Walther verbirgt seine Kränkung, er scheint unter den Menschen heiter (L. 116, 33), in Wahrheit ist er traurig und wird nicht wieder froh, bevor nicht die Herrin milder wird und bessere Zeiten für das deutsche Reich kommen. Dazu ist wenig Aussicht (L. 117, 8): der Welt und den Frauen ist die rohe gewaltsame Art, die jetzt in das Hof= leben eindringt, lieber als die feine ältere Weise. So wird Walther endlich einmal ärgerlich und in einem Liede (L. 72, 31), das er schwerlich vor den Augen der spröden Herrin gesungen hat, die ihn so schlecht behandelte, bricht er los: Allen Menschen macht seine Poesie Freude, tausend Herzen erheben sich daran, sie allein bleibt kalt. Und doch sollte sie wissen, daß sie nur in seinem Sange lebt, nie= mand würde sich sonst um sie kümmern. Wohin soll das führen? Glaubt sie denn, daß sie schön bleibe und einem jüngeren Mann gefalle, indes nur der Sänger altere? O nein, der Junge wird sie dann verschmähen und höhnend fortpeitschen.

Mit diesen unhöflichen und unhöfischen Strophen ist das Verhältnis zu Ende, das Walthern nur bittere Enttäuschung gebracht, ihn aber auf die Höhe der ritterlichen Sangeskunst geführt hat. Was innerhalb der gegebenen Grenzen zu leisten war, hat Walther geschaffen. Unter dem Zauber seines Wortes beleben sich die Abstraktionen, gewinnt das heimlichste Gefühl lebendigen und packenden Ausdruck. Eine üppige Fülle der Schätze seines Empfindens streut er in Gesängen aus und reißt seine Hörer in die Stimmung hinein, welche ihn beseelt. Seine Erfahrungen wurden ein bleibender Gewinn für sein Leben, sie machten ihn ernster und tiefer, aber sie rüsteten ihn auch zu den Aufgaben, die seiner harrten und zu deren Lösung das deutsche Reich und Volk sein Leben und seine Kunst für sich forderten.

V

Bei König Philipp.

Eine große Katastrophe erschütterte die Welt: Kaiser Heinrich VI., Barbarossas harter Sohn, der „Hammer der Erde", wie die Zeitgenossen ihn nannten, der nach den Worten des Papstes Innocenz III. gleich einem scharfen Nordsturm über das Abendland fuhr, er war am 28. September 1197 zu Messina gestorben. Selten hatte ein deutscher Herrscher über eine solche Fülle der Macht geboten wie dieser erlauchte Staufer am Ende seines kurzen Lebens; mitten aus den kühnsten Plänen und weitgreifendsten Entwürfen riß ihn der Tod. Mit eherner Faust hatte er Italien zu Boden gezwungen, in Deutschland die Furcht als Hüterin von Gesetz und Recht aufgestellt, überall die Scheu vor dem kaiserlichen Namen erweckt und wach erhalten. Nun bemächtigte sich eine ungeheure Verwirrung aller Gemüter. Zunächst ward sichtbar, wie sehr das Ansehen des deutschen Kaisertums mit der Person des Geschiedenen verknüpft war, denn der Machtbau Heinrichs brach sofort in sich zusammen. Das kaiserliche Gut wurde als herrenlos erachtet und rasch von den nächsten Fürsten in Beschlag genommen. Der neue Papst richtete einen bedeutenden Kirchenstaat auf und verkündigte seine Lehenshoheit über Neapel und Sizilien. In Deutschland entstand bei den Schwachen große Angst, und sicher mit Recht, denn nicht blos am Reichsgut vergriff sich alsbald, wer stark genug war, den Frieden zu brechen, sondern auch strittiger und zweifelhafter Privatbesitz fiel durch Gewaltthat den Mächtigen zu. So waren Hunger und Elend nicht umsonst Vorzeichen des nahenden Unheiles gewesen, die „Not ob aller Not" kam aber erst dräuend heran: nicht mehr schien der Eid bindend, den die deutschen Fürsten dem einzigen Sprossen des Kaisers, dem Knäblein Friedrich, geleistet hatten. Gegenkönige sollten gekürt werden, und wie eine schwere Gewitterwolke hingen die Gräuel des Bürgerkrieges an dem finstern Horizont und über der schwülen Luft.

Zu dieser Zeit trat Walther von der Vogelweide auf den Plan und redete über das Geschick des Reiches in seinen Sprüchen, zuerst an den Höfen der Fürsten und von diesen aus zum deutschen Volke. Gewiß ist es kein Zufall, daß die politischen Gedichte, die sich auf die Bedrängnis des Kronen= zwistes (1198) beziehen, auch die ersten sind, welche uns von Walther bewahrt blieben. Wem es überhaupt damals schon gegeben war, sich als Bürger des deutschen Reiches zu empfinden, dem mußte das drohende Schicksal herzbewegende Mahnworte auf die Lippen drängen, und so zuvörderst wohl dem Sänger, der das Land und die Menschen genau kannte, und der die Gabe besaß, des Volkes allgemeine Stimmung in sein Lied zu fassen.

Man nimmt gemeinhin an, Walther sei der erste gewesen, der die Politik in die Dichtung der Fahrenden einbezogen habe. Das ist nicht unbedingt nötig. Darf schon jener Reim, mit dem ein Spielmann das Herz Karls des Großen für den verbannten Uodalrich zu rühren wußte, nicht politisch genannt werden, so ist doch sicherlich das gleichfalls aus den Kreisen der Fahrenden überlieferte Carmen de Heinrico, das in parteiischer Auffassung berichtet, wie König Otto I. sich mit seinem reuigen Bruder versöhnt, als politische Poesie an= zusprechen. Und die bedeutenden Ereignisse der nächsten Jahr= hunderte, der Investiturstreit, das Aufsteigen des staufischen Hauses, werden auch in den Versen der Spielleute ihren

Widerhall gefunden haben. Die Sagenbildung, welche sich augenblicklich an die wichtigen Vorgänge schließt, war gewiß oftmals durch politische Tendenzen beeinflußt, und der Spiel= mann, der das Vernommene weit und breit erzählte, diente damit bewußt oder unbewußt einem politischen Interesse. Die Form, in der Walther seine Meinung über die Angelegenheiten des Reiches vorträgt, ist der Spruch, eine Strophe aus längeren Versen, den die gnomische Dichtung des alten Fahrenden Sper= vogel und seiner Genossen schon kennt. Vermutlich waren diese auch seine Vorgänger in Rücksicht auf den Inhalt der Sprüche.

Walther war ein Österreicher oder hat wenigstens lange und oft am österreichischen Hofe gelebt, er nahm daher wahr= scheinlich bereits einen gewissen Standpunkt ein, als er anfing, sich mit den Angelegenheiten des Reiches in seiner Dichtung zu beschäftigen. Der Hof der Babenberger war, mit Aus= nahme etlicher Verstimmungen, stets staufisch gesinnt gewesen, und so waren auch die beiden Herzöge, Friedrich der Katho= lische in Österreich und Leopold der Glorreiche in Steiermark. Mit dem Tode Friedrichs (16. April 1198) gelangte Leopold allein zum Besitz der österreichischen Lande und diente durch alle Fährlichkeiten dem Interesse der Staufer. Das mag auch Walthern beeinflußt haben, denn, soweit wir es wissen, trat er sofort ohne Zögern als Parteimann für Philipp, Herzog von Schwaben, den jüngeren Bruder des verstorbenen Kaisers, auf, der am 8. März 1198 zu Mühlhausen in Thüringen von den versammelten Fürsten zum König gewählt worden war. Nach einigem Schwanken rief die Gegenpartei, welche in Köln ihren Schwerpunkt und in dem Erzbischof Adolf einen thatkräftigen Führer besaß, den Grafen Otto von Poitou aus dem Hause der Welfen am 9. Juni desselben Jahres zum König aus. So war geschehen, was man aller= wegen fürchtete, das deutsche Reich hatte zwei Herren, und der brudermörderische Kampf begann.

Wohl hatte Walther Ursache, als er diesmal den Hof
zu Wien verließ, Gottes Segen für seine Fahrt zu erflehen
(L. 24, 18): „Mit Heile laß' mich heut' aufstehn, Herr Gott,
in deinem Schutze gehn und reiten, wohin ich des Wegs mich
kehre. Und du, Herr Christ, bring' an den Tag, was deiner
Güte Kraft vermag, und hüte mein durch deiner Mutter Ehre,
wie ihr und dein der heil'ge Engel pflegte, als sie dich, Kind,
in deine Krippe legte (so jung als Mensch, so alt als Gott!),
demütig vor dem Esel und dem Rinde — es nahm dich
Gabriel so gut in seine freudenreiche Hut mit ganzer Treue
ohne Fehl — so hüt' auch mein, daß sich bewähret finde an
mir dein schützend göttlicher Befehl." Mit Trauer blickte
Walther auf Wien zurück, denn der heitere, sangesfrohe und
milde Herzog Friedrich war vom Kreuzzuge nicht heimgekehrt,
und der nun an seiner Statt das Herrscheramt übte, Herzog
Leopold, war härter und der Kunst des Dichters weniger
freundlich gesinnt. So kleidet denn dieser sein Gefühl in einen
Spruch, den er dem Hofe selbst in den Mund legt (L. 24, 33):

Es sprach der Hof von Wien zu mir:
Gefallen sollt' ich, Walther, dir
und thu' es nicht; das möge Gott erbarmen!
Mich rühmte einst des Sängers Lied:
wie ich hat nur ein Hof geblüht,
des Königs Artus Hof. O weh mir Armen!
Wo sind die Ritter und die Frau'n,
ein Kranz von Blumen einst zu schau'n?
O seht, wie jammervoll ich bin!
Mein Dach wird faul, ein sinkt die Wand,
und niemand, niemand ist mir hold.
Was gab ich Rosse, Kleider, Gold
und Silber nur in Fülle hin!
Und nun kein Kränzlein mehr und Band,
noch Frauen, die zum Tanze ziehn!

Auch noch indem Walther den König Philipp aufsucht, gedenkt er des toten Herzogs, der ihm ein freundlicher Gönner gewesen sein muß. Wir entnehmen übrigens diesem Spruch (L. 19, 29) auch, daß Walther ohne Schwierigkeiten bei Philipp Zutritt und gütige Aufnahme gefunden hat.

Der Hof des Stauferkaisers war ein ausgezeichneter Platz, um einen Überblick der Lage Deutschlands zu gewinnen. Zwei große politische Mächte mit weiten Interessenkreisen standen jetzt gegen einander. In Süddeutschland das staufische Königtum, das in der ungeheueren Hausmacht wurzelte, welche dieses Geschlecht seit langem zusammengefügt hatte. Schrieb doch Philipp selbst darüber an den Papst: „Das sollt ihr wissen, daß damals unter allen Reichsfürsten niemand reicher, mächtiger, angesehener war als ich. Überall hatte ich weite Besitzungen, viele starke und uneinnehmbare Burgen, so viele Dienstmannen, daß ich deren Zahl niemals genau angeben konnte, und Städte und Dörfer mit überaus reichen Insassen. Ich besaß einen großen Schatz an Gold und Silber und kostbaren Steinen und auch das heilige Kreuz, die Lanze, die Krone, die Gewänder und alle Insignien des Kaisertums. Niemand konnte zum Könige erwählt werden, der nicht mehr meiner Unterstützung als ich seines Wohlwollens bedurft hätte." Die Kraft der Staufer war die Spitze einer groß= artigen, nach unten sich verbreiternden Organisation adeligen Besitzes, eines Systems von Lehensgütern, innerhalb dessen unter den kriegerischen Rittern ein beständiges Schieben und Drängen stattfand, um die frei werdenden höheren Plätze einzunehmen. Die Dienstmannenschaft der Staufer war stets kriegsbereit, denn der Krieg brachte neue Aussichten auf Zu= wachs des Hausgutes. Die Staufer waren die einzige Fürstenfamilie Deutschlands, deren Haupt den Kampf um die Königs= und Kaiserkrone fürs erste beginnen konnte, ohne die Mittel in Anspruch zu nehmen, welche der obersten Reichs=

gewalt zustanden. Ihre Macht war eine durchaus aristokra=
tische. Hinwieder stützten sich die seit ihrem Konflikt mit
Kaiser Rotbart arg geschwächten Welfen in Norddeutschland
auf ganz andere Verbindungen. Einmal auf die nahe Ver=
wandtschaft mit dem englischen Königshause, das wegen seiner
fortwährenden Feindseligkeiten mit Frankreich einen festen
Anhalt in Deutschland suchte. Damit aber war auch schon
ein anderes gegeben. Während die niederdeutschen Fürsten
in ihren Sympathien zwischen Stauf und Welf geteilt waren,
und ihre Haltung durch sehr verschiedenartige Interessen,
z. B. das Verhältnis zu Dänemark, bestimmt wurde, erwuchs
in der Stadt Köln dem Welfenkönig die wichtigste Stütze.
Schon zur Zeit Heinrichs IV. und V. hatten die aufblühenden
rheinischen Städte in die Politik eingegriffen, und allen voran
war damals Worms für die kaiserliche Gewalt während der
Wirrnisse des Bürgerkrieges eingetreten. Inzwischen hatte
sich Köln zur ersten Handelsstadt Deutschlands herangebildet,
zum Tauschplatz für Ost und West; insbesondere jedoch ver=
dankte es seine übermächtige Stellung der Herrschaft über den
englischen Markt. Eine Zeit lang waren die Kölner die
ersten Kaufleute Englands, sie hielten große ständige Nieder=
lagen in London und besuchten alle englischen Jahrmärkte.
Die Ursache dieses Aufschwunges war die sichere und be=
queme Wasserstraße des Rheines, der nach einer Seite die
Stadt mit den Industrien am Oberrhein verband, anderer=
seits ihr das Meer und dadurch England nahe rückte. Keine
Handelsstadt, welche auf die schwierigen, gefahrvollen und
kostspieligen Zufahrten der Landwege aus einem Binnen=
gebiete angewiesen war, vermochte es mit Köln aufzunehmen.
Der Reichtum und damit der Einfluß der kölnischen Kaufleute
stieg rasch und anhaltend. So wurde die Stadt zur Operations=
basis für die Anfänge des Welfen, bot ihm die Mittel während
der ersten Jahre wechselnden Glückes und harrte bei Otto

aus, als nach dem Sturze von 1204 alles ihn verlassen hatte.
Sie wurde sein letzter Rückhalt, und die Bürger stritten lieber
mit ihrem eigenen Erzbischof, dem Königsmacher Adolf, und
verjagten ihn, als daß sie den Welfen, das heißt die englische
Allianz, hätten fallen lassen, auf der zum besten Teile ihre
Kaufmannschaft beruhte. Es ist das erste Mal in der deutschen
Geschichte, daß städtische und Adelsinteressen so wider einander
zu Felde liegen, Handel und Industrie verknüpft wider den
Ackerbau und seine feudalen Kriegerscharen, der Norden
Deutschlands wider den Süden; aber es ist nicht das letzte
Mal, und fast bis zur Gegenwart dauert die Trennung und
der Streit dieser Interessengruppen fort, welche die unheil=
volle Sonderung des deutschen Volkes in Klassen so sehr
vertieft haben.

Für den Zuschauer in jener trüben Zeit selbst war der
Horizont nicht so weit als wir ihn heute sehen können, die
handelnden Persönlichkeiten traten viel stärker in den Vorder=
grund. Vor allem aber mußte sich jedes ein Gefühl der
Niedergeschlagenheit und Trauer über den verworrenen Zu=
stand des Reiches bemächtigen, und Walther verleiht dieser
Stimmung trefflich Ausdruck in seinem berühmten Gedichte
(L. 8, 4):

Ich saß auf einem Steine
und kreuzte Bein mit Beine,
darauf der Ellenbogen stand;
es schmiegte sich in eine Hand
das Kinn und eine Wange.
So sann ich tief und lange
wohl über Welt und Leben nach,
und kein Gedanke wurde wach,
wie man drei Dinge würbe,
daß keines nicht verdürbe.
Ich meine Ehre und Gewinn,

die sich befehden mit hartem Sinn,
dann Gottes Gnade, im Vergleich
zu ihnen Wertes überreich.
Die wollt' ich gern in einen Schrein.
Vergeblich, ach! Es kann nicht sein,
daß je Gewinn und Gotteshuld
und weltlich Ehre ohne Schuld
im Herzen sich verbinden.
Kein Pfad ist zu ergründen,
der dahin führt. Im Hinterhalt
Untreue lauert und Gewalt,
verwundet Recht und Frieden.
Und kranken die hienieden,
stehn Ehre Gut und Gottessegen
des Schutzes bar auf allen Wegen.

So klar und schön war hier ausgesprochen, was alle
empfanden, daß die Zeitgenossen und die Nachfahren, welche
noch unter dem Einflusse mündlicher Kunde über den Sänger
standen, sich Walthern am liebsten vorstellten, wie die ersten
Zeilen dieses Spruches ihn schildern: so ist er auch in der
Manessischen Handschrift abgemalt, die ein gutes Geschick
neulich aus Paris nach Heidelberg zurückgebracht hat. Von
der einleitenden Betrachtung der üblen Weltlage wendet sich
Walther zum deutschen Reich in dem folgenden Gedicht
(L. 8, 25): „Des Stromes Wellen rauschten kühl. Ich sah
darin der Fische Spiel, ich sah, was ringsum in der Welt:
den Wald, das Laub, Rohr, Gras und Feld. Und was da
alles kriecht und fliegt und seine Beine zur Erde biegt, dies
sah ich und ich sag' Euch das: Keins lebt von ihnen ohne Haß,
das Wild und das Gewürme, sie streiten starke Stürme, so
thun die Vögel unter sich. In einem sind sie wunderlich: sie
dünkten alle sich zu nicht, besäßen sie kein stark Gericht. Sie
setzen König sich und Recht, sie ordnen's zwischen Herrn und

6

Knecht. D'rum weh' dir, armes deutsches Land! Schlecht ist's
um dein Gesetz bewandt. Der Mücken waltet ein König, seht,
dein' Ehr' und Ansehn aber vergeht. Bekehr dich schnell, noch
ist es Zeit, schlicht' deiner bösen Werber Streit! Die kleinen
Fürsten verderben dein Glück; Herrn Philipp setz' die Krone
auf, die andern weise du zurück!" Denn Philipp der Staufer
ist es, den schon das Schicksal zum obersten Herrn bestimmt
hat (L. 18, 29): „Zwar ist die Krone älter als König Philipps
Haupt, doch schaut Ihr d'ran ein Wunder, kaum daß Ihr es
mir glaubt: sie paßt ihm ganz, als hätt's der Schmied für
ihn gegossen; so schön schickt sich der Reif zu ihm, dem Kaiser=
sprossen, daß niemand trennen darf die beiden Glücksgenossen.
Eins steigert nur des andern frohen Schein, so leuchtet wider
ihn das funkelnde Gestein. Die Augenweide sehn die Fürsten
gern. Wer jetzt um Deutschlands Zukunft irrend bangt, der
schau', ob welchem Haupt die echte Krone prangt. Der Stein
darin sei allen Herrn ein Leitestern".

Der Wunsch, den der Dichter mit diesen letzten Worten
äußerte, ging nicht sofort in Erfüllung. Denn während der
nächsten Jahre schwankte das Kriegsglück. Zwar gelangen
Philipp seine Heerfahrten meistens, aber er unternahm sie nicht
immer zur rechten Zeit. Manchmal scheint sein Zögern bei
den spärlichen Nachrichten fast unverständlich, wenn man nicht
annehmen will, er habe seine Hoffnungen mehr darauf gesetzt,
mit den Fürsten zu verhandeln, als sie mit Gewalt an sich zu
fesseln. Denn Philipp war kein Kriegsmann. Sein Vater
hatte ihn für die Kirche bestimmt, er hatte darum gelehrte
Studien angefangen, selbst mehrere geistliche Ämter über=
nommen, und entschied sich erst für die Weltlichkeit, als sein
kaiserlicher Bruder Heinrich es wünschte. Von zierlicher Gestalt,
klein, aber nicht schwächlich, wohlgebildet, ja schön, gewann
sich der blonde Jüngling durch seines Benehmen und Liebens=
würdigkeit die Herzen aller, die mit ihm verkehrten. So be=

schreibt ihn auch Walther (L. 19, 5), der den König mit seiner erlauchten Gemahlin Maria, die vordem als griechische Prinzessin Irene geheißen hatte, Weihnacht 1199 zu Magdeburg in fest=lichem Zuge nach dem Dome schreiten sah. Drei Würden trägt der süße junge Mann: er ist König, ist Sohn und Bruder eines Kaisers. Und ihm folgt seine hochgeborene Königin, eine Rose ohne Dorn, eine Taube ohne Galle, — liebliche Bilder, mit denen man die jungfräuliche Gottesmutter preist. Umgeben waren sie da von den Vornehmsten aus den Gauen Thüringens und Sachsens, eine prächtige Gesellschaft adeliger Herren, voll höfischer Zucht. Der politische Gewinn, den dieses Weihnachtsfest für Philipp bezeichnete, war nicht ganz zuverlässig. Zwar hatte sich eine „Reichspartei" gebildet, deren Programm in der mannhaften Erklärung zu lesen war, welche sechsundzwanzig deutsche Fürsten am 28. Mai 1199 von Speyer aus an den Papst richteten, worin sie ihre früheren Nürnberger Abmachungen bekräftigten, die Wahl Philipps anzeigten und die Rechte des Reiches sehr klar gegen die des Papstes abgrenzten. Jedoch gerade in dem folgenden Jahre erscheint die staufische Sache im Niedergange begriffen, dem Welfen eröffnen sich neue Hilfsmittel und Zuzüge, die Stimmung mancher Fürsten schlägt um, deren persönliche Habgier von Philipp nicht ausreichend befriedigt wurde, und ohne wirkliche große Verluste weicht doch der Staufer langsam zurück, am weitesten im Jahre 1203. Es ist, als ob die Ungunst des Schicksals ihm auch zeitweilig die Kraft gelähmt habe.

Mit der Wendung zum Üblen verknüpfen sich drei Sprüche Walthers (L. 19, 17. 16, 36. 17, 11), die sämtlich als Warnungen aufzufassen sind. Im ersten redet er den König an und teilt ihm mit, diejenigen, welche ihm nahe stünden, ziehen ihn der Kargheit; er mahnt ihn, daß in seiner Stellung Sparsamkeit unklug sei, denn er verliere viel mehr dadurch, als er etwa ausgebe. Auch gewinne er sich Anhänger nur durch freiwillige Spenden. Das Beispiel des milden Saladin soll ihn belehren, der da sprach, eines Königs Hände müßten löcherig sein; darum fürchtete und liebte man ihn. Und welche Summen hat nicht das englische Volk für seinen König Richard Löwenherz bezahlt, um ihn aus der Gefangenschaft zu lösen? Er verdankte dies doch nur seiner vorher be= wiesenen Freigebigkeit. Es ist das Schenken ein Nachteil, mit dem man zwei Vorteile erwirbt. Und wieder rühmt er dem König Philipp die „Milde" als eine Saat, die doppelte Frucht trage. Sie hat für Alexander alle Reiche der Welt erobert. Herber sind die Verse, in denen Walther auf das böse Schicksal der beiden griechischen Kaiser Isaak Angelus und Alexius verweist, die Philipp verschwägert und im Januar 1204 abgesetzt worden waren. Es lag sonst nicht in der Weise des reichen König Philipp, zu kargen, allein nach und nach erschöpften die immerwährenden Gaben doch auch das große staufische Hausgut. Wie genau Walther unterrichtet war, sieht man aus seinen nächsten Strophen. Er hat es vortrefflich erraten, wenn er auf die mächtigen Reichsdienst= mannen Süddeutschlands zeigt (L. 83, 14) als auf diejenigen, denen viele Mängel von Philipps Regierung zuzurechnen seien; das wären schlechte Ratschläge, die gut anfingen und bös endeten. Dem Sänger geht die Lage des Reiches zu Herzen, er klagt, so schlimm sehe es aus, als wenn das Ende der Welt schon vor der Thür stünde. Alle Zeichen kündigen es an, selbst die Sonne hat ihren Schein aufgegeben (Sonnen= finsternis von 1201), der Bürgerkrieg bricht alle Bande des Blutes, treibt den Vater wider den Sohn, den Bruder wider den Bruder. Die Geistlichen sollten uns den Pfad zum Himmel öffnen, aber ihr Leben betrügt ihre Lehre. Überall herrscht Gewalt, sie vertreibt auch das Recht vom Stuhle des Richters (L. 85, 25). „So sinkt der Ruhm des deutschen Reiches dahin. Einst war es das mächtigste, kein Nachbar erwies sich feindselig, der nicht besiegt wurde und es büßen mußte. Jetzt ist diese Ehre geschwunden". Walther sieht auch ganz klar, welche Macht besonders der staufischen Sache schadet, und er versäumt nicht, sie offen zu nennen.

Nach langem und vorsichtigem Zögern hatte nämlich Papst Innocenz III., der im Januar 1198, erst siebenund= dreißig Jahre alt, den römischen Stuhl bestiegen hatte, im Frühlinge des Jahres 1201 durch die Entsendung des Kardinal= legaten Guido von Präneste nach Deutschland in dem Thron= streite Partei ergriffen. Daß er sich für Otto den Welfen entschied, mochte man nicht anders erwartet haben. Gehörte doch Philipp dem Hause der Staufer an, das von jeher der Kirche feindlich gesinnt war, und befand sich selbst noch in dem Banne, den er als Mandatar seines Bruders Heinrich und als Herzog von Tuscien durch Schädigung der päpst= lichen Hoheitsrechte im Gebiete des Kirchenstaates auf sich geladen hatte. Und endlich zeigte sich Philipp trotz persönlicher Frömmigkeit bei dem früheren schriftlichen Verkehr wenig geneigt, von der durch die Tradition seines Hauses ihm vor= gezeichneten Stellung des weltlichen Oberhauptes abzugehen. Was konnte der Papst gewärtigen, wenn er durch seine Unter= stützung die Macht des Staufers ausdehnen half? Somit scheint es ganz verständlich, daß der Papst, dem es nicht ge= lungen war, beide Thronbewerber zum Verzicht zu bewegen, nun die Entscheidung in die eigene Hand nahm und Otto anerkannte. Zugleich setzte er auch alle schon bewährten Mittel der kirchlichen Gewalt für die Sache des Welfen in Bewegung. Dadurch steigerte sich die Erbitterung des Kampfes' und voll tiefen Schmerzes sprach Walther, all das Unheil überschauend, in einer Art Vision (L. 9, 16): „Mit meinen Augen sah ich klar, was aller Welt Geheimnis war, so daß ich merkt' an jedem Ort der Menschen Handeln und ihr Wort: zu Rom da hört' ich lügen, zwei Könige betrügen. Daraus

entstand der größte Streit, der je geschah, vordem bis heut',
als sich begannen zu entzweien sie beide, Pfaffen und die
Laien. Das war die Not ob aller Not, denn Leib und Seele
lagen tot. Die Pfaffen mühten sich gar sehr, doch endlich
ward der Laien mehr. Das Schwert nun legten jene nieder
und griffen zu der Stola wieder: sie bannten, die sie wollten,
und niemals, die sie sollten. Man schonte dort kein Gottes=
haus. Da hört' ich fern in einer Klaus ein lautes Weinen
bitterlich; der Klausner grämt' und härmte sich, Gott klagt'
er all sein schweres Leid: o weh, der Papst ist noch zu jung;
hilf, Herr, jetzt deiner Christenheit!"

Soweit finden wir Walthers Verbindung mit König
Philipp in seinen Sprüchen bezeugt. Im Jahre 1204 trat
die große Wendung ein, welche Philipp zum Herrn von
Deutschland machte und seinen Gegner in einen Winkel des
heimatlichen Erbes trieb. Nach einander fielen die Fürsten
von Otto ab, sein eigener Bruder verließ ihn, die deutschen
Bischöfe machten sich los von dem Befehle des Papstes und
traten zu dem Staufer über. Mit ein paar Kriegsfahrten war
der Sieg für diesen entschieden. 1207 traf die päpstliche
Mission in Deutschland ein, deren Zweck es war, Frieden mit
Philipp zu schließen. Anfangs 1208 fand die Aussöhnung
statt. Aber ein zweites Mal binnen zehn Jahren traf ein
finsteres Geschick das Haus der Staufer und warf es vom
erreichten Ziel zurück, stürzte das Reich in Verwirrung. Böse
Traumgesichte hatten es den Menschen vorher verkündet: am
21. Juni 1208 wurde Philipp in der Pfalz zu Bamberg
durch Otto von Wittelsbach ermordet. Das ganze deutsche
Volk, ja die Welt, schüttelte ein Entsetzen ob der ungeheuren
Frevelthat. Wir hören nicht, wie Walther von der Vogel=
weide durch das Furchtbare sich ergriffen fühlte, ja seit
Philipps glänzendem Aufsteigen ist uns nichts über sein Ver=
hältnis zu ihm bekannt. Es ist darum häufig angenommen

worden, Walther sei noch früher zu dem Welfen übergetreten, so erkläre sich sein Schweigen über Philipps Tod. Aber ab= gesehen von der Unklugheit, deren man den Dichter dann zeiht, wenn man ihn die staufische Partei aufgeben läßt eben damals, da sie den unbestrittenen Sieg an ihre Fahnen fesselte, liegt gar kein Zeugnis für diesen Wechsel vor. Walther war in die Dienste des Landgrafen Hermann von Thüringen getreten, aber nicht dauernd, er schweifte im Süden umher, als Philipps Kriegshaufen 1203 Thüringen grauenhaft verwüsteten und an dem armen Land die Untreue seines Gebieters rächten. Walther kam darnach an den thüringischen Hof zurück, mochte die Bedrängnis seines Herrn ihm nicht Rücksichten auferlegen? Es bedarf gar nicht des letzten Auskunftsmittels, nämlich der Vermutung, Walthers Lied auf die Ermordung König Philipps sei uns verloren gegangen; allerdings macht es der Stand der Überlieferung bei unseren wichtigsten altdeutschen Sängern wahrscheinlich, daß wir ziemlich vieles, und gewiß auch Wichtiges durch schlimme Zufälle eingebüßt haben. —

Überblickt man den Verlauf der Jahre, durch die Walther wie ein Herold des Reiches, wie ein Sendbote jener staufischen Fürstenpartei vom Tage zu Speyer, im Interesse König Philipps wirkte, so darf es uns nicht erstaunen, wenn während all dieser Wirrnisse, dieses Schwankens aller Geschicke (L. 102, 29), in der Seele des Dichters die Sehnsucht nach der teuern Heimat wach wurde. Er spricht sie aus in einer schönen Strophe (L. 84, 1): drei Sorgen erfüllen ihm das Herz: um Gottes Huld und die Liebe seiner Herrin: die dritte bereitet ihm der wonnenreiche Hof zu Wien. Da starb Reinmar, des Herzogs Sänger, und Walther feiert in zwei tief empfundenen Sprüchen desselben Tones (L. 82, 24. 83, 1) das Andenken des Meisters, vielleicht belebt von der stillen und nicht un= bescheidenen Hoffnung, daß nun für ihn eine bessere Stätte in Wien sich werde finden lassen: „Ach, daß Weisheit, frohe

Jugend, des Mannes Schönheit, seine Tugend, doch niemand
erbt, wenn ihm der Leib erstirbt! Jetzt klagt wohl manch'
erfahrner Mann, der den Verlust ermessen kann, welch' seine
Kunst, Reinmar, mit dir verdirbt. Dankbar Erinnern sollst
du stets genießen, weil du nicht einen Tag vorüber ließest
fließen, an dem du nicht gerühmt der Frauen seine Sitten.
Sie müssen immer danken deiner Zunge. Wär' dir auch nur
das eine Lied gelungen: „Wohl dir, o Weib, welch' schönes
Wort!", du hättest so für sie gestritten, daß alle Frau'n für
dich zu Gott um Gnade sollten bitten." — „Bei Gott,
Reinmar, dein Tod schmerzt mich viel tiefer als der meine
dich, wenn du noch lebtest, und ich wär' gestorben. Ich will
es ganz aufrichtig sagen: Dich selber wollt' ich kaum beklagen,
die edle Kunst bewein ich, die mit dir verdorben. Du wußtest
aller Welt den frohen Mut zu mehren, wenn du zur Freude
deine Rede wolltest kehren. Mich schmerzt, daß jetzt Dein
Mund schweigt und Dein süßer Sang, und daß sie stumm
geworden noch bei meinem Leben. Ach hättest du nur eine
Weile zugegeben, ich wär' mit dir gekommen, denn mein
Singen dauert nicht mehr lang. Ich wünsche deiner Seele
Heil und sage deinen Liedern Dank."

Walther ist dann wirklich wieder einmal nach Österreich
zurückgekehrt. Aus der Zeit dieser Wanderfahrt stammt auch
die einzige Urkunde, welche ihn nennt. Wolfger von Ellen=
brechtskirchen, Bischof von Passau, später Patriarch von Aqui=
leja, hat im Herbst 1203 eine Reise nach Rom unternommen,
um sich wegen seines Anteils an einer Kundgebung der Bischöfe
wider den Papst zu rechtfertigen. Was er und sein Hofstaat
auf diesen und anderen Fahrten ausgegeben haben, das ist
von einem Kämmerer auf elf Pergamentblättern verzeichnet
worden, die sich 1874 im Stadtarchive zu Cividale fanden.
Da wird nun zum 12. November 1203 zweimal angemerkt,
daß der Bischof dem Sänger Walther von der Vogelweide,

offenbar nach einem Vortrage, ein ziemlich bedeutendes Geld=
geschenk hat verabreichen lassen, damit er sich einen Pelz kaufe.

An dem Hofe zu Wien tritt Walther zunächst als Bittender
auf, er spricht den Herzog Leopold an (L. 20, 31): Das
Glücksthor ist vor ihm geschlossen, überall regnet es Spenden,
ihm wird kein Tropfen zu teil; möchte doch die Milde des
Fürsten aus Österreich auch des Sängers gedenken! In einem
anderen Spruche (L. 25, 26) dankt er für erhaltene Gaben
und rühmt den Wiener Hof, den Reichtum, der bei den Festen
dort sich ausbreitet: Silber wird geschenkt, als ob man es
auf der Straße fände, Rosse, als wenn sie Lämmer wären.
In diesen frohen Tagen war es wohl auch, wo Walther das
herrliche Preislied auf Deutschland sang, das einen Höhepunkt
seiner höfischen Kunst bezeichnet und mehr als ein anderes
seiner Gedichte dazu beitrug, seinen Namen in allen Gauen
des Reiches heimisch zu machen; meldet doch einmal ein Bote,
der dem Herrn Ulrich von Liechtenstein eine freudige Kunde
bringen will, dies durch die erste Strophe des viel gesungenen
Liedes an. Noch heute ergreifen uns die vollen Harmonien
dieser Verse, begeistert uns die Vaterlandsliebe des Dichters
und macht unser Herz höher schlagen. So sang Walther
(L. 56, 14):

Sagen sollt ihr: sei willkommen!
Neues bringt mein Sang.
Was ihr einst durch mich vernommen,
war nur eitel Klang.
Doch wer singt, will auch Geschenke!
Dem, der guten Lohn nicht scheut,
sing' ich, was sein Herz erfreut:
sehet, wie man mich bedenke!

Euch vor allen, deutsche Frauen,
will ich eine Kunde sagen,

daß ihr allen Erdengauen
um so besser sollt behagen,
Und zum Lohn? Ich bin bescheiden;
Wer bin ich und wer seid ihr?
Wenn ich grüße, danket mir,
und das macht mir tausend Freuden.

Reich an Ländern ist die Erde,
deren beste ich geschaut;
doch vor ihnen ist das werte
Vaterland mir lieb und traut.
Seht auf mich mit tiefstem Hohne,
kündet je des Atems Hauch,
daß ich liebe fremden Brauch:
Deutscher Zucht gebührt die Krone!

Von der Elbe bis zum Rhein
und zurück zum Ungarland
mögen wohl die besten sein,
die ich auf der Erde fand.
Weiß ich Bildung zu verstehn
und was Schönheit ist, fürwahr:
nirgends hab' ich eine Schar
schön'rer Frau'n als hier gesehn.

Züchtig ist der deutsche Mann,
deutsche Frau'n wie Engel rein,
und wer anders sprechen kann,
der muß wohl von Sinnen sein.
Heilige Minne, hohes Streben
und tief innerstes Gemüt
nur auf deutscher Erde blüht:
möcht' ich lange auf ihr leben.

Das ist nicht mehr der Dichter, den Tradition und Kunstübung an einen engen Kreis von Stoff und Form wiesen, das ist der Meister deutschen Liedes, erfahren und vom Schicksal geprüft, gehoben von edelstem Stolze auf Deutschland, als dessen Bürger er sich fühlt. Wie er in diesem Gesange erscheint, so sollen wir uns Walthern für Kaiser und Reich thätig denken: aus den Empfindungen, die er hier kundgiebt, schöpft er Mut und Kraft für seine politische Arbeit.

Zunächst aber geleiten wir ihn an den Sängerhof des Landgrafen Hermann.

VI

In Thüringen. Wolfram von Eschenbach.

Anmutig und freundlich ist die weite Landschaft mit ihren grünen Hügeln, lieblichen Thälern, Burgen, Klöstern und Dörfern, welche in alter Zeit Thüringen hieß, eine „goldene Aue", in der damals noch Wein wuchs, durch bescheidenen Schmuck reizvoll. Dort weilte Walther von der Vogelweide mehrmals, auch zu längerem Aufenthalte. Er sagt es uns selbst, Wolfram nennt ihn dort unter den Sangesgenossen, und wüßten wir's auch nicht, so müßten wir es doch vermuten, denn dem schweifenden Sänger wird die Wartburg mit ihrem milden Herrn und ihrer glänzenden Hofhaltung ein willkommenes Ziel gewesen sein. Landgraf Ludwig der Eiserne, aus der Sage uns wohl bekannt, hatte die Gütermasse zusammengebracht und mit fester Hand beherrscht, welche ihm zur Grundlage einer mächtigen und angesehenen Stellung im Reich diente. Von seinen Söhnen folgte ihm zunächst Ludwig, zubenannt der Fromme, dann nach dessen Tode 1190 Hermann. Dieser war schon in seiner Jugend ein Freund deutscher Dichtung gewesen, wie Heinrich von Veldeke in seinem Epos, der „Eneide", von ihm rühmte, und hatte auf seiner Neuenburg an der Unstrut einen Kreis von Sängern um sich versammelt. Bald wurde der thüringische Hof ein Mittelpunkt für Poesie und Kunst, und mochte auch unter den Scharen von Fahrenden, welche die Freigebigkeit des Landgrafen anzog, manch schlechter Mann und elender Gaukler sein, es befanden sich doch auch die besten Dichter dabei, die Deutschland in jener Blütezeit

seiner Litteratur besaß. Thüringen selbst war nicht arm an
Sängern. Es gab eine Gruppe adeliger Minnedichter dort,
die man beinahe als eine Schule auffassen darf, an ihrer
Spitze Herr Hug von Salza. Wir kennen sie keineswegs alle
und von einzelnen ist uns gar zu wenig überliefert, aber daß
ein Lyriker wie Heinrich von Morungen, dieser herrliche Mensch,
in ihrer Mitte steht, mag schon ausreichend ihre Bedeutung
erweisen. Allgemach rückte die neue höfische Epik in den
Vordergrund am Hofe des Landgrafen. Heinrich von Veldeke
vollendete dort sein Werk, Wolfram von Eschenbach trug die
Bücher seines „Parzival" vor, wie sie entstanden, Herbort
von Fritzlar bearbeitete für seinen Fürsten das „Lied von
Troja", das heißt, eine große poetische Erzählung vom
trojanischen Kriege, Albrecht von Halberstadt dichtete auf der
Jechaburg Ovids Metamorphosen in deutsche Verse um, ein
Zeugnis, wie die klassische Bildung, die wir in dem thüringi=
schen Minnesang durchblicken sehen, auch die Richtung des Epos
für einige Zeit bestimmte. Selbst der junge, 1200 geborene
Landgraf Ludwig stand noch in Verbindung mit Walther von
der Vogelweide, wie eine kurze Mahnung aus später Zeit
(L. 85, 17) uns beweist. Das Drama gelangte erst im
vierzehnten Jahrhundert an die Reihe, das große Mysterium
von den zehn Jungfrauen erschütterte durch die Gewalt seines
evangelischen Stoffes die Seele des Landgrafen Friedrich des
Freidigen (1322).

Nicht jeder Ankömmling wird am Hofe von Thüringen
gleich nach seinem Wert erkannt und richtig eingeschätzt worden
sein, zu arg war der Zulauf fahrender Sänger, erst nach und
nach kamen aus dem Gewirre der Stimmen die reinen vollen
Töne der edelsten Poesie zur Geltung. So hat es auch Wal=
ther einmal umsonst versucht, ist mißmutig weggegangen und
hat bei irgend einem Nachbarfürsten seinem Ärger über das
Spektakel Luft gemacht. Er sagt in einem Spruche (L. 20, 4):

„Wer etwa in dem Ohr an böfer Krankheit leide, dem rat'
ich sehr, daß er den Hof Thüringens meide: denn, kommt er
hin, gewiß, er wird betäubt. Ich habe mitgedrängt, bis ich's
nicht mehr vermag. Die Rotten fahren ein und aus bei Nacht
und Tag; ein Wunder scheint's, wenn man gesund da bleibt.
So ist's um des Landgrafen Sinn bewendet, daß er sein
Gut mit Kämpfervolk verschwendet, von dem ein jeder gern
ein Raufbold wär'. Mir ist dies allzu hohe Wesen kund:
und gält ein Fuder gutes Weines tausend Pfund, es stünde
doch kein Ritterbecher leer." Aber einige Zeit später darf er
sich schon „des milden Landgrafen Ingefinde" nennen (L. 35, 7)
und er preist seinen Herrn als den Fürsten, dessen Freigebigkeit
stets gleich bleibe, indes sie bei anderen von der Laune ab=
hänge, und schließt mit dem hübschen Bilde: „Wer heuer
spendend prahlt und wieder karg wird über's Jahr, dem grünt
und dorrt sein Lob wie Sommerklee. Thüringens Blume
leuchtet aus dem Winterschnee, sein Ruhm blüht fort und
fort und jetzt wie da er jung noch war." Walther tritt nun
auch mit ganz anderer Sicherheit auf. So warnt er den
Landgrafen (L. 103, 13), er möge sein wie ein weiser Gärtner,
der die seinen Kräuter wohl behütet, das Unkraut aber und
besonders das üppige Dorngesträuch ausrodet, welches alle
anderen Gewächse verdrängen will.

Es ist wohl einer aus der Schar der Pfuscher, die sich
an den Landgrafen machen und sich wider die wahren Dichter
überheben, den Walther einmal als „Herr Wicmann" anfährt
(L. 18, 1): er solle sich das nicht beikommen lassen, wohl=
verstanden, daß er die Kunst der Meister störe: denn wie der
Weizen zur Spreu, so verhalte sich Walthers Lied zu seinem.
Während Walther die Welt mit seinen Gesängen erfreut, läuft
Herr Wicmann in der Irre wie ein Jagdhund auf falscher
Fährte. Und wider die ganze Klasse kehrt sich Walther im
Namen der Künstler, wenn er von den Schreiern und Lärm=

machern spricht (L. 103, 29), die sich nicht zum Schweigen
bringen lassen, sondern unbeirrt weiter krächzen: „Ich und ein
andrer Thor, wir brüllen in sein Ohr, daß nie ein Mönch im
Chor so gräulich hat geschrien." Man merkt aus diesen Xenien,
daß Walther sich zu den Gebietern im Reiche seiner Kunst
rechnet und mit dem Steigen seines Ansehens sich auch die
selbstbewußte Überlegenheit über die Kleinmeister angeeignet
hat. Die andere Sorte von Unruhstiftern am Hofe, jene der
Krippenreiter und adeligen Buschklepper, hat Walthern in ein
unangenehmes Abenteuer verwickelt, für das er sich mit ein
paar boshaften Sprüchen schadlos hält (L. 104, 7. 82, 11).
Ein Herr Gerhard Atze nämlich hat dem Diener und Begleiter
des Dichters zu Eisenach ein Roß im Werte von drei Mark
Silbers erschossen. Darüber zur Rede gestellt, entschuldigt er
sich — so läßt ihn Walther sagen —, dieses Pferd sei jenem
verwandt gewesen, das ihn einst in den Finger gebissen habe.
Der Dichter leugnet, daß die beiden Rosse verwandt waren,
und bietet sich zum Eide dafür an. Ein zweites Mal rät er
seinem Knappen, in Ermangelung eines anderen Pferdes auf
Herrn Gerhard Atzen zu Hofe zu reiten, und giebt dabei
eine lächerliche und arg schimpfliche Beschreibung von dem
Aussehen des Ritters, die gewiß an dessen wirkliche Erscheinung anknüpft.

Walther hat wenigstens noch ein Lied in Thüringen
gesungen, das wir aber nicht besitzen, von dem uns nur
Wolfram im „Parzival" die erste Zeile anführt: „Guten Tag,
ihr Böse und Gute", aller Wahrscheinlichkeit nach war auch
dies voll heiteren Spottes. Und ferner: wenn Wolfram anderwärts von neuen Tänzen spricht, die aus Thüringen gekommen
sind, so wird man wohl Walther für deren Komponisten halten
dürfen und damit von der Wahrheit nicht arg abirren.
Jedesfalls hat Walther selbst in Thüringen viele Anregungen
empfangen: Nachwirkung Heinrichs von Morungen läßt sich

bei ihm aufzeigen, sein einziges „Tagelied" ist vielleicht Wolframs energischem Vorbilde zu danken, und auch das groteske „Vokalspiel" (L. 75, 25), eine Anhäufung trauer Bilder, die in fünf achtzeilige Strophen auf die langen Reim= vokale a e i o u zusammengepreßt sind, kann seinen wunder= lichen Humor von Wolfram ableiten. Das sind jedoch nur unbedeutende Einzelheiten, eine viel tiefer greifende Einwirkung hat Walthers innerstes Wesen durch Wolframs gewaltige Persönlichkeit erfahren. —

Wolfram von Eschenbach ist der größte deutsche Dichter des Mittelalters. Er stammte vielleicht aus einem adeligen Geschlechte des bayrischen Nordgaues, war jedoch arm und wohl schon deshalb während seiner Jugend nicht im stande, sich die äußeren Grundlagen der Bildung anzueignen: er hat nie lesen und schreiben gekonnt. Die Armut hat ihn auch zeitweilig gezwungen, sein festes Haus zu Wildenberg, wo Weib und Kind ihm lebten, zu verlassen und als fahrender Ritter über Land zu ziehen. Wir wissen nur von einem längeren Aufenthalte Wolframs am Hofe des Landgrafen Hermann von Thüringen, aber er hat gewiß auch anders= wärts geweilt, einmal in der Steiermark, die er genau kennt und wo, wie überhaupt in den Gauen Innerösterreichs, seine Werke Boden faßten und so ins Leben eindrangen, daß kärnt= nische und steirische Ritter, z. B. die mächtigen Stubenberger, bald die Namen und Wappen aus Wolframs Hauptepos in ihren Familien heimisch machten. Überall wird er Stücke aus seinen erzählenden Dichtungen vorgetragen haben; deren Einteilung in Bücher und in kleinere Abschnitte hatte er nicht nur für die Schreiber, denen er diktierte, angeordnet, sondern sie war ihm auch ein Maß für seine poetische Arbeit und für seine Thätigkeit als Recitator. Er ist nicht sehr alt geworden, etwa um dieselbe Zeit geboren wie Walther, aber vor diesem gestorben, ungefähr 1220. Der Tod hat ihn bei der Arbeit überrascht, denn sein „Willehalm" ist im neunten Buch stecken geblieben, unfertig und abgebrochen. Wir besitzen von ihm sonst noch ein vollendetes Epos „Parzival" in sechzehn Büchern, mit mehr als 24 000 Versen, zwei epische Lieder aus dem Sagenkreise von „Titurel", und sieben lyrische Gedichte. Bevor wir den Schöpfungen dieses Mannes näher zu treten suchen, sollen etliche Bemerkungen über das Wesen des höfischen Epos überhaupt vorgelegt werden.

Das deutsche höfische Epos hat nicht gleich den alten Dichtungen der Heldensage seine Wurzeln im Volke, aus fremdem Boden ist es aufgesproßt, es hat auch nicht wie der Minnesang eine volkstümliche Vorstufe, höchstens in Bezug auf die Form, da die vierhebigen Reimpaare für poetische Erzählungen schon lange im Gebrauch waren. Ähnlich der geistlichen Prosa und Poesie des deutschen Mittelalters entlehnt auch das höfische Epos seine Stoffe der französischen Bildung, übersetzt und bearbeitet die Romane, welche in Frankreich zur Unterhaltung der ritterlichen Gesellschaft dienten. Bekanntlich gehört die große Mehrzahl dieser Romane in Versen den keltisch=bretonischen Sagenkreisen an, die meist ihren Mittel= punkt in dem einstigen Heldenkönig Artus und in seiner Tafel= runde auserlesener Ritter haben. Jeder einzelne dieser Kämpen besitzt seine fabelhafte Geschichte, in der sich die alten irischen Märchen ganz merkwürdig verschlingen; diese sind mit dem Aufwande der eigentümlich üppigen Phantasie des Volkes aus= geschmückt, die uns schon seit den Anfängen seiner Kultur in Kunst und Legende sichtbar wird. Aber diese keltischen Geschichten aus Irland, Wales, Schottland und der Bretagne geben gewissermaßen nur die rohen Brocken Stoff ab, sie werden von den nordfranzösischen fahrenden Erzählern zu edleren Gebilden umgestaltet. Diese Sänger leisteten damit eine sehr bedeutende geistige Arbeit, die man gewöhnlich unterschätzt, wohl deshalb, weil man so wenig weiß, wie sie

zu stande gekommen ist. Sie ordnen die verworrenen Aben=
teuer, suchen einen fortlaufenden Faden in dem Wirrsal herzu=
stellen, gruppieren die Ereignisse um einen Helden oder ver=
binden sie wenigstens episodisch mit ihm, beschneiden die
allerärgsten Auswüchse, tilgen die schlimmsten Wiederholungen,
rücken das Ganze aus dem Hintergrunde unkultivierter Ver=
hältnisse und barbarischer Zustände in eine noch immer märchen=
hafte, aber doch dem Leben ihrer Zeit und ihres Landes
besser angepaßte Umgebung. Erfordert schon dies alles eine
ganz erhebliche Thätigkeit, Bildung und Begabung, so ist es
doch noch der geringere Teil von dem, was diese Dichter
Nordfrankreichs und ihre Vorgänger, fahrende Erzähler, wirk=
lich an dem keltischen Rohmaterial gethan haben.

Um nämlich ihre Geschichten für den Geschmack des ritter=
lichen Publikums zuzurüsten, haben sie den Zusammenhang
zwischen den einzelnen Abenteuern, die Verkettung der für sich
überlieferten Vorgänge dem Leben ihrer eigenen Zeit abgeborgt.
Der adelige Burgherr, welcher auf der Kreuzfahrt nach dem
Orient gezogen ist, dort Jahre lang kämpft oder in die Ge=
fangenschaft der Sarazenen gerät; inzwischen umlagern land=
gierige Nachbarn die Witwe oder Erbtochter und wollen sie
zu einer ihr unangenehmen Vermählung zwingen; der Ritter,
der zu einem großen Turnier ausfährt und dabei allerlei
Schlimmes zu überstehen hat; der junge Held, den man ruft,
damit er für eine hart bedrängte Frau den rechtlich geforderten
Zweikampf leiste; alle diese und noch viele andere sind Figuren
und Motive, die aus der Wirklichkeit entlehnt sind und von
ihr nicht weiter abstehen als die Kunstwerke der Zauberburgen
des Epos von den auf französischen Schlössern ihrer Zeit
thatsächlich vorhandenen. Darum sind die Artusepen Frank=
reichs, zum mindesten in ihren Bindegliedern, zwar nicht
historische, wohl aber Zeitepen. Deßhalb finden sich aber auch
dieselben Motive so häufig in den verschiedenen Romanen

wieder, bilden förmlich einen epischen Apparat, der von einem
Stoff auf den anderen übertragen wird, ein gemeinschaftlicher
Rahmen für die Mannigfaltigkeit keltischer Märchen. Auf
deren Umgestaltung und Civilisierung haben solchermaßen
die Epiker im Norden von Frankreich ihre poetische Kraft
gewendet; die Kunst wurde an den Stoffen geübt, weniger
an der Form. Selten reicht das Talent weiter, und auch
ein schöpferischer Poet wie Crestien de Troies nimmt nur
schwache Anläufe zur Charakteristik seiner Figuren, begnügt
sich, ein äußerlich richtiges Bild höfischer Gesellschaft zu
liefern, ohne sich in die Seelenzustände seiner Helden sonder=
lich zu vertiefen.

Die französischen Epen in diesen Richtungen weiter zu
bilden, das übernehmen nun die deutschen Erzähler. Sie
thun das schon bei den ersten Anfängen, welche um die Mitte
des zwölften Jahrhunderts und am Niederrhein sich finden
als früheste Sendboten des einwandernden französischen Ritter=
tums, noch dem höfischen Minnesang vorauseilend; schon sie
versuchen, die Handlungen psychologisch zu motivieren. Das
fällt ziemlich ungeschickt aus, auch noch im Tristrant des
Eilhart von Oberge, erst Herrn Heinrich von Veldeke gelingt
es, die Analysen von Stimmungen und Überlegungen in den
epischen Bericht hineinzutragen, eine Kunst, die von den
lyrischen Minnedichtern bereits geübt wurde. Hartmann
von Aue macht in seinem eigenen Entwicklungsgange solche
Stufen durch: durch geistliche und juristische Bildung, sowie durch
die Vertrautheit mit allen Künsten des Rittertums wohl vor=
bereitet, überträgt er im „Erec" noch unfrei und unbehilflich,
während ein paar kleinere Arbeiten und die fortgesetzte Pflege
der Lyrik seine Gaben so ausbilden, daß er im „Iwein" ein
Meisterstück fein durchgebildeter Erzählung und höfischer Kon=
versation zu bieten vermag. Das Höchste jedoch, was in
ritterlicher Epik an und für sich, innerhalb des Gesichtskreises

der Chevalerie, geleistet werden konnte, bringt Gottfried
von Straßburg zu stande. Sein Werk ist ein Prachtgemälde
poetisch aufgefaßten Ritterlebens, durch Bildung verfeinert;
die Vorschriften höfischer Zucht sind seinen Helden so ins Blut
gedrungen, daß sie sich zum Takt geselligen Verkehrs aus=
bilden; der Komfort, der seiner Zeit möglich war, ist darüber
ausgebreitet. Gottfrieds Sprache ist geschmückt und zierlich,
zuweilen artet die Eleganz ins Spielerische und Gemachte
aus, in seiner Vorliebe für die Allegorie merkt man die
Muster der kirchlichen Schriftsteller und ahnt die kommende
bürgerliche Didaktik. Aber Gottfried ist doch vor allem
Dichter und er hat die höfische Minne, das Centrum seines
Epos, zur Liebe, der menschlichsten aller Leidenschaften, erweitert
und vertieft, er hat ihr eine unwiderstehliche Gewalt verliehen,
wie erst die moderne Poesie sie wieder auf die Bahn gebracht
hat. Freilich entrückt er Tristan und Isolde durch das Symbol
des Zaubertrankes anscheinend aller sittlichen Verantwortung,
thut aber die heutige Dichtung anders? Sie bedient sich
keines so äußerlichen Mittels, doch stellt sie die sittliche Wider=
standskraft der Menschen so geschwächt dar, steigert hingegen
die Macht dämonischer Leidenschaften so sehr, daß der einzelne
um nichts weniger willenlos seinem Schicksal hingegeben
scheint als das berühmte Liebespaar des Straßburger Meisters.
Nur dürfen wir nicht vergessen, daß Gottfried Eins voraus
hatte: indem er ein leidenschaftliches Gefühl so in allen seinen
Phasen darstellte, hat er den ganzen Inhalt der ritterlichen
Minnepoesie bereichert, auf eine gemeinschaftliche Grundlage
gehoben, und somit positiv als dichterische Schöpfung aufgestellt,
was die geistvollsten kirchlichen Psychologen seit langem durch
negative Kritik zu erreichen sich bemühten. Sein Werk ist
wahrhaft ein Seelengemälde im Rahmen der Lebensformen
höfischer Bildung.

Wie die höchste Blüte ritterlichen Minnesanges in den

Liedern Walthers von der Vogelweide nur zu Tage tritt,
indem höfische Kunst und die ursprüngliche Kraft volkstümlicher
Liebespoesie sich durchdringen und zu neuen Schöpfungen ver=
schmelzen, so geschieht es auch in der höfischen Epik. Fehlt
Wolfram von Eschenbach auf der einen Seite die feine Bildung
und gesellige Gewandtheit Gottfrieds, so genießt er anderer=
seits außerordentlicher Vorzüge: er schöpft aus dem Born der
Volkspoesie und Volksüberlieferung mit vollen Händen, seine
echte und lebendige Gläubigkeit, sein starkes religiöses Gefühl,
verleihen ihm einen ganz unverrückbaren Platz in der sittlichen
Weltordnung und geben ihm einen sicheren Maßstab für die
Beurteilung seiner poetischen Charaktere an die Hand. So ist
der „Parzival" nicht bloß ein Bild ritterlichen Lebens, in voller
Breite und Tiefe ausgeführt, er ist zugleich ein Bild des
Weltlebens überhaupt, stellt die größten Probleme menschlicher
Arbeit dar und reiht sich somit wenigstens im Vorsatz und
Entwurf den bedeutendsten Epen alter und neuer Zeit an.
Wolfram hat einige prachtvolle Liebeslieder voll seltener Kraft
und Gedrungenheit gedichtet, die an Dantes Vita nuova und an
die Sonette Michel Angelos erinnern, er hat die zarteste
Liebespoesie in den „Titurel"liedern vorgetragen, er hat die
praktischen und geschichtlichen Aufgaben des Rittertums in
seinem „Willehalm" zu schildern unternommen, aber das
Centrum seiner ganzen Leistungsfähigkeit, der Brennpunkt, in
dem alle Richtungen seiner geistigen Kräfte zusammenfallen,
ist und bleibt doch der „Parzival".

Schon die Bewältigung der äußeren Schwierigkeiten dabei
weckt unser Erstaunen. Ein Dichter, der nicht lesen und
schreiben kann, der also einen ungeheuren Stoff gedächtnis=
mäßig in sich aufnimmt, der diesen aber in solchem Grade
durcharbeitet und bewältigt, daß er ihn mit spielender Leichtig=
keit disponiert, daß ihm nur ganz geringe Verstöße bei den
zahllosen Personen und kleinen Episoden begegnen, der aber

auch alles so überblickt, daß er mit voller Souveränität Licht
und Schatten verteilt, einzelnem Bedeutung beilegt, anderem
nimmt, die Masse von einem Gesichtspunkte aus zu einem
riesigen Relief ordnet, das, von wenig Mittelfiguren aus=
gehend, immer mehr mit den reichsten Details sich verbreitert
und endlich in einen sagenhaften Hintergrund und in eine
geheimnisvolle Ferne aufgeht — ein solcher Dichter gebietet
über eine Summe von Fähigkeiten und gestaltender Kraft,
die uns modernen Schwächlingen kolossal erscheint. Unsere
Bewunderung muß noch steigen, wenn wir des genaueren
uns überzeugen, mit welch liebevoller Sorgfalt Wolfram die
kleinsten Nebenpersonen, irgend einen unbedeutenden Knappen,
einen gleichgültigen Ritter, eine platzfüllende Statistin behandelt,
wie er sie alle plastisch herausarbeitet, alle mit individuellen
Zügen ausstattet, ihnen Leben leiht von seinem Leben. Und
dies alles in der richtigen Abstufung, ohne daß die wichtigeren
oder gar die Hauptgestalten seines Werkes auch nur ein
Strichelchen einbüßten, das ihrer Bedeutung zukommt. Doch
fänden wir des Preisens kein Ende, wollten wir in die Einzel=
heiten dieses wundervollen Werkes uns versenken; behalten
wir lieber das Hauptproblem im Auge.

Parzival, der Sohn eines großen ritterlichen Helden, der
im Morgen= und Abendlande sich Ruhm und Königsgut ge=
wonnen hat, wird mit Absicht durch seine Mutter von der ihm
vorbestimmten Laufbahn abgehalten, in einer einsamen Wald=
wüste und in vollständiger Weltfremdheit erzogen, nur sein
feines, weiches Gemüt entwickelt sich. Als das Geschick ihn
hinausruft in die Welt, begeht er erst alle Fehler eines jungen
reinen Thoren, er macht den Kurs ritterlicher Bildung bei dem
teuren Meister Gurnemanz durch, erringt sich als Preis
höchster Tapferkeit Weib und Krone, weil er aber an Ver=
trauen und Gehorsam gewöhnt ist, folgt er bei der großen
Gelegenheit, die sich ihm auf der Burg von Montsalväsche

darbietet, lieber den oberflächlichen Vorschriften höfischer Zucht als dem Antrieb edelster, menschlicher Empfindung, er unterläßt die entscheidende, mitleidvolle Frage und büßt eben darüber das höchste Gut ein, den Besitz des Grales. Weil ihm dann auch die gebührende Palme weltlichen Rittertums, die Theilnahme an der Tafelrunde des Königs Artus versagt wird, sinkt er in tiefes, zweifelvolles Brüten, verliert die sicher auf sich selbst gestellte Einheit des Wesens, das Ideal altgermanischer Heldenschaft, und gerät in Zwiespalt mit Gott, der ihn, den vermeintlich schuldlosen, so hart gestraft hat. Die wüsten Abenteuerfahrten sind sein Bußweg, aber zur rechten Erkenntnis seiner Stellung, zur Einkehr in sich selbst, zur Aussöhnung des inneren Zwistes, zur Herstellung des Gleichgewichtes seiner Seele bringt ihn erst der Rat seines Oheims, des Priesters Trevrezent; die Unterredung bei der Einsiedelei, ein mit vollendeter Kunst komponiertes Gespräch, ist deshalb der Höhepunkt des Gedichtes. Nun versteht Parzival die eigene Sündhaftigkeit, verzichtet auf das eitle Prangen weltlichen Ruhmes, wendet sich zu Demut und Entsagung und erwirbt dadurch, was er vordem vergebens angestrebt hatte, das Königtum des Gral, die Vollendung irdischen Glückes. Unerachtet dieses Endes ist „Parzival" kein geistliches, nicht einmal ein religiöses Epos, obzwar man nie hätte versuchen sollen, in diesem katholischsten aller Dichter das Mitglied einer stillen evangelischen Gemeinde vor der Reformation auszufinden. Reine Menschlichkeit und echt frommes Empfinden, das sind für Wolfram Begriffe, die in eins fallen. Parzival macht seinen Weg aus kindischer Naivität durch die Verbildung gesellschaftlicher Mode und Disziplin, durch die Prüfung harter Selbstpein, zu einem geläuterten Menschentum. Er tritt die Pfade, die Dante durch die Wildnis und das Inferno empor zu den lichten Höhen schritt, die lange nach ihm der Simplicissimus eines Dichters gegangen ist, den die grauen-

vollen Zeitumstände im besten Wachstum geknickt hatten, und
das größte Gedicht des neuen Deutschland, Goethes Faust,
es weiß für den Schluß der Dinge keine andere Lösung, als
Wolfram sie gegeben hat.

Diese großartige Erfassung der Ziele des menschlichen
Lebens, diese Erweiterung des Horizontes seiner Zeit, wäre
Wolfram nicht möglich gewesen, wofern er nicht an der Volks-
dichtung, an dem Erbe germanischen Geistes, wäre genährt
und herangezogen worden. Das steckt nun bei ihm nicht so
sehr in den Anspielungen auf die deutsche Heldensage, in ver-
einzelten Namen daraus, es ist in den innersten Kern seiner
Dichtung aufgenommen. Wie Parzival endlich wird, nachdem
er durch das prüfende Feuer gekommen ist, so hat das alte
Volksepos sich seine größten Helden gedacht. Die Milde, die
Weichheit, welche Parzival auszeichnet, das ist die Frucht des
Christentums; dadurch scheiden sich Germanen und Deutsche.
Am genauesten erkennen wir den Anteil der Volkspoesie an
Wolfram in seinem Stil. Zwar ist dieser so persönlich als
er irgend sein kann, aber sein innerstes Prinzip und seine
äußerlichsten Eigenheiten verdankt er doch gleichermaßen der
Volksdichtung. Wolframs Bildkraft ist so energisch und üppig,
daß sie sich selbst schädigt. Wenn er sich bemüht, alle inneren
Vorgänge in äußere umzubilden — natürlich entnimmt er seine
Vergleiche dem, was ihm zunächst liegt, und darum hat man
wohl gesagt, er „verrittere" die Welt — daß er zuerst und
zuletzt nach Anschaulichkeit seiner Darstellung ringt, das lernt
er doch wieder von der Poesie der Fahrenden, die Wolfram
in ihrem Wert erkannte, die aber die höfischen Epiker un-
beachtet am Wege verdorren ließen. In anderen Mitteln
seines Stiles, in dem breiten Dialekt, tritt Wolframs
individuelle Art stärker heraus und nicht zu seinem Vorteile.
Man merkt überall bei ihm, daß die Bildung seiner Sätze sich
der Kontrolle seines Auges entzog: verwickelte Konstruktionen,

die anders auslaufen als sie anfangen, Doppelbezüge von
Worten und Phrasen, verworrene Übergänge, sind bei ihm
ganz gewöhnlich. Die Dunkelheiten des Ausdruckes, welche
dadurch entstehen — wenngleich sie den Ernst seines Wesens
dem Leser tiefer einprägen — sind doch ein wirkliches Hindernis
der Verständigung mit ihm. Das ist aber auch das einzige,
was die Deutschen von heute zu ihrer Entschuldigung vor=
zubringen wüßten, wenn man sie bezichtigte, daß sie den größten
Dichter ihrer Vorzeit vernachlässigt im Winkel stehen lassen,
statt sich seiner in gerechtem Stolze vor aller Welt zu erfreuen.
Wolfram fordert Studium, er fordert Eifer und Hingabe, er
lohnt hinwiederum königlich; die Gegenwart aber ist so bequem
und hat ein so kurzes Gedärm, daß sie sich der Mühe entschlägt,
einen Dichter sich anzueignen, dessen Werke das Eigentum aller
Kulturvölker wären, hätte er das Glück gehabt, in Dantes
wohlfließender Sprache zu reden. —

Inn Walthers Jugend war es Reinmar, der seinen Sinn
lenkte und die Kunst ihm eröffnete. Nun da Walther ein
Mann geworden ist und geschaffen hat, was innerhalb des
Bereiches seiner Gaben liegt, die durch Gebrauch und Übung
sich aufs schönste ausbilden, nun tritt Wolfram an ihn heran.
Es ist ein entscheidender Wendepunkt seines Lebens. Die
beiden größten Deutschen ihrer Zeit — denn Kaiser Friedrich II.
war kein Deutscher — sie treffen sich und wirken aufeinander,
und — o wunderbares und unerhörtes Walten des Geschickes! —
sie treffen sich im Herzen ihres Vaterlandes, an derselben
Stätte, wo viele Hunderte von Jahren darnach dem deutschen
Volke aus Elend und Not ein Stern aufging in seiner
Dichtung. Es fällt uns nicht schwer, zu erkennen, wie stark
in Walthers Liedern und Sprüchen der Einfluß seines Freundes
Wolfram thätig ist. Wir finden seine Merkmale in den
Bildern und Gleichnissen, deren sich Walther bedient, in seinem
Ernst, in seiner gefestigten Sittlichkeit, aber auch in seinem

Humor, in seiner volkstümlich heiteren Weise und Schalk=
haftigkeit, nicht minder jedoch in seiner Humanität und in der
stärker hervortretenden religiösen Gesinnung. Der große
Dichter, der gemäß der Meinung eines begabten Nachahmers
besser redete als je der Mund eines Laien, Wolfram
von Eschenbach, er hat außer dem eigenen Werke keine edlere
Spur zurückgelassen, als daß er im Austausche der Freund=
schaft seines Geistes einen Teil an Walther, den Sanges=
genossen aus Österreich, abgab; hingegen empfing er von dessen
unmittelbarer Frische und ausdauernder Jugendlichkeit den
Ansporn zur Fortsetzung und Vollendung seines unsterb=
lichen Werkes.

VII

Am Welfenhofe.

Während allenthalben im Reich die Klagen erschollen über den plötzlichen Tod des Königs Philipp, und auch seine Gegner, wie Arnold von Lübeck, dem Geschiedenen das Zeugnis tiefer Trauer nachsandten, stieg der Stern des Welfen rasch wieder empor. Otto hatte die letzten Jahre teils als Flüchtling in den rheinischen Grenzgegenden, teils auf seinem braunschweigischen Erbgute verbracht; alles hatte ihn verlassen, sogar sein Schutzherr, Papst Innocenz III. Nun trat er aus seiner unfreiwilligen Einsamkeit hervor, und da er der einzige Thronwerber im Felde war, schon gekrönt, und die Gunst des Papstes sofort sich ihm wieder zuwandte, seine Anhänger sich von neuem um ihn scharten, so fand er wenig Schwierigkeiten und bald allgemeine Anerkennung. Auch die staufische Partei Süddeutschlands ließ sich für ihn gewinnen, obgleich mit Vorbehalt und ohne innere Zuneigung, weilte doch der letzte Sproß des Hauses, noch ein Knabe, als König in Sizilien unter der Vormundschaft seines päpstlichen Lehensherrn und behütet von einem Rate eifersüchtiger Großer. Dieser Gunst der Umstände verdankte der Welfe die un= bestrittene Gewalt als deutscher König und bald die Kaiser= krone. Er entbehrte nicht der Eigenschaften persönlicher Tüchtigkeit, er war ein hochgewachsener starker Herr, tapfer, ja verwegen, in ritterlichen Dingen wohl geübt wie sein Vorbild, der Oheim Richard Löwenherz, dessen Liebling er gewesen war. Aber wie diesem fehlte auch ihm die rechte

maßvolle Klugheit, er wußte sich beim Angriff nicht zu
bändigen und seine Zeit abzuwarten, und zeigte sich besser
im Unglück, wo seine Hartnäckigkeit und Zähigkeit ihm mehr=
mals zu statten kam. Man darf ihn kaum einen Deutschen
nennen: für französisches und englisches Erbe ist er in seiner
Jugend herangezogen worden, der Tod Kaiser Heinrichs VI.
erst war die Pforte, welche ihm Deutschland erschloß, und jetzt
wurde sie ihm durch den ebenso unerwarteten Hingang eines
anderen Staufers abermals geöffnet. Otto war hart und
gewaltthätig, hochfahrend, und besaß den stärksten Begriff
von seiner Königs=, noch mehr von seiner Kaiserwürde.
Darum war er ein trefflicher Herr, die Gesetzbrecher und
Friedensstörer Deutschlands im Zaum zu halten, er breitete
Furcht um seinen Namen und schützte dadurch die Schwachen.
Aber er war gerade deßhalb wenig geeignet, aus einem
diplomatischen Kampfe als Sieger hervorzugehen, wo es der
Vorsicht, der Mäßigung, der Nachgiebigkeit bedurfte, zumal in den
Verhandlungen mit einem Gegner wie Innocenz III., der einer
der größten Kirchenfürsten war, die den Stuhl des heiligen
Petrus eingenommen haben. Das sollte sich alsbald zeigen.

Der Papst begrüßte Ottos neue Erhebung mit Freuden,
war dieser doch durch lange Jahre und trübe Schicksale sein
Schützling gewesen. So unternahm denn Otto, als er die
deutschen Angelegenheiten rasch auf einigen Hoftagen geordnet
hatte, schon im August 1209 die Fahrt nach Rom und beeilte
sich, die heißersehnte Kaiserkrönung zu erlangen. Sie fand
am 4. Oktober statt, nachdem sich die Deutschen den Einzug
in Rom hatten erzwingen müssen; selbst während und nach
der Krönung gab es erbitterte Kämpfe mit den Bürgern der
ewigen Stadt, denen Otto die herkömmlichen Bewilligungen
und Geldspenden versagt hatte. Das war ein übles Omen
für den neuen Kaiser und schnell erwahrte es sich. Jetzt erst
sollte die Entscheidung gefällt werden über die strittigen

Gebiete Mittelitaliens, ob sie zum Reichsgut oder zum Kirchen=
staat gehören sollten, und da zeigte sich sofort, daß des
Kaisers Absicht, den italienischen Reichsbesitz auf den Stand
zurückzuführen, den er beim Tode Kaiser Heinrichs VI. inne=
gehalten hatte, und des Papstes Vorhaben, das Patrimonium
Petri nicht bloß zu erhalten, sondern auch zu vermehren,
gänzlich unvereinbar waren. Jeder von beiden befand sich
unter dem Einflusse der Tradition seiner Stellung: Otto
konnte nicht anders, obgleich ein Welfe, und verfuhr wie
sein kaiserlicher Vorgänger; Innocenz vertrat ebenso wie alle
Päpste mit Nachdruck das Interesse der Kurie, sogar vermöge
seiner hohen Begabung und politischen Kunst besonders
energisch. Der Konflikt begann schon 1210, da sich Otto
immer deutlicher zu einem Feldzuge gegen das Königreich
Sizilien rüstete, das er der Reichsgewalt wieder unterstellen
wollte; damit wäre auch die Gefahr abgewendet gewesen,
daß der staufische Jüngling dort zum Nebenbuhler in Deutsch=
land werden mochte. Der Papst ging weit in seinen Zu=
geständnissen an den Kaiser, aber daß die Früchte seiner
sizilischen Politik vernichtet wurden, konnte er nicht dulden.
So kam es 1211 zum Bruche. Innocenz wandte sein Macht=
wort wider den undankbaren Otto, er schickte Briefe in
Italien und Deutschland umher, welche alle Unterthanen des
dem Kaiser geleisteten Eides entbinden sollten, er hatte auch
sogleich in Friedrich von Sizilien einen neuen Bewerber um
die deutsche Königskrone zur Hand, dem ja eigentlich seit den
letzten Tagen Kaiser Heinrichs und seit den damals gegebenen
Zusagen der Fürsten gewisse Ansprüche zweifellos zustanden.
Otto kehrte, durch alles dies geängstigt, rasch nach Deutsch=
land zurück 1212, stellte seine Autorität wieder her und ver=
sicherte sich auf dem Tage zu Frankfurt der Treue der wankenden
Fürsten. So weit war alles gut, aber am 11. August starb
dem Kaiser seine Gemahlin Beatrix, durch die er mit dem

Hause der Staufer verbunden war, und er fand sich der
schwäbischen Heerfolge beraubt; dann betrat des Papstes
Zögling, Friedrich, schon im Sommer dieses Jahres den
deutschen Boden. So entbrannte der Krieg von neuem und
währte noch zwei Jahre, Ottos Glück jedoch nahm stetig ab,
und am 27. Juli 1214 war mit der großen Niederlage
Ottos IV. gegen König Philipp August von Frankreich bei
Bouvines die deutsche Krone für ihn verloren, für Friedrich
gesichert.

Die politische Thätigkeit Walthers von der Vogelweide
beginnt wiederum, als Otto, mit dem Banne des Papstes
beladen, 1212 nach Deutschland zurückkam, und innerhalb der
nächsten Zeit hat der Dichter die Vorgänge mit außerordent=
licher Teilnahme verfolgt. Er steht auf Seiten des Kaisers
und gegen den Papst, eine Haltung, die von vielen reichstreuen
Männern, auch von Geistlichen, damals eingenommen wurde.
Denn sie sahen nur zwei Thatsachen, die aufeinander folgten
und sich doch widersprachen: Papst Innocenz hatte durch
alle Mittel den welfischen Otto gegen den Staufer empor=
zubringen und zu halten getrachtet und seinen Frieden mit
Philipp erst gemacht, als sein Schützling aussichtslos verloren
schien; jetzt war durch eine plötzliche Wendung des Schicksals
Otto doch Kaiser geworden und hatte alsbald die Gnade
seines Gönners eingebüßt. Daher, so schloß man, ist der
Papst jedes deutschen Königs Feind, sei er Staufer oder
Welfe, und die Schuld an dem Zerwürfnisse kann somit nicht
bei Otto liegen. Um die italienische Reichspolitik, um den
Zusammenstoß kaiserlicher und päpstlicher Interessen im Süden
kümmerten sich die Massen nicht, und es ist ungemein be=
zeichnend, daß Walther niemals ein Wort darüber verliert.
Die deutschen Fürsten und Bischöfe wußten ganz wohl, wie
die Sachen standen, und sie haben sich auch von Otto zurück=
gezogen, sobald dieser seiner Politik die verhängnisvolle

Richtung gab gegen den Papst, und vornehmlich, sobald er die Wiedervereinigung Siziliens mit dem deutschen Reiche gewaltsam anstrebte. Das wurde dem Volke im Großen und Ganzen gar nicht deutlich sichtbar, es lag zu ferne und berührte die Heimat zu wenig unmittelbar. Wohl aber wurden die bösen Folgen des neuen Streites zwischen Kaiser und Papst aufs bitterste und tiefste empfunden, die Unsicherheit und Verwirrung, welche wieder hereinbrachen, der allerorten abermals aufflammende Bürgerkrieg. Und diese Folgen wurden der Herrschsucht und Habgier des Papstes zur Last gelegt. Wir dürfen uns nicht wundern, daß Walther so leidenschaftlich wider den Papst auftrat, wenn wir aus den Worten eines unverwerflichen Zeugen, des Mönches Caesarius von Heisterbach, erfahren, wie sehr viele damals in Deutschland das Vorgehen des Papstes tadelten, und wenn wir hören, daß der Führer einer römischen Adelspartei es wagte, den predigenden Innocenz mit dem Rufe zu unterbrechen: „Dein Mund ist Gottes Mund, aber Deine Werke sind Werke des Teufels."

Dazu muß erwogen werden, daß überhaupt niemals in Deutschland das Recht des Papstes, über die deutsche Königskrone zu verfügen, wirklich anerkannt worden war; nur fanden die Fürsten, welche dem jeweils vom Papste verworfenen Oberherrn feindselig waren, es sehr in ihrem Interesse, den Bann des Papstes und seine kirchlichen Folgen als einen willkommenen Ausgangspunkt ihrer Kämpfe und als ein Hilfsmittel auszunutzen. Waren die Fürsten mit dem gewählten König zufrieden, vermochte er ihre Wünsche, die meist auf Erwerbung von Territorialbesitz hinausliefen, zu erfüllen, dann schadete ihm des Papstes Bann und Feindschaft gar nichts, geistliche und weltliche Herren verkehrten ohne Scheu mit dem Exkommunizierten, er wurde in die Kirchen zugelassen und wohnte unbehelligt der Messe bei. Sehr selten, daß ein Kirchenfürst sein Gewissen durch die Aufnahme des gebannten

Königs beschwert fühlte; weiche Gemüter wie der Bischof
Gardolf von Halberstadt mußten freilich unter dem Zwiespalt
ihrer Pflichten gegen Kaiser und Papst unsäglich leiden. Wir
sehen ein recht deutliches Bild dieser Verhältnisse in der
Regierung Philipp des Staufers. Er wurde von den deutschen
Fürsten zum König gewählt, indes er sich im Banne des
Papstes befand. Die Herren, die mit Philipp verbunden
waren und von ihm zu gewinnen mußten, sind ihm unent=
wegt treu geblieben und achteten des Papstes feierlichste Ein=
sprache für nichts; auch zu dem Abfall von Fürsten, der
zeitweilig stattfand, trug des Papstes Gegnerschaft nichts bei,
und schließlich ist Philipp als König allgemein anerkannt
worden, sogar von dem eigenen Bruder Ottos, dem Pfalz=
grafen Heinrich, ohne daß der Bann von ihm genommen
worden wäre, und der Papst mußte sich bequemen, ohne
Rücksicht auf diesen Umstand, die Friedensverhandlungen mit
dem Staufer anzuknüpfen. Die Königswahl ward eben als
eine weltliche Rechtsangelegenheit betrachtet, in die dem Papst
kein Eingriff zustand, ebenso wenig, als in alle Besitzver=
hältnisse: und wenn z. B. die Ravensburger wegen der Er=
mordung des Bischofs Konrad von Würzburg (am 6. Dezember
1203) vom Papste für unfähig erklärt wurden, Lehen zu
nehmen, so war das ein Schlag ins Wasser, denn die Ravens=
burger sind nach wie vor als mächtige Herren in ihrem
heimischen Gebiete verblieben. Man darf also getrost sagen,
im damaligen Deutschland konnte die Autorität des Papstes für
weltliche Dinge nur dann mit Erfolg geltend gemacht werden,
sofern sich die Interessen einzelner oder der Mehrzahl von
Fürsten in derselben Richtung bewegten, sonst nicht. Diese
Verquickung kirchlicher und territorialer Angelegenheiten ist
keine isolierte historische Thatsache, Ähnliches findet in früherer
und späterer Zeit statt, auch die Geschichte der deutschen
Kirchenspaltung bietet dafür schlagende Analogien.

Das war also der feste Boden zeitgenössischer Verhältnisse
und Anschauungen, von dem Walther von der Vogelweide
ausging. Zunächst redet er in drei schönen, in sich schon durch
die gemeinsamen Anfangsworte zusammenhängenden Sprüchen
(L. 11, 30) den Kaiser Otto an, wie er auf dem Frankfurter
Tage (1212) die Fürsten um sich versammelt, und entwirft ein
großes Bild kaiserlicher Macht und Herrlichkeit. So spricht
der Sänger: „Herr Kaiser, seid uns hier willkommen: der
Königsname ist von Euch genommen, d'rum glänzet Eure
Kron' ob allen Kronen. Es ist gewaltig Eure Hand und
kann doch spenden; wollt Ihr zur Gnad' Euch oder Rache
wenden, so kann sie beides, strafen und belohnen." Und
daran knüpft sich eine Empfehlung des Markgrafen Dietrich
von Meißen, der dem Kaiser besonders treu ist: es wäre
leichter, einen Engel zum Abfall von Gott zu verleiten, als
ihn dem Kaiser zu entfremden. Im nächsten Spruch stellt
sich der Dichter als Gottes Frohnbote vor, der da kommt,
um für das heilige Land Gerechtigkeit wider die Heiden zu
begehren, und den Kaiser, dessen Macht noch unerschüttert
schien, damit zum Kreuzzug aufzufordern: „Herr Kaiser, ich
bin Herrenbot' und bring' Euch Meldung mit von Gott:
Ihr herrscht auf Erden, er im Himmelreiche, Ihr seid sein
Vogt; d'rum hieß er mich Euch klagen, daß jetzt die Heiden
ihn und Euch zu schänden wagen in seines Sohnes Land
mit bösen Streichen. Nun gönnet ihm ein streng Gericht; sein
Sohn, den nennt man Jesus Christ, wie der es Euch ent-
gelten will, hieß er mich sagen (thut gegen ihn doch Eure
Pflicht), er wird Euch richten, wo er Vogt einst ist, wenn
Ihr den Teufel aus der Hölle wollt verklagen". Dasselbe
Thema schlägt der dritte Spruch an, worin er den Kaiser
mahnt, wenn er in Deutschland mit Hilfe des Stranges den
Frieden hergestellt habe, dann möge er sich an die fremden
heidnischen Völker machen, da sei Ruhm zu erwerben, und

Otto sei auch ganz dazu gerüstet durch die Kräfte des Löwen
und des Adlers, die er als Heerzeichen auf seinem Schilde
trug, als ihn der Papst zu Rom krönte. Niemand aus den
Heiden vermöchte ihm zu widerstehen.

So gefestigt schien damals die Macht Ottos, daß der
Sänger es wagen durfte, ihm einen Kreuzzug zu empfehlen;
vielleicht war dabei noch die Hoffnung im Spiele, eine solche
Heerfahrt könnte Kaiser und Papst versöhnen. Ferner legt
Walther zu derselben Zeit ein gutes Wort für den Landgrafen
Hermann von Thüringen ein (L. 105, 13), der jetzt die Gnade
des Kaisers suchte, nachdem er ihm kurz vorher entgegen=
getreten war. Walther weist darauf hin, dies sei wenigstens
in offener Feindschaft geschehen, während andere Fürsten ver=
ächtlicher Weise im Geheimen und sich gegenseitig verratend die
Widersacher des Kaisers waren. Man darf übrigens nicht
glauben, weil aus dieser bösen Zeit so viel über Gesinnungs=
wechsel der Fürsten berichtet wird, sei die Sittlichkeit des ganzen
Volkes eine niedrige gewesen; das wäre eben so unrichtig,
als wenn heute jemand aus den Bankerottlisten der Zeitungen
auf die besondere Verworfenheit des gesamten Kaufmanns=
standes schließen wollte. Es soll nicht geleugnet werden, daß
der Bürgerkrieg diesmal wie überall — wie im alten Rom,
wie in England während des Kampfes der Häuser Lancaster
und York — in den Gemütern, besonders der handelnden
Personen Verwirrung angerichtet und die Sittlichkeit geschädigt
habe; sonst hätten nicht die deutschen Fürsten und die deutschen
Könige selbst eidlich geschlossene Verbindungen als bloß vor=
übergehende Allianzen auffassen können, die mit großen Änderun=
gen der allgemeinen Lage aufgelöst und wieder neu angeknüpft
werden konnten. Aber — und das ist die Hauptsache — das
Volksgewissen erhielt sich unversehrt: diesem gegenüber blieb
Verrat auch Verrat und wurde nicht beschönigt; wer seinen
Eid brach, heimste dafür öffentlichen Tadel ein und mochte sich

darauf gefaßt machen, daß es ihm ins Künftige nicht so leicht
werden würde, einen vorteilhaften Vertrag zu schließen. Wir
sind darüber hinlänglich aus den Chronisten der verschiedenen
Parteien unterrichtet, welche die Treulosigkeit nicht bloß im
gegnerischen Lager sträflich finden, sondern sich auch scharf
über die eigenen Anhänger aussprechen. Die Haltung, welche
z. B. die großen Jahrbücher von Köln, Arnold von Lübeck,
die Chronik von St. Peter zu Erfurt, Otto von St. Blasien
und andere bei der Erzählung der Vorgänge jener Jahre un=
seligen Zwistes einnehmen, gewährt uns die Beruhigung, daß
der sittliche Maßstab des Volkes damals kein schlechterer war
als heute und in den letztverflossenen Jahrhunderten: weiß hat
immer als weiß gegolten und schwarz ist nie für etwas anderes
als schwarz gehalten worden.

Um diese Zeit ist Walther in Konflikt mit dem Markgrafen
Dietrich von Meißen geraten. Worüber und wie die ganze
Sache verlaufen ist, davon hören wir gar nichts. Nur ver=
nehmen wir (L. 105, 27), daß Walther diesen Fürsten, der,
eingeklemmt zwischen Böhmen und dem landgierigen Thürin=
ger, eine besonders schwierige Stellung hatte, der Undankbar=
keit beschuldigt, ihn an die geleistete Hilfe erinnert und mit
verdeckten Worten ihm den Dienst kündigt. Durch diesen
Streit wird auch die Verbindung Walthers und des Herzogs
Ludwig von Bayern hinfällig geworden sein, dessen Geschenke
der Markgraf Dietrich einmal dem Sänger vermittelt hatte
(L. 18, 15).

Walthers Bemühungen für Kaiser Otto konzentrieren sich
in seiner Thätigkeit wider den Papst. Zwar macht er zuvör=
derst die Gesinnung der Fürsten verantwortlich in dem treff=
lichen Spruch (L. 31, 13): „Von Frankreichs Seine bis hin
nach Steiermark zur Mur, vom Po zur Trave kenn' ich aller
Menschen Spur: die meisten kümmert's nicht, wie ihnen zu=
kommt ihr Gewinn. Thät' ich wie sie, dann lebe wohl, geh'

schlafen, Edelsinn! Geld war willkommen stets, jedoch es ging
die Ehr' dem Gelde noch voran, jetzt ist das Geld so hehr, daß
es selbst zu den Frauen vor der Ehre geht und mit den Fürsten
bei den Königen sich berät. Wie schlecht das römische Reich um
Geldes willen steht! Du bist nicht gut, o Geld, an Schande
hängst Du dich zu sehr!" Dann aber sondert Walther den
Papst von den übrigen Herrschaften der Welt aus und greift
ihn für sich an, indem er ihm zuerst Doppelzüngigkeit vor-
wirft (L. 11, 6): „Herr Papst, so denk' ich's gut zu treiben,
denn ich will Euch gehorsam bleiben. Wir hörten Euch der
Christenheit gebieten, wie sie des Kaisers sollte pflegen, da
Ihr ihm schenktet Gottes Segen, daß wir ihn hießen „Herrn"
und vor ihm knieten. Nun wollet dies und anderes nicht
vergessen! Ihr spracht zu ihm: „Wer auch Dich segne, sei
gleichfalls gesegnet; wer Dir flucht, sei gerichtet mit einem
Fluche reich gemessen." Um Gott, bedenkt Euch jetzt dabei,
daß Ihr der Pfaffen Ansehn so vernichtet!" Und schärfer
fährt der Dichter fort (L. 12, 30): „Gott macht zum König,
wen er will. Darüber wund're ich mich nicht viel, als Laie
staun' ich an der Pfaffen Lehre: was sie befahlen noch vor
wenig Tagen, das wollen sie uns jetzt ganz anders sagen.
Um Gottes Willen und bei Eurer eignen Ehre, so sagt uns
doch in Pflicht und Treuen, mit welcher Rede Ihr uns habt
betrogen? Sei's mit der alten oder neuen, durch eine habt
Ihr uns belogen. Klärt uns die Wahrheit auf in ihrem
Grunde: zwei Zungen sind zu viel in einem Munde." Und
er verweist auf das Evangelium vom Zinsgroschen (L. 11, 18),
in dem der Herr die trügerischen Pharisäer entlarvt und ihnen
rät, Gott zu geben, was Gottes ist, und dem Kaiser, was
des Kaisers ist. Die Wurzel alles Übels meint der Dichter
zu treffen, indem er an die Schenkung Kaiser Konstantins
erinnert (L. 25, 11), die den Kirchenstaat schuf: damals hatte
ein Engel im Himmel dreimal Wehe gerufen und das Gift

beklagt, daß nun über die Christenheit sei ausgegossen worden,
denn jetzt ist in Folge dessen der oberste Herr geschwächt und
das Recht der Laien in die Hände der Pfaffen geraten. Der
Engel hat also dazumal die Wahrheit verkündigt.

Die schärfsten Sprüche Walthers gegen den Papst sind
in eine Kette von Strophen desselben Tones geordnet. Es
gehört wohl zu dem Stärksten, was im Kampfe zwischen
Kirche und Staat je gesagt wurde, wenn Walther den Papst
wegen des eigensüchtigen Wechsels in seinen Ansichten über
Otto als Simonisten einen neuen Judas nennt, der die
Christenheit verführe (L. 33, 11): „Wir alle klagen und ver=
stehn doch nicht den Schaden, daß es der Papst ist, unser
Vater, der auf bösen Pfaden uns leitend ganz unväterlich
uns irre führt; wir folgen, ohne daß der Fuß aus seiner
Spur sich je verliert. Nun merke, Welt, was mir an diesem
Thun mißfalle: ist er ein Geizhals, nun so knausern eben
alle; lügt er, so lügen alle mit ihm seine Lüge; betrügt der
Papst, so strebt ein jeder, daß auch er betrüge. Nehmt Euch
in Acht, daß keiner meine Worte rüge: ein neuer Judas
bringt der Papst uns, wie der alte einst, zu Falle." Erst
jetzt, meint Walther (L. 33, 21), ist der römische Stuhl so
in Ordnung wie einst unter dem berüchtigten Zauberer
Gerbert (= Papst Silvester II., 999—1003). Doch hat
dieser wenigstens bloß sein eigenes Seelenheil vernichtet, indes
der jetzige Papst die ganze Christenheit preisgebe. Da
sollen alle dem lieben Gott klagend zurufen, damit er nicht
länger schlafe, sondern die zuchtlose Geistlichkeit strafe: die
Pfaffen nämlich vereiteln Gottes Werke und fälschen sein
Wort, sein Kämmerer bestiehlt den Himmelshort, sein Richter
mordet und raubt selbst, sein Hirt ist unter den Schafen zum
Wolf geworden. Der Papst verleitet die Bischöfe und die
übrigen Geistlichen, ruft der Dichter ein andermal (L. 33, 1),
und fesselt sie mit den Stricken des Teufels. Hat er die

Schlüssel Sankt Peters, wie man behauptet, warum kratzt
er denn Petri Lehre aus den Büchern und verkauft die Kirchen=
ämter? Das kann er nur aus dem Buche des Teufels ge=
lernt haben. Ja der Papst wird gar beschuldigt (L. 34, 24),
daß er den Unglauben fördere, und dazu helfen die Geist=
lichen, weil ihre Worte und Werke sich widersprechen. Und
gegen den ganzen Klerus richtet der Sänger seine Anklage
(L. 33, 31): „Es lebt' die Christenheit noch nie so arg da=
hin; die sie erziehen sollten, denen fehlt's an frommem Sinn.
Es wär' zu schlimm, thät' nur ein dummer Laie das, —
sie aber sünd'gen ohne Scheu und ohne Furcht vor Gottes
Haß. Zum Himmel weisen sie und fahren selbst zur Hölle.
Sie sprechen: wer nur folgen wollte ihren Lehren, nicht
ihrem Werk, der zöge sicherlich zum Himmel ein. Die Pfaffen
sollten keuscher als die Laien sein; in welchem Buche steht's
denn und an welcher Stelle, daß sich so viele Pfaffen müh'n,
wie sie ein schönes Weib entehren?"

Am bekanntesten sind die zwei folgenden Sprüche Walthers,
in denen die drastische Schilderung auch am meisten auffällt.
Papst Innocenz hatte als Krone seiner siegreichen Bestrebungen
für das Ansehen der Kirche einen Kreuzzug ins Werk zu
setzen unternommen, 1213 schrieb er eine Bulle darüber aus,
steuerte selbst bedeutend bei, veranlaßte dazu auch Kardinäle
und Bischöfe und ließ in allen größeren Kirchen Opferstöcke
aufstellen, in denen die frommen Gaben gesammelt und dann
unter gehöriger Kontrolle — die Sperre war dreifach — zum
Besten der Kreuzfahrt verwendet werden sollten. Das war
ein dankbarer Gegenstand für Walthers Angriffe, der mit den
Predigern für die Kreuzzugssteuer zugleich die traf, welche
den Bann des Papstes wider Otto verkündigten und zum
Abfall von ihm ermahnten. So redet der Dichter den Opfer=
stock an (L. 34, 14): „Sagt an, Herr Stock, hat Euch der
Papst hierher gesendet, daß Ihr ihn reich macht und uns

arme Deutsche pfändet? Wenn ihm ein volles Maß heim kommt zum Lateran, so thut er einen klugen Griff, wie er schon früher hat gethan. Er sagt alsbald, das deutsche Reich sei jetzt verloren, bis alle Pfarrer wiederum die Schäflein sein geschoren. Ich meine, wenig von dem Silber reist in Gottes Land, denn niemals teilte solchen Schatz der Pfaffen Hand. Herr Stock, zu unserem Schaden seid Ihr hergesandt, damit Ihr Euch im deutschen Volk die Narren sucht und Thoren." Und von Innocenz sagt Walther (L. 34, 4): „Ahi, hört Ihr, wie christlich über uns der Papst nun lacht, da er zu seinen Welschen sagt: „das hab' ich gut gemacht". Was er da spricht, das hätt' er besser nie gedacht! Er sagt: „Zwei Alemannen bracht' ich unter eine Krone, und jetzt zerstören sie ihr Reich sich selbst zum Hohne, wir unterdes, wir füllen uns're Kasten. In meinen Stock schaff' ich ihr Geld, ihr Gut ist alles mein, ihr deutsches Silber fährt in meinen welschen Schrein. Ihr Pfaffen, eßt nur Hühner, trinket Wein, und laßt die Deutschen . . . . fasten". Hat nicht der Schreiber aus patriotischer Scheu ein böses Schimpfwort hier unterschlagen, so mag man etwa denken, daß vor dem letzten Worte dieses Verses der begleitende Musiker eine kleine Triolenfigur spielte und das „fasten" höhnisch nachklingen ließ.

Walther weiß in diesen Strophen die Menschen bei ihren schwächsten Seiten zu fassen, und eben darum wirkten die Sprüche so einschneidend. Man hat ja ganz richtig gesagt: Walther übertreibt ins Ungemessene, er mußte die guten Absichten des Papstes kennen, mußte wissen, wie Innocenz sich bemüht hatte, die zweckmäßige Verwendung der gesammelten Gelder zu sichern, er verfährt also mit Bewußtsein ungerecht. Bei diesem Urteil ist nur eines außer Acht gelassen: Walther ist Politiker und Parteimann, und mit Gerechtigkeit macht man überhaupt keine Politik. Ein Mann, der an Dingen und

Ereignissen immer beide Seiten sieht, die gute und die schlechte, dem das Bedürfnis der Objektivität in seine Natur gelegt ist, der taugt eben nicht zum Politiker, denn dieser muß häufig seine eigene Einsicht verengen, damit ihm das Pathos, dessen er für seine Thätigkeit bedarf, nicht geschwächt werde. Wir spüren in diesen Sprüchen Walthers den Atem und die Kraft von Martin Luther; aber war vielleicht Luther weniger ungerecht wider den Ablaß? Hat er nicht auch im Dienste der Sache, die er für gut hielt, übersehen, daß die Sache des Gegners nicht durchaus schlecht war? Aus der Ein=seitigkeit entspringt die Leidenschaft, und wenn die Leidenschaft recht ist, der sollte die Einseitigkeit nicht tadeln.

Die Wirkung der Sprüche war außerordentlich, das bezeugt uns ein Widersacher Walthers, der fromme und kluge Verfasser des „Welschen Gastes" Thomasin von Zirclaria; er war ein Dienstmann Wolfgers des Patriarchen von Aquileja, der als Bischof von Passau sich Walthern günstig gezeigt hatte. Er mißbilligt das Vorgehen des Dichters durchaus, beklagt es, daß er Tausende bethört und dem Papste Unrecht gethan habe, so gut und brav auch sonst seine Reden gewesen sein mögen. Auch in unserer eigenen Zeit haben Walthers Sprüche wider Rom verschiedene Deutung erfahren. Ins=besondere haben sie dem vorgeschrittenen Liberalismus dienen müssen, und der alte Sänger ist oft genug als klassischer Zeuge für Meinungen aufgerufen worden, mit denen er nie etwas zu schaffen hatte. Begreiflicher Weise kümmert sich ein moderner Parteimann nicht um die geschichtlichen Be=dingungen jener alten Kämpfe zwischen Kaiser und Papst; würde er es im Ernste versuchen, dann könnte ihm nicht entgehen, daß die alten und die neuen Proportionen dieser Mächte sich aus Verhältnissen ganz verschiedener und unter sich unvergleichbarer Art zusammensetzen.

Walther hat für seine Verdienste um die Sache Kaiser

Ottos geringen Lohn geerntet. Wehmütig ruft er seinem
Herrn zu (L. 31, 23): den schönen Namen „Wirt" müsse er
entbehren, immer sei er nur Gast; könnte er nur erleben,
daß auch er als Wirt einen Gast begrüße, der dann sich bei
ihm bedanken müßte. Heute hier, morgen dort, das sei sein
Los: viel besser klingt, „ich bin zu Haus" oder „ich will
nach Haus." Und er mahnt den Kaiser, daß er in seiner
Bedrängnis doch des armen Gastes nicht vergesse. Die
Mahnung war vergebens. Ottos Gestirn war bereits im
Erbleichen, denn mit raschen Schritten drang Friedrich, der
Staufer, als Kaiser nachmals der Zweite seines Namens, in
Süddeutschland vor, und auch Walther wandte sich dem
jungen Sprossen des Hauses zu, in dessen Hut er das Reich
sicherer geborgen wußte als bei dem rauhen und kargen,
unfreundlichen und freundlosen Welfen.

Während all der bösen Zeit war dem Sänger das
schönste Liebesglück aufgeblüht.

VIII

Niedere Minne. Neidhart.

Walthers letztes Minneverhältnis hatte einen üblen
Ausgang genommen, und er hatte sich mit gröblicher Schelt=
rede von seiner Herrin getrennt. Nun kehrt er wieder einmal
aus Österreich zurück, findet aber die Lage der Dinge am
Hofe nicht gerade günstig für sich. Neue Sänger sind auf=
getaucht, welche ihre junge Kunst der bewährten des Meisters
entgegenstellen und Mißstimmung wider ihn zu erregen suchen,
indem sie behaupten, Walther habe in seinen Liedern die
Frauen herabgesetzt. Es wird freilich nur des ersten Gesanges
bedurft haben, mit dem Walther die zusammenhängende
Reihe seiner schönsten Liebesdichtungen beginnt, um den
Schwarm der Neider zu beschämen. Walther hebt an und
verweist auf die bösen Zeitläufte, welche den Sänger der
Aufmerksamkeit seines Publikums berauben (L. 58, 21): „Es
sprechen die Verzagten, alles Lied sei tot, und niemand lebe
jetzt, der etwas singt. Bedächten sie doch nur die allgemeine
Not und wie heut alle Welt mit Sorgen ringt! Kehrt
wieder uns des Sanges Tag, dann hört man singen auch
und sagen und eine neue Liederfülle wird erweckt. Ein
kleines Vöglein hört' ich schon darüber klagen, das hatte
unter Zweigen sich versteckt: „ich singe nicht“, so rief's,
„bevor es nicht will tagen“. Schlimmer ist es für den
Dichter, daß arge Leute ihn bei den Frauen verleumden und,
im Hinblick auf seine letzten Lieder, ihn beschuldigen, daß er
in seinem Sange Übles von ihnen sage. Mit gerechtem Stolz

beruft sich Walther auf sein Preislied und fragt, wer denn die deutschen Frauen mehr gerühmt habe als er? Nur sonderte er böse und gute Frauen — wie auch in seinem berühmten Thüringer Liede, das Wolfram zitiert — Alle ohne Unterschied zu loben, wäre doch schlecht. Dann fährt er die neidischen Schelter an und schickt sie, die jetzt niemanden finden, den sie anschwärzen können, mit sehr bestimmten Worten vom Hofe weg nach Haus.

Nun lernt Walther, durch die eigene Entwicklung, vielleicht auch durch den Verkehr mit Wolfram dahin gebracht und der schlichten, natürlichen Neigung sich zuwendend, ein hübsches Mädchen kennen, das ihm gefällt. Schwerlich lebte sie am Hofe, eher auf einem unfernen Dorfe. Er leitet seine Be= ziehungen zu ihr durch bescheidene Schmeicheleien ein. Er spricht das herzliebe Mädchen an (L. 49, 25), wünscht ihr guten Morgen, sagt ihr, daß niemand ihr holder sein könne als er. Freilich tadeln ihn die Hörer, weil er sein Lied jetzt so niedrig wende, daraus macht er sich aber nichts, denn wer so sprechen kann wie jene, der hat eben Liebe nie empfunden. Auf die Liebe allein kommt es an, sie zaubert auch die Schön= heit hervor, indes die Schönheit allein ohne freundliches Ent= gegenkommen nicht zur Liebe reizt. „Jetzt ertrag' ich's, wie ich's eh ertrug und wie ich's immer will ertragen: Du bist schön, und das ist mir genug; was haben denn die Leute da zu sagen? Laß sie schwatzen, denn ich bleib' Dir hold und nehm' Dein gläsern Ringlein lieber als aller Königinnen Gold". Nur treu muß sie ihm sein, dann fürchtet er kein Herzeleid durch sie zu erfahren. — Das Mädchen ist scheu und fürchtet sich vor dem adeligen Herrn, deßhalb soll das nächste Lied (L. 50, 19) sie ermutigen: „Bin ich Dir zuwider? Ich weiß nichts davon; ich liebe Dich. Eins doch drückt mich nieder: Du schaust oft neben und gar über mich. Das sollst Du ver= meiden, denn ich kann's nicht leiden. Solche Liebe bringt mir großen Schaden, d'rum hilf mir tragen meine Last, ich bin zu schwer beladen. Ist das Deine eigne Hut, daß Dein Aug' auf mich blickt gar so selten, thust Du's also mir zu gut, dann will ich Dich nicht deswegen schelten. Meide nur mein Haupt, das sei Dir erlaubt, und schau dafür herab auf meinen Fuß, ist Dir das lieber: das sei dann dein Gruß". Die vornehmen und hochmütigen Damen sind dem Sänger gleichgiltig, sie allein ist seine Herrin. Mag sein, daß jene von besserer Ge= burt sind, sie jedoch ist an sich gut. Vielleicht ist er ihr auch lieb? Dann muß sie erwägen, daß zur Minne wenigstens zwei gehören, aber auch nur zwei, und sie soll ihn dann ihre Neigung merken lassen.

Die Sicherheit darüber hat der Dichter auch in dem nächsten hübschen Liede noch nicht völlig gewonnen (L. 65, 33): „In Zweifel, Hoffnung, Furcht und Wahn war ich gesessen und ich dachte: „aus ihrem Dienst geh' ich fortan," als mich ein Trost herwieder brachte. „Trost" freilich ist zuviel gesagt, doch sei's darum! Es ist ja kaum ein Tröstchen, schwach und klein; so klein, daß wenn ich's sage, Ihr alle spottet mein. Doch freut man schwerlich sich, man wisse denn warum. Ein Halm war es, der macht' mich froh: er sprach, mir sollte Glück geschehn. Ich maß mir dieses kleine Stroh, wie ich's bei Kindern hab' gesehn. Nun hört und merket, wie sie mir gesinnt: „sie liebt mich, liebt mich nicht, liebt mich — das gute Kind! So oft ich's probte, immer war das Ende fröhlich. Das tröstet mich, — denn Glaube, der macht selig." In dieser Hoffnung hat Walther seinen Wünschen etwas vorlaut Ausdruck gegeben und ist dafür von dem Mädchen hart getadelt worden, daß er ihre und seine Ehre kränke. So wird ihm Schweigen auferlegt. Aber er bricht es bald mit der Entschuldigung (L. 62, 6): Gedanken sind ja zollfrei, und er habe nichts gethan, als die Sehnsucht seiner Sinne in Worte gekleidet. Sie habe ihm einmal gesagt, er

bringe auch seine Gegner in gute Stimmung; das möchte er
bei ihr versuchen: sie soll wieder gut sein und ihre Güte ihm
auch zeigen. Darauf preist er ihren schönen Leib, den sie an
sich trage wie ein herrliches Kleid, in welches das Glück
gesteppt sei. Zwar habe er sich niemals getragene Kleider
schenken lassen, hier wollte er es gerne. Selbst der Kaiser
möchte um eine so wonnereiche Gabe ein fahrender Spiel=
mann werden. Und mit kühner Wendung, die um so packender
gewesen wäre, wenn Walther sie wirklich einmal vor Kaiser
Otto gebraucht hätte, fordert der Sänger den Kaiser auf,
hier seine Kunst als Spielmann zu versuchen, besinnt sich aber
im Augenblick und bittet ihn, lieber anderswo aufzuspielen.
Dann schilt Walther den harten Winter (L. 39, 1), er sehnt
sich nach dem Sommer, wenn die Vöglein singen und die
Mädchen an der Straße den Ball werfen. Könnte er den
Winter doch verschlafen! Ihn belebt eine fröhliche Hoffnung:
tritt der Mai seine Herrschaft wieder an, dann wird er dort
Blumen pflücken, wo sich jetzt der Schnee ausbreitet. Aber
auch der Winter vergeht, der Frühling naht (L. 73, 23), und
der Dichter wünscht seinen Hörern in witzigen Worten Glück.
Er legt ihnen dann den Streit mit seinem Mädchen vor, das
seinen Schmerz nicht sänftigen will. Er verwendet Ausdrücke,
die er wörtlich der Formel eines alten Wundsegens entnimmt,
und beschwört sie um Hilfe für die tiefe Wunde seines Herzens,
die stets offen bleibt, wofern sie nicht durch Hildegunde geheilt
werde. Dieser feine Scherz war den Zuhörern wohl ver=
ständlich, denn die Sage war allgemein bekannt, wie das
edle Liebespaar Walther und Hildegunde vom Hofe Attilas,
wo sie als Geiseln weilten, auf einem Roß nach ihrer süd=
französischen Heimat entflohen und wie sie, nach dem schweren
Kampf am Wasgenwalde, dieses Ziel endlich erreichten.

Mit einem nächsten Liede (L. 54, 37) wendet sich Walther,
nach einer Klage, daß er keine Freunde besitze, die ihm raten

und helfen möchten, unmittelbar an die gewaltige Frau Minne, welche in seinem Herzen wohnt, und bittet sie, sich in das Herz der Geliebten zu schleichen, ihn aber mitzunehmen; sie werde das schon verstehen, denn sie sei die Meisterin aller Diebe, kein Herzensschloß sei so fest, das sie nicht öffne. Er preist die Minne, daß Jung und Alt von ihr bezwungen werde. Soll der Dichter überwältigt werden, so dankt er Gott, daß er den rechten Minnedienst zu finden weiß, der Königin Minne will er sein Leben weihen. Dazu bedarf er auch des Glückes, und darüber spricht eine andere hübsche Strophe: „Fortuna teilet ringsum ihre Spenden, mir aber kehrt sie ihren Rücken zu, sie läßt mich ohne Gnade fort mit leeren Händen. Noch weiß ich nicht, was ich ihr deshalb thu'. Sie wendet sich un= gern zu mir: lauf' ich um sie herum, stets bleib' ich hinter ihr. Sie nimmt sich gar nicht Zeit, mich anzuseh'n. Ach, möchten doch die Augen ihr im Nacken steh'n, dann müßt' es wider ihren Wunsch gescheh'n."

In einem prächtigen Liede beschreibt Walther (L. 51, 13) die Herrlichkeit des König Mai, der allen seine Freude spendet, sein Zauber macht die Menschen jung. Aller Haß schwindet, nur der Wetteifer bleibt, mit dem die Bäume und die bunte Heide aufblühen; Blumen und Klee streiten auf der Wiese: du bist kürzer, ich bin länger. Da redet auch der Sänger das Mädchen an: „Roter Mund, wie Du herab Dich setzest! Laß Dein schlimmes Lachen sein. Schäm' Dich, daß Du mich ver= letzest, lachst nur über meine Pein. Ist das gut gethan? Wehe der verlornen Stunde, kommt aus liebenswürd'gem Munde solcher Spott mich an. Was mir, Frau, die Freude stört, das ist Euer Leib. Von Euch allein es mich versehrt, Ihr ungnädig Weib! Woher nehmt Ihr denn den Mut? Ihr seid doch sonst reich an Gnaden; wollt Ihr Ungunst auf mich laden, dann seid Ihr nicht gut. Lindert, Herrin, meine Sorgen, macht mir hold die Zeit! Sonst muß ich mir Freude borgen.

Fern bleib' Euch dies Leid! Wollt Ihr um Euch sehn? Alles strahlt im Maienscheine; möcht' von Euch mir eine kleine Freude nur gescheh'n!" — Nun trifft er das Mädchen, unter ihren Genossinnen wandelt sie im Grünen, und lieblich schildert Walther die Begegnung (L. 74, 20):

O Mädchen, setze diesen Kranz
von Blumen auf Dein Haar!
Die Schönste bist Du bei dem Tanz
in jungfräulicher Schar.
Hätt' ich nur Gold und Edelsteine,
zu schmücken Dir das Haupt!
Es schmerzt mich, wenn Du je geglaubt,
daß ich's nicht ehrlich meine.

Da nahm sie, was ich liebend bot,
von holder Scham durchglüht;
Die lichten Wangen wurden rot,
wie Waldes Röslein blüht.
Verschämt sich ihre Augen neigen
zu heimlich holdem Gruß;
und wurde mir noch mehr, ich muß
in Treuen es verschweigen. —

„Du bist so schön; den besten Kranz
gäb' ich Dir gerne preis,
der je mich zierte bei dem Tanz!
Doch, Liebster, halt, ich weiß
viel Blumen auf der Heide stehn,
die rot und weiß entspringen,
wo Nachtigallen singen:
laß sie uns brechen gehn!"

O Liebestraum, o Liebestraum,
wie zaubervoll bist du!
Die Blüten sanken vom Lindenbaum
und deckten weich uns zu.
Doch als ich rief: Jetzt bist Du mein!
da stieg in voller Pracht
die Sonne auf, und ich erwacht' —
und war allein — allein.

Weist er hier schon auf das Glück, das ihm ein süßer
Traum beschert, so widmet Walther sein nächstes schönes Lied
ganz diesen Phantasien (L. 94, 11): „Als der Sommer wieder
kam und die Blumen wundersam aus dem Grase sprangen und
die Vöglein sangen, da kam ich gegangen durch die Wiese breit
und lang, da der klare Bach entsprang, längs des Waldes war
sein Gang, wo das Lied der Nachtigall erklang. Bei der
Quelle stand ein Baum, dort erschaut' ich einen Traum. Ich
war von der Sonnen geflohen zu dem Bronnen, damit ich
unterm Lindenzweig den Schatten fände kühl und weich. Bei
dem Baum ich niedersaß, meiner Sorgen ich vergaß, rasch
entschlief ich in dem Gras. Da kam es mir vor zur Stund, daß
mir dient' das Erdenrund, meine Seele aber war hoch im
Himmel, leicht und klar, und der Leib, der sollte schweben, wo
er wollte. Da fehlt' mir nicht das kleinste Weh. Gott, der
walt' es, wie's auch geh! Schönern Traum ich nimmer seh'.
Gerne schlief' ich jetzt noch dort, hätte nicht an diesem Ort laut
geschrieen eine Krähe. Wenn doch jeder Kräh' geschähe, was
ich gerne wünschte ihr. Alle Freude stört' sie mir. Von dem
Schreien ich erschrak; ach, daß dort kein Stein mehr lag, heute
wär' ihr letzter Tag. Doch ein wunderaltes Weib tröstete mir
Seel' und Leib: Eide mußt sie schwören und dann mir flug
erklären, was der Traum bedeute. Das merket, liebe Leute:
„Zwei mehr eins zusamm' giebt Drei"; ferner sagt' sie mir
dabei, daß mein Daum' ein Finger sei". Was der Dichter

so lange geträumt und wovon er oftmals und immer dringen=
der der Geliebten erzählte, das ist endlich zur Wahrheit ge=
worden, und davon giebt das Lied Kunde, welches die Krone
aller Dichtungen Walthers genannt werden muß: Unter der
Linde (L. 39, 11):

Unter der Linden
an der Haide,
wo ich mit meiner Liebsten saß,
da mögt ihr finden,
wie wir beide
die Blumen brachen und das Gras;
vor dem Wald in einem Thal —
Tandaradei!
herrlich sang die Nachtigall!

Ich kam gegangen
zu der Aue,
und mein Liebster war schon dort;
da ward ich empfangen,
heilige Fraue,
daß ich bin selig immerfort.
Ob er mich wohl oft geküßt?
Tandaradei!
Seht, wie rot der Mund mir ist!

Und Blumen brachen
wir zum Bette
in reicher Zahl. O kommt und seht!
Vom Herzen lachen
muß, ich wette,
o mancher, der vorübergeht.
Bei den Rosen er wohl mag —
Tandaradei!
sehen, wo das Haupt mir lag.

Wie ich da ruhte,
wenn's wer wüßte,
Du lieber Gott, ich schämte mich!
Wie mich der Gute
nahm und küßte,
ei, das weiß nur er und ich —
und auch du, Waldvögelein,
Tandaradei!
nicht wahr, wirst verschwiegen sein?

Warum sind wir alle darüber einig, dieses Lied sei das
schönste, das Walther je gesungen hat? Man wird hier die
Wirkung nicht ganz in ihre Bestandteile auflösen können,
eben so wenig, als bei irgend einem anderen Kunstwerk, aber
einiges läßt sich doch erkennen. Die Hauptsache ist gewiß die
episch-dramatische Gestaltung, welche diesem Gedichte sowie
denen der ganzen Gruppe eigen ist. Sie entspricht dem Be=
dürfnis des Dichters, lebendiger, anschaulicher darzustellen,
und dazu wird er gerade durch Wolfram, der diese Kunst so
trefflich in seinen Tageliedern übte, angeregt worden sein.
Wahrscheinlich auch durch alte volkstümliche Liebesstrophen;
vielleicht, aber nur vielleicht, hat ihn noch die Konkurrenz mit
Neidhart beeinflußt. Ferner ist dem Gedichte eine bezaubernde
Schalkhaftigkeit eigen, die darin liegt, daß das Mädchen an=
deutend erzählt, wovon sie doch nie sprechen sollte; der Gegen=
satz zwischen Gefühl und Sitte ist immer wirksam, von
Walther bis zu den Mädchenliedern Hermanns von Gilm.
Und endlich bewegt sich die Sprache des Dichters in der
schwierigen Reienstrophe (den zweihebigen Versen, die von
vier Hebungen umkränzt und beschlossen werden) so unbe=
schwert und so graziös, daß schon der Rhythmus den Lesenden
mit fortreißt.

Mit dem Gedichte „Unter der Linde" hat das Liebes=
verhältnis äußerlich und innerlich seinen Höhepunkt erreicht.

Darnach kann nichts mehr kommen, und deshalb dürfen wir
uns nicht wundern, wenn wir aus Walthers Liedern darüber
auch nichts mehr erfahren. Schweigt das Vöglein auf dem
Lindenzweig, so muß auch der Sänger schweigen. Die Pause,
welche in seiner Lyrik entsteht, ist mithin ganz gerechtfertigt.
Es war die Pause vor der Abrechnung Walthers mit der
Minne überhaupt. Daß ihm, als er schon die Vierzig über=
schritten hatte, das süßeste Liebesglück erblühte, wird niemand
unwahrscheinlich finden, ebenso wenig, daß es nicht allzu lange
währte. Und nun kündigt der Dichter der Frau Minne
seinen Dienst auf (L. 57, 23): „Liebe, die hat eine Art,
wollte sie doch die vermeiden, besser schien' sie mir. Mancher
bliebe dann bewahrt vor der Liebe Schmerz und Leiden;
übel schickt sichs ihr. Es sind ihr vierundzwanzig Jahre viel
lieber als ihr vierzig sind, und sie stellt sich böse an, sieht
sie irgend graue Haare. So vertraute sie sich mir, daß ich
kannt' all' ihre Kunst. Trotzdem ist es mir geschehn: kommt
ein junger Fant zu ihr, schnell verlier' ich alle Gunst,
schielend werd' ich angesehn. Armes Weib, was plagt sie
sich? Weiß Gott, ob sie sich auch putzt und Thoren täuscht,
sie ist viel älter doch als ich. Nun gewöhnt sie sich, die
Liebe, daß sie nur verkehrt mit Knaben, hüpfend wie ein Kind.
Wo ist ihr Verstand geblieben? Sie verliert ihr klug Gehaben,
gänzlich wird sie blind. Ließe sie dies dumme Scherzen, und
benähm' sich als erfahrnes Weib! Sie stößt sich sonst noch,
und das schmerzte mich doch drinn im Herzen. Liebe halte
mirs zu gut, während sie sich Kämpfer wählt, setz' ich mich hierher.
Weitaus hab' ich frischern Mut, als noch mancher Springinsfeld.
Was will sie von mir mehr? Ich dien' ihr sonst, wie ichs ver=
mag. Sie laufe ihren sechsen nach, von mir gewinnt sie in der
Woche nur den sieb'nten Tag.“ Aus dem heitern Ton dieser
in horazischer Resignation geschriebenen Verse wird man ent=
nehmen, daß dem Dichter die Entsagung nicht mehr schwer fällt.

Anderes lag Walthern zur Zeit näher am Herzen.
Während seiner Gastfahrten im Reiche war an dem heimischen
Hofe eine neue Kunst emporgekommen, die Walther nicht als
würdige Genossin anerkannte. Er spricht das mit möglichster
Klarheit in einem besonderen Liede aus (L. 64, 31): Ach,
nun wird der höfisch feine Gesang bei der Gesellschaft durch
grobe Töne verdrängt! Möge Gott die Neulinge schänden!
So liegt nun die Würde des Minneliedes darnieder, das
kränkt alle seine Freude. Aber es wird schon so sein müssen,
seis denn. Die Unziemlichkeit hat gesiegt. Freilich würde
man den Sänger mit Freuden begrüßen, der die alte Dichtung
wieder auf die Bahn brächte. Dazu ist jedoch keine Hoffnung.
Denn derer, die sich der neuen störenden Weise zuwenden,
sind ungleich mehr als derer, die den alten Sang gerne hören.
Darum will ich es halten, wie das Sprichwort besiehlt, und
will nicht in der Mühle die Harfe zu schlagen versuchen, indes
Stein und Rad umlaufend kreischen. Trotz meines Zornes
muß ich über die thörichten Lärmer lachen, denen ihr eigener
Spektakel so gut gefällt. Sie benehmen sich wie die Frösche
in einem Teich, die sich selbst an ihrem Quaken freuen, während
die Nachtigall ihr Lied verzagend aufgiebt. Wenn doch jemand
— vielleicht der Herzog — dieses Ärgernis schweigen hieße,
damit die älteren Sänger wieder zum Worte gelangten!
Würden der neuen Weise die Burgen und Höfe verschlossen,
das wäre alles, was der Dichter wünschte; die Gefahr wäre
dann nicht groß, denn bei den Bauern dürfte diese Kunst schon
bleiben, ist sie ja doch von dorther gekommen.

Diese Worte am Schlusse des Liedes weisen mit voller
Bestimmtheit darauf hin, in welcher Art von Dichtung
Walther eine gefährliche Konkurrenz für den feinen Minnesang
erblickte. Es war die höfische Dorfpoesie, als deren Führer
und hauptsächlichster Träger, der allein für Walther in Betracht
kommt, der bayrische Ritter Neidhart von Reuenthal am

Wiener Hofe auftrat. Neidhart war jünger als Walther, vielleicht ebenso um zehn Jahre wie Walther Reinmarn nach= stand. Er hatte sich in seiner Heimat, wo er ein eigenes Anwesen besaß, von dem er seinen Namen trug, zum Sänger ausgebildet und übte ohne Zweifel zuerst die Kunst der höfischen Lyrik, die er auch nachmals völlig beherrschte. Ein Ereigniß, das mit seiner Dichtung zusammenhängt, über das wir aber doch nicht viel Genaues wissen — vielleicht die Untreue seiner Geliebten Friderun — hat es ihm verleidet, in seine Heimat zu längerem Aufenthalte zurückzukehren. Denn Neidhart war ein fahrender Mann wie Walther, er hat nach seinen eigenen Angaben ganz Deutschland durchzogen, ja er war auch im Gefolge deutscher Herren in Italien. Er strebte nun, sich am österreichischen Hofe eine Stellung zu schaffen, was ihm gelungen ist, denn wir finden, daß er die Gunst Herzogs Leopold VI. genoß, auch den Kreuzzug nach Damiette 1217—19 machte er mit. Besonders jedoch ist er bei Herzog Friedrich II., dem Streitbaren, dem Letzten der Babenberger beliebt gewesen. Wien blieb nun sein Stand= quartier, das er, als verheirateter Mann, von seinen Fahrten aus immer wieder aufsuchte. Er ist auch eine Zeit lang bei Erzbischof Eberhard II. von Salzburg gewesen und hat sich in der Steiermark aufgehalten, wider welche der bayrische Dichter eine eben so starke Abneigung zeigt, wie sie um dritt= halb Jahrhunderte später ein namenloser Steirer in einem Scheltgedicht gegen Bayern bekundete, den sein Schicksal zwang, dort zu verweilen. Den Einfall der Böhmen in Österreich von 1236 hat Neidhart noch gesehen, aber um 1240 wird er gewiß schon gestorben sein, das Ende seines Gönners, Herzog Friedrich, in der Leithaschlacht von 1246 hat er also nicht mehr erlebt. Die Zeitgenossen rühmten ihn, Wolfram von Eschenbach kannte seine Lieder, und späte Volksüberlieferung hat den Bauernfeind Neidhart zu einer komischen Figur um=

gebildet, zu einem Spaßmacher wie der Pfaffe Amis oder
wie der Pfarrer auf dem Kahlenberge bei Wien.

Neidhart ist sicherlich ein bedeutender Mensch gewesen.
Besser als seine äußere Geschichte vermögen wir die innere
Entwicklung seiner Poesie zu überschauen. Er hat mit höfischem
Minnesang begonnen und in die dort beliebten „Wechsel" zu=
nächst einen frischen neuen Zug gebracht, indem er fröhliche
Bauernmädchen sich unterreden ließ. Der Gegenstand gab sich
leicht, es war die Sommerfreude, das Ballwerfen, und be=
sonders der Reie, den die Dorfjugend unter der Linde gemeinsam
oder in Paaren nach einer Melodie zu springen pflegte.
Neidhart's Reienlieder, von schwieriger musikalischer Komposition,
beginnen in der Regel zuerst mit einer Naturschilderung als
Eingang, die ebenso typisch ist wie bei den älteren Minne=
sängern, nur im ganzen etwas reichlicher und farbiger ausfällt.
Daran schließt sich eine Erzählung, die oft in den bewegtesten
Dialog umspringt. Der Inhalt ist beinahe immer derselbe:
nämlich die Teilnahme an dem gemeinschaftlichen Reigen, ist
aber in der mannigfaltigsten Weise variiert und ausgeschmückt.
Meist will das junge Mädchen hinaus zu den Genossinnen,
wird aber von der Mutter, die böse Folgen besorgt, mit
Güte oder Gewalt zurückgehalten, macht sich jedoch endlich
davon. Oder es sind zwei Gespielinnen, die sich miteinander
freuen und klagen. Oder gar eine Alte, die schon mit einem
Fuß im Grabe steht, wird plötzlich tanzlustig und springt
hinaus auf den Dorfplatz. Das spielt sich entweder in den
Worten der Streitenden mit lebendigster Anschaulichkeit vor
uns ab, oder der Dichter erzählt es selbst, mit kaum geringerer
Kunst in der Ausmalung der verschiedenen Personen. Er ist
eigentlich stets die Hauptfigur: sei es, daß er ausdrücklich
genannt wird als der Geliebte, um dessentwillen das Mädchen
forteilt, sei es, daß er im Hintergrunde bleibt, darum nicht
weniger für die ganze Szene bedeutsam. Diese Stücke haben

keine Verwandtschaft, wie man früher glaubte, mit den alt=
französischen Liebesballaden, den Pastourellen; die glänzende
Ausgestaltung der einfachen Motive, welche schon in den
Idyllen Altgriechenlands sich finden, hat er allein und aus
eigenen Mitteln vorgenommen. Diese Sommerlieder, die
Neidhart in seinen jüngeren Jahren am liebsten gesungen
hat, zeichnen sich durch den besonderen Bau ihrer kurzzeiligen
Strophen, aber auch noch inhaltlich in einem Punkte aus: in
ihnen giebt das Mädchen unverhohlen seine Neigung kund,
und sie bilden in diesem Betrachte die unmittelbare Fort=
setzung der volkstümlichen Liebespoesie des zwölften Jahr=
hunderts, wo ebenfalls die Frau werbend auftritt. Aus der
Verbindung der alten Bauerntanzlieder, die es immer gegeben
hat, mit dieser stellenweise auch ins Epische und Dramatische
verfallenden Liebeslyrik, ferner mit der neuen höfischen
Sangeskunst, aus diesen Elementen ist Neidhart's Sommer=
poesie entstanden.

Ganz anderer Art sind seine Winterlieder. Schon die
schwerfälligen und weitläufigen Strophen kennzeichnen sie,
auch ist ihr Stoff ganz von jener sommerlichen Dichtung
verschieden. Denn auf kürzere und typisch gestaltete Natur=
eingänge folgen hier zumeist ein paar Strophen, die aller=
echteste höfische Minnepoesie enthalten; schnitte man diese
heraus, so könnten sie für sich irgend einem ritterlichen Lyriker
feineren Schlages zugeschrieben werden. Gewöhnlich ganz
unvermittelt folgt dann auf diese zartgesponnenen Empfindungen,
die im Konversationstone gebildeter Gesellschaft dargestellt
sind, eine Reihe von Strophen, welche Szenen aus den
Winterstuben der Bauern schildern, wo der langsamere Tanz
von denen getreten wird, die Sommers den Reien gesprungen
hatten. Es läuft in der Regel darauf hinaus, daß die
Üppigkeit, die Hoffart der Bauern in Kleidern und Sitten,
ihr Ungeschick, ihre Rohheit und Tölpelhaftigkeit verspottet

werden. Das führt Neidhart in breiten, mit niederländischer Kunst detaillierten Gemälden aus. Hier sind es die Bauern, welche um die Mädchen werben, mitten darunter Neidhart, der zwar den Dorfburschen natürlich an Bildung und Gewandtheit sehr überlegen ist, aber nicht an körperlicher Kraft. Gerät er mit seinen Nebenbuhlern an einander, dann zieht er öfters den Kürzeren, muß wohl auch entfliehen, rächt sich aber durch Spott in dem nur selten gestörten Gefühl, daß schließlich doch die Mädchen ihn den „Dörpern" vorziehen werden. Die Winterlieder beschäftigen Neidhart insbesondere in seinen späteren Jahren. Die Liebe steht dabei nicht so im Vordergrunde, die Komposition wird allmählich lockerer, dafür drängt sich die bunte und wirre Masse des Stoffes; der Ton entbehrt immer mehr der sonnigen Heiterkeit, die in den Sommerliedern waltet, er wird trüber und herber. Das meiste von den Vorgängen, die Neidhart in den Winterliedern berichtet — den Sommerliedern dürften vielfach Erfindungen zu Grunde liegen — wird wirklich erlebt sein. Sie fallen in ihrer Mehrzahl nach Österreich und enthalten die genauesten Angaben über Orte und Personen. Dabei irrt sich der Dichter nie, verwechselt nie die zahlreichen Namen, und so lassen sich nach der Zeit und nach den Gegenden des Entstehens — Bayern und Österreich — ganze Gruppen säuberlich sondern.

Neidharts Poesie giebt der Forschung noch manche Rätsel auf. Aber Eines, und gerade das Wichtigste, steht doch vollkommen fest: das Publikum, für welches Neidhart seine Reien und Tänze komponiert und gedichtet hat, ist nie ein anderes gewesen als dasselbe, an das Walther und die übrigen höfischen Sänger sich wandten, nämlich die feine, gebildete, ritterliche Gesellschaft der Fürstenhöfe und Edelsitze. Nicht bloß wissen wir durch Neidhart selbst, daß er die Gunst vornehmer Herren genoß und von ihr lebte, zum Teil nennt er sie ja auch. Noch mehr: an einer Stelle (Haupts Ausgabe 88, 13 ff.)

heißt es, daß die Leute Neues von dem Dichter hören wollen;
sie wundern sich, wo die Bauern hingeraten sind, die früher
auf dem Tullnerfelde waren, das heißt, von denen Neidhart
erzählt hatte. Darauf erwidert der Sänger: Einer sei noch
da, und von dem fängt er nun an. Der Sachverhalt ist klar.
Neidhart hat eine Zeit lang, durch irgend welche, wahr=
scheinlich ungünstige Umstände veranlaßt, nichts Neues zur
Erheiterung des Hofes von den Bauern gesungen, man ver=
langt darnach. Die höfischen Kreise fanden Genuß und Er=
götzung in Neidharts Poesie, sowohl in den Sommer= als in
den Winterliedern. Die adelige Gesellschaft erheiterte sich —
müde der sentimentalen Minnepoesie — an den fröhlichen
Reien und besonders an den köstlichen Tänzen, in denen die
Bauern so vortrefflich und lebensvoll vom aristokratischen
Standpunkte aus abgeschildert wurden. Der Beifall der Höfe
hat wohl dazu beigetragen, daß Neidhart sich allmählich mehr
auf die Winterlieder verlegte. Die Bauern, mit denen er in
Österreich Abenteuer erlebte, stammen alle aus einer Gegend,
dem Viertel ob dem Wiener Wald. Auch das spricht dafür,
daß Neidhart das Erzählte größtenteils selbst mitgemacht hat;
nur wenn man ihn nach Neuem drängte, wie an der erwähnten
Stelle, dann mußte er bisweilen auch in seinen Tänzen erfinden.

Daß Neidhart seine Lieder für Bauern gedichtet und
ihnen vorgetragen habe, ist gänzlich ausgeschlossen. Und zwar
nicht nur deshalb, weil die kargen süddeutschen Bauern niemals
geneigt waren, einen fahrenden Sänger reichlich zu beschenken,
und mit etlichen Eßwaren, einem Krug Dünnbier oder einem
Hausgespinnst Herrn Neidhart schwerlich gedient gewesen wäre.
Schon die Form seiner Dichtungen machte diese den Bauern
unzugänglich: die Musik, der Bau seiner Strophen sind viel
zu verwickelt und schwierig, die Sprache setzt zu viel Bildung
voraus. Man darf dabei nicht mit so schlimmen Ausnahmen
unter den Bauern rechnen, wie der spitzbübische Meier Helm=

brecht war, der es mit den ritterlichen Wegelagerern hielt.
Die Bauern der alpinen Gegenden und ihrer Vorländer haben
damals von gebildeter Dichtung höchstens die Erzählungen
der Heldensage vertragen und nicht mehr. Entscheidend aber
ist ein anderes: in den Sommerliedern sticht Neidhart die
Bauern bei ihren Mädchen aus, um seinethalben läuft die
Tochter und Gespielin zu der Linde, er ist der Begünstigte;
in den Winterliedern aber verhöhnt Neidhart die Bauern
weiblich. Unter seinen sämtlichen Gedichten, so weit sie zur
höfischen Dorfpoesie gehören, befindet sich kaum eines, für
das Neidhart nicht die derbsten Schläge bekommen hätte,
wenn er es wagte, sie den Bauern vorzusingen. Die deutschen
Landleute in Bayern und Österreich, die heute, nach Jahr=
hunderten der Demütigung und Knechtschaft, noch so empfindlich
sind gegen die Überlegenheit der Gebildeten, die jeden „Stadt=
frack" mit dem größten Mißtrauen betrachten, deren ganze
falsche und heuchlerische „Manier" sich im Widerspruch zu
den Vornehmeren entwickelt hat, diese Männer sollten zu
einer Zeit, wo sie sich so viel selbständiger fühlten, das
Schwert an der Seite trugen und frei auf ihren Hufen saßen,
sich den Hochmut und Hohn eines fahrenden Ritters und
Sängers haben gefallen lassen? Auf den Spottvers eines
Burschen aus dem Nachbardorfe setzt der richtige Bauer einen
Faustschlag, und Neidhart wird er besoldet und ernährt haben,
damit er sich über ihn lustig mache!

Neidhart entnahm seine Stoffe dem Bauernleben, er
mischte sich unter die „Dörper" und erlebte manches bei ihnen.
Niederösterreich war damals schon stark bevölkert, es zählte
um das Jahr 1200 etwa 110 Pfarrgemeinden, bei denen die
kleineren eingepfarrten Dörfer und Weiler natürlich nicht mit
gezählt sind. Land und Leute gediehen, es war trotz aller
Plackerei unter den letzten Babenbergern eine gute Zeit.
Neidharts Schilderungen stimmen auch ganz mit dem, was

die spätere, reichere Überlieferung uns aus denselben Gegenden mitteilt. Also aus dem ländlichen Volksleben schöpft die höfische Dorfpoesie, ihr Inhalt kommt wirklich von den Bauern, wie Walther sagt, aber niemals ist sie den Bauern selbst zu=gedacht und vorgetragen worden.

Da ist noch eines merkwürdigen Umstandes zu gedenken. In den Handschriften, die Neidharts Lieder enthalten, findet sich auch eine ganze Menge von Stücken, Reigen und Tänze, die in seiner Manier, aber nicht von ihm selbst gedichtet sind, ja häufig sich geradezu wider ihn kehren, ein übel ausgefallenes Abenteuer verspotten, das Gegenteil von seinen Angaben behaupten, die Schmähungen auf ihn zurückwerfen, ihn lächerlich machen. Mancherlei Kennzeichen giebt es, diese Gedichte Neidhart abzusprechen, wo nicht schon der Inhalt die Sache klarstellt. Ist Neidhart zuweilen grob, so sind diese Lieder unflätig. Ihre Form aber ist meistens vortrefflich, ihre Sprache nicht weniger höfisch als die Neidharts, der Versbau gut, die Reime selbst unrein. Oftmals sind die Kompositionen denen Neidharts nachgebildet, auch wohl selbst=ständig, immer aber ziemlich schwierig. Solche Merkmale gewähren uns Aufschluß, wo wir die Verfasser dieser wichtigen und interessanten falschen „Neidharte" zu suchen haben. Gewiß nicht unter den Bauern. Denn diese haben sich damals nicht besser auf Musik verstanden als heute, und heute giebt es im ganzen Bereiche der Alpen nicht viel mehr als drei oder vier langsame Tanzmelodien für die volkstümlichen „G'stanzeln". Diese heutige Volkspoesie, die „Vierzeiligen", die „Schnada=hüpfln" darf niemand als Analogie für die Lieder gegen Neidhart heranziehen, nach Inhalt und Form sind die jetzigen Liedchen jenen Stücken ganz unvergleichbar. Darum erübrigt uns nur eine zweite Annahme: jene Lieder sind entweder von den beleidigten und verhöhnten Bauern bei berufsmäßigen fahrenden Sängern, bei „Scheltern", wie sie seit alter Zeit

sich bezeugt finden, ausdrücklich bestellt und bezahlt, dann nach
dem Neidhartschen Muster verfaßt worden. Oder Neidharts
Widersacher am Hofe, Ritter, Sänger, haben gegen ihn diese
Stücke gedichtet. Jedesfalls sind die sogenannten „falschen
Neidharte" Kunstpoesie und nicht Volkspoesie.

Neidhart hat, wie erwähnt, zuerst die höfische Kunst des
Minnesanges erlernt. Darum kennt er Reinmar und kennt
Walther. Er ist ein viel zu genial angelegter Dichter gewesen,
als daß er den Unterschied zwischen diesen seinen beiden
Vorgängern nicht hätte erkennen sollen. Er stellt sich von
Anfang ab gegen Reinmars Abstraktionen, Walther hingegen
ahmt er nach. Er thut es und bleibt dabei selbständig, wie er
denn gewiß ein starkes Gefühl seiner Eigenart jederzeit besessen
hat. Freilich strebte er mit Bewußtsein darnach, aus den
bekannten Geleisen zu weichen. Er wandte sein Augenmerk
neuen und seltenen Reimen zu, vor allem aber trachtete er
nach neuen Weisen. Neidharts Kompositionen sind gar nicht
volkstümlich, man wird schwerlich nach ihnen haben tanzen
können. Wie ein Bauernreie jener Zeit wirklich ausgesehen
hat, das mag uns das Beispiel eines späteren Gedichtes,
des „Ringes" von Hans Wittenweiler lehren: was dort
zum Tanze gesungen wird, das sind Verse, die nach Bau
und Inhalt den Reimen unserer Kinderspiele um nichts über=
legen sind. Neidhart steht zu seinen Aufgaben als Künstler,
er bildet das Gegebene durch Aufnahme neuer Stoffe und
Verknüpfung mit vorhandenen, unbenutzten Elementen in
seiner ganz persönlichen Weise fort. Kein Wunder, daß er
trotz aller Achtung für Walther mit diesem, dem Vertreter
der klassischen Dichtung, als ein vorwärts strebender Realist
in scharfen Gegensatz geriet.

Walther von der Vogelweide mußte, als er Neidhart
am Wiener Hofe vorfand, in dessen Poesie eine Entartung
seiner eigenen erkennen, wie etwa Goethe, da er aus dem

klassischen Italien kam und die Dramen des jungen Schiller in Deutschland verbreitet sah. Nicht die Beschaffenheit der Stoffe allein mußte Walther mißbilligen — denn eben hatte er sich selbst dem episch-dramatischen Liede der niederen Minne zugewandt — obgleich Neidhart um sehr vieles weiter ging und außer seinem persönlichen Schicksal noch eine Fülle von Figuren in die Darstellung verwob; geradezu frevelhaft jedoch erschien Walthern die Verwendung der Minnepoesie, worin er die edelste Blüte der Kunst erblickte, als Zwischen= stück in Neidharts Winterliedern. Wie heute ungefähr ein ernsthafter Musiker sich an den getragenen Melodien ärgert, mit denen moderne Kapellmeister ihre dürftigen Walzer ein= leiten — ganz anders als Lanner und Johann Strauß, bei deren köstlichen Kompositionen Vorspiel und Tänze in Eins= gestimmt sind — so mußte Walther die hohe Lyrik schmählich herabgezogen vorkommen, wenn sie als Ouverture für die Flegeleien niederösterreichischer Bauern gebraucht wurde. Darum sein scharfer und entschiedener Protest in dem besprochenen Liede. Neidhart nahm den Handschuh auf, er parodierte Walthers Preislied (Haupts Ausgabe 93, 15. 98, 26 ff.) und andere seiner besten Stücke, und so sind die beiden Männer auseinander gekommen. Nicht wie Wolfram und Walther fanden sich Walther und Neidhart gegenseitig an= gezogen. Sie befehdeten sich als Repräsentanten der idea= listischen und realistischen Dichtung, wie sie stets in der Ge= schichte der Poesie aller Völker einander hart auf dem Fuße nachfolgen. Es ist ein ewig gleichbleibender Gegensatz zwischen zwei Mächten in der Dichtung — wie Plato und Aristoteles in der Entwickelung aller Philosophie immer wieder kommen — sich feindselig berührend, aber sich auch in Zielen und Mitteln ergänzend.

IX

Kaiser Friedrich II.

Im März des Jahres 1212 machte sich der jugendliche König Friedrich von Sizilien, Kaiser Heinrichs VI. Sohn, auf, damit er als Kandidat des Papstes Innocenz gegen Kaiser Otto IV. seinem Hause die deutsche Königskrone wieder zu= wende. Nach vielen Fährlichkeiten, ohne Mannschaft, nur von italienischen Städten mit Geld unterstützt, trifft er im Sep= tember des Jahres in Deutschland ein. Seine Anwesenheit genügte, verbunden mit der Unbeliebtheit Ottos im Süden des Reiches, um dem jungen Staufer sofort viele Anhänger zu verschaffen. Vor allem folgten die alten Reichsministerialen seinem Rufe, und wieder einmal gruppierten sich die deutschen Fürsten unter der Einwirkung ihrer Interessen von Neuem. Friedrich vermochte ihnen im ersten Augenblick freilich nicht viel zu gewähren, aber man konnte doch Urkunden von ihm erlangen, deren Autorität zweifelhafte Ansprüche sicherte, und etliche Fetzen Reichs= oder Hausgutes fielen noch immer für die ab, die sich zeitig genug meldeten. Darum ist das erste, was uns von Friedrich erzählt wird, daß er schon zu Basel sich eine Kanzlei bildete, welche die Dokumente für die Vergabungen in aller Form Rechtens auszufertigen hatte.

Der Erfolg entsprach den kühnsten Hoffnungen: schon am 5. Dezember 1212 wurde Friedrich auf einem großen Hoftage in Frankfurt zum deutschen König gewählt — indes Kaiser Otto zu Aachen das spärliche Häuflein seiner Treuen zählte — am 9. Dezember wurde er, freilich mit nachgeahmten Reichs=

insignien, gekrönt. Nicht wenig trugen zu Friedrichs Fort=
schritten die Abmachungen bei, welche er mit dem klugen König
Philipp August von Frankreich wider Otto und dessen englische
Verbündete getroffen hatte, und in Folge deren ihm „ein
Segen von 20 000 Mark" zu Theil wurde, wie der Chronist
von St. Peter zu Erfurt die französischen Subsidien nannte.
Dieses Geld spendete Friedrich an seine Anhänger reichlich
aus, wohl mehr noch an die frisch geworbenen als an die
alten. Unter den ersteren befand sich auch Walther von der
Vogelweide, und daß der junge König den Sänger, der eben
durch die Papstsprüche seinen Ruhm in Deutschland aus=
gebreitet hatte, sofort mit einem namhaften Geschenk bedachte,
zeigt seine kluge Voraussicht. Wir sind über die Sache durch
drei Strophen Walthers unterrichtet. In der ersten (L. 26, 23)
meldete er, daß ihm „Herr Otto" — so nennt er den Kaiser
jetzt — zwar eine feste, eidliche Zusage gegeben, aber diese
nicht erfüllt habe, trotzdem ihm Ansprüche auf seine Dankbar=
keit zuständen; von Friedrich habe er nichts zu fordern, es sei
denn, daß der junge König sich der alten Sprüche erinnere,
die Walther einst im Interesse König Philipps gesungen habe.
So findet es der Dichter ganz in Ordnung, wenn er sich von
dem „bösesten" Herrn nunmehr zu dem „besten" wendet. Der
Spruch hat ihm eine Spende eingebracht, denn er dankt als=
bald, indem er (L. 26, 33) Ottos Länge, das heißt seine
bekannte hohe Gestalt, mit der Kürze seiner Freigebigkeit
unliebsam vergleicht, dem neunzehnjährigen Friedrich hingegen
ein so großes Maß von Milde zuschreibt, daß er sich mit den
Jahren wohl noch zu einem Riesen auswachsen werde. Die
Anspielung des letzten Verses wurde verstanden und in einer
Weise beantwortet, die dem Scherz entsprach: der König ver=
lieh Walthern dreißig Mark Einkünfte (L. 27, 7), aber wahr=
scheinlich von einem entlegenen Gut im Besitze Ottos oder
seiner Anhänger; jedenfalls war der Zins nicht einzutreiben,

und so genießt der Dichter von dem großen Erträgnis nichts
als den Namen, worüber er nun spottet.

So weit wir sehen können, ist Walther jetzt nicht am
Hofe Friedrichs geblieben, sondern hat abermals, und zwar
durch längere Zeit ein unstät umherschweifendes Leben geführt.
Friedrich wurde zum zweiten Mal und feierlich in Köln durch
den päpstlichen Legaten gekrönt am 25. Juli 1215, seine
Gemahlin Konstanze brachte ihr Söhnlein Heinrich nach
Deutschland, Papst Innocenz III., dieser Gewaltige, starb am
16. Juli 1216, nachdem er noch vorher den Triumph des großen
lateranischen Konzils in Rom erlebt hatte (1215). Nichts von
diesen Ereignissen spiegelt sich in Walthers Liedern. Dagegen
hat er als Gast an manchem Hofe geweilt, nicht immer als
beliebter, denn es wird schwerlich Zufall sein, daß Walther
in dem zur Gastfreundschaft nach den Ordensregeln ver-
pflichteten Benediktinerstifte Tegernsee in Ober-Bayern ohne
Erquickung fortgelassen wurde; seine Haltung gegen Papst
und Geistlichkeit mag ihm diesen üblen Willkomm zugezogen
haben. Er rächt sich mit einem Spruch, in dem er ärgerlich den
Abt als „Mönch" bezeichnet (L. 104, 23): „Man sagt' mir
stets von Tegernsee, wie dort ein gastlich Haus in Ehren steh',
d'rum wandt' ich mich dahin mehr als 'ne Meile von der
Straße. Ich bin ein sonderbarer Mann, daß ich mir selbst
so wenig kann vertrau'n und mich so sehr auf and'rer Wort
verlasse. Ich schelte niemand, doch will ich, bei Gott, sie
meiden. Dort trank ich Wasser und so nasser mußt' ich von
des Mönches Tische scheiden." Da führte ihn sein Weg wohl
auch nach Kärnten, das nicht so entlegen war, als es scheint,
obgleich die größeren Jahrbücher von Kolmar es einmal ein
Land nennen, das nahe bei Österreich liegen soll. Eine viel-
besuchte Straße ging aus dem Norden durch Obersteiermark,
bog dann bei Bruck an der Mur ab und zog sich über
Friesach und St. Veit an den Herzogshof zu Villach und von

da nach Italien, fast wie heute die Eisenbahnlinie Wien=
Tarvis=Ponteba. Daß Walther sich dort wiederholt beim
Herzog Bernhard aufgehalten hat, mag man aus dem ersten
der beiden Sprüche (L. 32, 17. 27) erschließen, die einer
unangenehmen Angelegenheit gewidmet sind. Der Herzog
ließ nämlich für den Sänger, den er schon oft vorher beschenkt
hatte, ein neues Kleid machen, dieses wurde jedoch durch einen
Mißgünstigen Walthern vorenthalten. Walther hatte die
Säumnis dem Herzog zugeschrieben und offenbar ein scharfes
Wort darüber fallen lassen. Das hatte man wieder dem
Herzog entstellt und übertrieben hinterbracht, und dieser war
darob ärgerlich geworden. Der erste Spruch Walthers sucht
die Sache in ihrem wahren Lichte darzustellen und den Herzog
zu besänftigen, im zweiten vergleicht der Dichter die boshaften
Zwischenträger mit Mäusen, denen man Schellen angehängt
hat und die sich dadurch selbst verraten. Der Sänger droht
dem Verleumder, den er, wofern dieser überhaupt satisfaktions=
fähig ist und der Herzog es nicht anders wünscht, mit einem
harten Schwertschlag treffen will. Dabei preist Walther den
Herzog, der alle Opfer um der Ehre willen bringe. Der
Inhalt dieser Strophen ist also ganz unbedeutend und sie
haben nur dadurch Interesse, weil sie uns aus dem Tone, in
dem Walther hier den Herzog anspricht, entnehmen lassen,
welch' angesehene Stellung der berühmte Sänger an einem
kleineren Hofe inne hatte, den er ab und zu als Fahrender
aufsuchte.

Im Jahre 1219 befand sich Walther wieder bei Herzog
Leopold dem Glorreichen von Österreich, und hierher gehört eine
Kette von 5 Sprüchen (L. 31, 33. 32, 7. 34, 34. 36, 1. 35, 17),
mit denen seine nachweisbare Thätigkeit in der Heimat
abschließt. Der Sänger kam zu guter Zeit, denn eben kehrte
Herzog Leopold von dem Kreuzzuge (1217—19) heim, der mit der
Eroberung Damiettes glücklich beendet war. Vorher hatte

der Herzog für die Fahrt das Geld zusammengespart, jetzt
wurde er freigebig. In komischer Einleitung bekreuzt sich
Walther wider alles Unheil, und mit Recht, denn es sind un=
höfische Sänger da (schwerlich ist damit nur Neidhart gemeint),
welche die feine alte Sangweise stören und doch bei Hofe be=
liebt sind. Der Herzog soll entscheiden, ob er guten oder groben
Sang vernehmen will. Die Entscheidung muß ungünstig aus=
gefallen sein, denn Walther hebt den nächsten Spruch damit
an, daß er nun endlich auch einmal scharf singen will und
dort gebieten, wo er bisher nur bat. Mit einer Wendung,
die sowohl Reinmar als er selbst schon gebraucht hat, klagt
er, daß man jetzt die Spenden der Herren und den Gruß der
Frauen auf unhöfische Weise erwerben muß. So will er nun
auch thun. Singt er nämlich höfisch, so laufen seine Gegner
und melden das einem Mann, namens Stolle (von dem wir
nichts wissen). Dort verleumden sie ihn. Das kann Walther
auch, wenn er will: er wird nach dem österreichischen Sprüchwort,
daß Lügen und Wortverhalten Kröpfe macht, nicht nur sich selbst
einen Kropf, sondern auch seinen Feinden, da sie durchaus
solche Schelmenstücke wollen, an den Hals lügen. Und das
will er zuerst bei dem Herzog versuchen, in dessen Land er
singen und sagen gelernt hat: gewährt ihm Leopold Trost, so
wird er auch besseren Mut gewinnen. Vielleicht ist der Spruch
schon bei dem Patriarchen von Aquileja vorgetragen, an
welchem Hofe Walther außer diesem seinem alten Gönner noch
den Herzog Leopold selbst und dessen Vetter Herzog Heinrich
aus Mödling bei Wien, antraf. Die drei Herren rühmt er
nun: so lange ihre Höfe ihm offen stehen, hat er Wein in der
Kufe, Braten in der Pfanne, und braucht sich nicht weiter um=
zuthun. Leopold hat sich dem Sänger gnädig erwiesen, denn
er nennt ihn versprochenermaßen geradezu seinen Trost, den
Herzog Heinrich vergleicht er mit dem berühmten Sänger=
freund, dem milden Herzog Welf VI., Bruder Heinrichs des

Stolzen, der 1160 zu Memmingen in Schwaben nach üppigem
Leben gestorben war. Auch den österreichischen Adel lobt er
nun und ermahnt ihn zur Freigebigkeit. Doch muß es Walthers
Gegnern gelungen sein, das Ohr des Herzogs Leopold für
sich zu gewinnen, denn der letzte jener fünf Sprüche wehrt in
gehaltenen und überlegenen Worten eine Verwünschung des
Herzogs ab, der den Sänger in den Wald schickt— etwa wie
heute „dahin, wo der Pfeffer wächst," oder „wo Füchse und
Eulen sich gute Nacht sagen." Ja, Walther kehrt diesen
Fluch gradewegs wider den Herzog und sagt ihm: „Geh' Du
in den Wald, laß mich bei den Menschen, die mich gern haben,
dann geht es uns Beiden vortrefflich". Man begreift, daß
der Herzog diesen argen Schimpf nicht gutwillig hinnahm,
und Walther wird hinfort den Wiener Hof und Österreich
haben meiden müssen. Er gedenkt später des Herzogs nur noch,
wo er seine Kargheit beim Nürnberger Hoftage tadelt.

Es ist nicht das einzige Mal, daß wir auf eine Besonder=
heit in dem Charakter Walthers aufmerksam werden: ihm war
ein hochbeschwingtes, aber auch sehr empfindliches und erreg=
bares Gemüt eigen; es wird nicht leicht gewesen sein, mit ihm,
dem ruhmgewohnten Dichter zu verkehren, und am leichtesten
mochte er da bei dem eigenen Landesherrn anstoßen, der ihn
als seinen Unterthan ansah und die Glorie der Anerkennung
seiner Zeitgenossen nicht achtete. Daß Walther sich am Schlusse
seines Lebens fern von der Heimat ein Haus gründete, das
wird mit diesem unerquicklichen Streite zusammenhängen, der
ihm Österreich entfremdete. Besser gelang es dem Dichter
einige Zeit darnach (L. 80, 27. 35) bei dem Grafen Diether II.
von Katzenellenbogen. Den preist er zuerst in stolzen Worten
als freigebigen Herrn und macht ihn aufmerksam, daß ein Lob
aus seinem Munde ihm mehr Ruhm eintragen werde als die
Lieder von tausend landfahrenden Pfuschern. Der Graf
schenkt dann Walthern einen Ring mit einem kostbaren

Diamant, worauf eine Strophe folgt, in welcher der Sänger
den Spender einen der schönsten Ritter nennt, der ihn ohne
vorherige Bitte zu schätzen wisse; die Schönheit ist aber die
innere der Tugenden, welche, nach Außen gekehrt, den Grafen
auszeichnet, der offenbar häßlich gewesen ist. Auch hier merken
wir Walthers feine Weise zu loben, die Kunst, mit der er, ohne
wertvolle Gaben zu verschmähen, sich selbst über die fahrenden
Leute stellt und dadurch wiederum seinen rühmenden Sprüchen
eine höhere Bedeutung verleiht.

Inzwischen waren die großen politischen Pläne Friedrichs
gereift, der jetzt nicht mehr durch die Rücksicht auf seinen ehe=
maligen Vormund und Beschützer, Papst Innocenz, gebunden
war, und dessen diplomatische Kunst, seinen Scharfblick und
seine Herrscherstellung nicht mehr zu scheuen brauchte. Auf
dem Frankfurter Hoftage, 17. April 1220, gelingt es ihm
ohne äußerlichen Druck, bei den Fürsten die Wahl seines
Knaben Heinrich zum deutschen König durchzusetzen, am
22. November 1220 krönt ihn selbst Papst Honorius III.
zum Kaiser. Es ist ein Triumph seiner Politik, daß er
Beides in einem Jahre zu stande gebracht hat. Aber es
zeigt auch zugleich, wie Friedrich II., der einer der bedeutendsten
Menschen seiner Zeit und jedesfalls der bedeutendste Staufer
gewesen ist, seine Stellung in Deutschland auffaßte. Sie
behagte ihm nicht. Durch die Kämpfe Philipps war das
überaus reiche Hausgut der Familie zersplittert, teilweise auf=
gezehrt, so daß ja Philipp selbst in seinen letzten Jahren
hatte kargen müssen, und die ehemals geschlossene Macht,
der große schwäbische Territorialbesitz, war nicht mehr in
der Ausdehnung vorhanden, welche dem Kaiser die unum=
schränkte Ausübung seiner Herrscherrechte gewährleistet hätte.
Darum konnte er leichteren Herzens, sofern er das Imperium
behielt, auf die deutsche Königskrone zu Gunsten seines
Sohnes verzichten und überdies dadurch seinem Hause [die

Erbfolge sichern. Er fand die wesentlichen Grundlagen seiner
Macht in seinen italienischen Besitzungen, vornehmlich in
Sizilien. Dort fühlte er sich auch zu Hause, denn er war
überhaupt kein Deutscher, sondern ein Italiener nach Geburt,
Sprache, Erziehung und allen Anlagen seines reichen Geistes.
Seine gesamte Persönlichkeit ist undeutsch, nur die Tradition,
die auf seine Politik einwirkt, ist staufisch. Dort in Sizilien
hat er die Verwaltung eingerichtet, deren Organismus seine
Zeitgenossen bestaunten, und die ihm die Mittel zu seinen
langjährigen Kämpfen wider Papst und Kirche bereit stellten.
Aber bevor er seine italienische Macht ausbauen konnte,
mußten die deutschen Angelegenheiten in Ordnung gebracht
werden. Dazu wandte er alles auf und zog auch die bewährte
Hilfe des volkstümlichen Sängers heran. Das Verhältnis
Walthers von der Vogelweide zu Kaiser Friedrich ist ein
ganz anderes als das, in dem er zu den früheren Herrschern
gestanden hatte. Dort war es ein freiwilliges Anerbieten
von Fall zu Fall, Walther stellte seinen Sang in den Dienst
des Reiches und erhoffte dafür auch Lohn; hier ist sicherlich
ein Pakt eingegangen worden mit gegenseitigen Verbindlich=
keiten: Walther wird nun von den Plänen des Kaisers
unterrichtet und bemüht sich, sie durch den Einfluß seiner
Poesie zu fördern. Er ist also nunmehr als politischer Agent
zu betrachten, der in festem Dienstverhältnis steht. Dem
entspricht der Lohn des Sängers: ein eigenes Heim.

Zuvörderst handelte es sich darum, die öffentliche Meinung
dafür zu gewinnen, daß der junge Heinrich zum deutschen
König, einstweilen unter Vormundschaft, gewählt und somit
bereits im voraus zum dereinstigen Nachfolger seines Vaters
bestimmt werde. Diesem Zweck ist ein Spruch Walthers
zum Frankfurter Hoftage gewidmet (L. 29, 15): er mahnt
scherzhaft die Fürsten, die ihren König gern los wären,
seinem Rate zu folgen, dann brächten sie ihn bald über

Trani, die italienische Küstenstadt, hinaus. Vor Allem sollen
sie nicht den König vom Kreuzzug abhalten; das thun sie
jedoch, wenn sie sich weigern, auf seine Pläne einzugehen,
ihnen gereiche die Fahrt immer zum Vorteil, wie sie auch
ausgehen möge. Daran schließt sich unmittelbar ein Spruch,
in dem Walther den König um eine Heimstätte bittet. Er
kleidet das in rührende Worte, die teilweise an alte volks=
tümliche Sprüche erinnern (L. 28, 1): „Ihr, Vogt von
Rom, Apuliens Fürst, laßt Euch erbarmen und laßt mich
nicht trotz reicher Kunst also verarmen! Gern' möcht' ich,
könnt' es sein, am eignen Herd erwarmen. Hei, wie ich
dann von Vöglein sänge und vom Grün, von Blumen
und der Haide, wie ich einstens sang. Gewährt' mir eine
schöne Frau dann ihren Dank, ich ließ' ihr Ros' und Lilie
aus den Wangen blüh'n. So komm' ich spät, früh reit' ich
fort: weh, Gast, dir weh! Der Wirt allein singt fröhlich
von dem grünen Klee. Wehrt ab von mir die Not, o Herr,
daß Eure Not vergeh'." Der Hinweis auf die Bedrängnis,
in die Friedrichs Wünsche bei den Fürsten gerieten, mag
die Bitte des Sängers unterstützt haben, und als Friedrichs
Wille geschehen, sein Sohn zum König erhoben ist, da vergißt
er auch nicht des Dichters. Walther erwidert auf das
reiche Geschenk mit jubelndem Dank (L. 28, 31): „Ich
hab' mein Lehn, hör's alle Welt, ich hab' mein Lehen.
Nun fürcht' ich nicht den harten Frost an meinen Zehen und
brauch' bei kargen Herrn nicht mehr zu flehen. Der
edle milde König hat mich so beraten, daß ich im Sommer
kühl und warm im Winter wohne. Nun folgen mir die
Nachbarn länger nicht mit ihrem Hohne, sie sehn mich nicht
als Vogelscheuche an, wie sie jetzt thaten. Zu lange war ich
wider Willen an der Armut krank und so gewohnt zu schelten,
daß mein Atem stank. Den hat des Königs Huld mir rein
gemacht und dazu meinen Sang." Daß Walther in diesen

Verſen übertreibt, iſt ganz begreiflich und liegt in dem Zwecke des Spruches; man wird deshalb nicht darauf hin ſich den Sänger wie einen heutigen Landſtreicher mit zerriſſenen Stiefeln von Haus zu Haus bettelnd vorſtellen dürfen. Das Gut, das Walther erhielt, wird vielleicht in der Gegend von Würzburg gelegen haben, wie man vermutet, daher mochte ihm auch der Graf von Katzenellenbogen bekannt werden, der in demſelben Bereiche Ländereien von den Würzburger Biſchöfen zu Lehn trug. Wahrſcheinlich wurde der Ort mit Rückſicht auf Walthers Verwendbarkeit im Reichsdienſte gewählt. Wir wiſſen nichts Näheres. —

Während der Abweſenheit des Kaiſer Friedrich aus Deutſchland wurden die Regierungsgeſchäfte, da der neun= jährige König Heinrich ſie nicht wohl verſehen konnte, einer Kommiſſion übergeben, die vornehmlich aus großen ſtaufiſchen Reichsminiſterialen beſtand und an deren Spitze ſich der Erzbiſchof Engelbrecht von Köln befand, der mit ſolchen Gewalten ausgeſtattet war, daß er in der That als „Guber= nator“ des deutſchen Reiches bezeichnet werden durfte. Das war ein kluger, energiſcher, bisweilen ſogar rückſichtsloſer Mann, der die Ordnung vortrefflich zu erhalten, den hab= gierigen und gewaltthätigen Adel zu bändigen wußte. Man nannte ihn wohl darum den „Fürſtenmeiſter“. Freilich machte er ſich viele Feinde, beſonders unter der Ritter= ſchaft, welche im Friedenſtören faſt ein Gewerbe fand. Aber auch in der großen Reichspolitik überſchritt er zuweilen ſelbſt die für ihn ſehr weit gezogenen Grenzen, und es fehlt nicht an Beiſpielen, wo Maßregeln, die er in aus= wärtigen oder heimiſchen Angelegenheiten getroffen hatte, vom Kaiſer wieder rückgängig gemacht werden mußten. Nichtsdeſtoweniger war er die ſicherſte Stütze des ſtaufiſchen Regimentes und ſtellte als der gefürchtete Anweſende die oberſte Reichsautorität zeitweilig dar. Mit dieſem mächtigen

und bedeutenden Manne war Walther von der Vogelweide
nahe verbunden, ihm sind einige seiner Sprüche gewidmet.
Zu Nürnberg fand am 25. Juli 1224 ein Hoftag statt, wo
auf Betreiben Engelbrechts neue Bestimmungen festgesetzt
wurden, um den freien Verkehr, besonders der städtischen
Kaufleute, wider die adeligen Strauchdiebe zu schützen. Des=
wegen sagt auch Walther (L. 84, 14), dort habe ein gutes
Gericht stattgefunden. Wenn ihn die Leute dann weiter fragen,
was dort geschehen sei, so lehnt er es ab, darauf zu antworten
— er war nicht als Gabeheischender dort — er verweist auf
die fahrenden Leute, die über die Kargheit der versammelten
Fürsten klagten und schließt mit einem spitzen Tadel für Herzog
Leopold von Österreich. Unwillkürlich kommt man auf den
Gedanken, was Walther, da er doch nicht vortrug, auf jenem
Hoftage zu schaffen hatte, und weshalb sich die Leute ganz
insbesondere an ihn als an einen Unterrichteten wendeten,
wofern sie nicht wußten, daß er irgend eine amtliche Thätig=
keit dort ausübte; und so weit es von der Wahrheit abliegen
mag, wenn Walther für den Erzieher des jungen Königs
Heinrich gehalten wurde, so ist es doch nicht unwahrscheinlich,
daß er sein Lehngut als Bestallung für eine bestimmte Dienst=
leistung beim Reich erhalten hat. Er rühmt den Erzbischof
dann in einem besonderen Spruch (L. 85, 1): Engelbrecht
habe Ursache, sich zu freuen, denn er habe dem Reiche trefflich
gedient und hoch steige sein Lob. Deshalb möge er, der
Fürstenmeister, sich auch um die Drohungen der Feiglinge
nicht scheren, die ihn befeinden. Er habe das nicht nötig:
er, der treue Königspfleger, des Kaisers Ehrenhort, der beste
Kanzler, der Kämmerer der heiligen drei Könige und der elf=
tausend Jungfrauen, das heißt, der kostbaren Reliquien im
Dome zu Köln. In einem anderen Spruche bittet Walther
den Erzbischof um Rat (L. 84, 22) in Sachen seiner Kunst,
er will von ihm erfahren, welche Tonart er in einem aufge=

tragenen Liebe anwenden soll. Kein Zweifel, daß sich dies auf ein politisches Gedicht bezieht, das von Walther verlangt wird; welches jedoch und ob überhaupt eins der uns bekannten darunter gemeint ist, davon wissen wir nichts. — In kurzer Zeit darnach erfüllte sich das Geschick des Reichsverwesers. Erzbischof Engelbrecht wurde am 7. November 1225 von einem Verwandten, dem Grafen Friedrich von Altena = Isenburg, ermordet. Was aus Walthers früherem Spruche hervorgeht, daß Viele vom Adel den Gubernator wegen seiner Strenge und Gerechtigkeit haßten, die ihnen das Handwerk verdarb, wurde jetzt ganz offenbar, denn eine Partei unter den Standes= genossen des Mörders suchte sogar den Lauf des Strafver= fahrens zu hemmen. Walther ließ sich dadurch nicht abhalten, das Lob des Verstorbenen zu singen, er that es in einem be= sonderen Spruche, der sich hauptsächlich wider den Verbrecher kehrt (L. 85, 9): er kann keine Marter finden, welche die Un= that sühnen würde, und hofft, der Mörder werde lebend von der Hölle verschlungen werden. Bei dem schrecklichen Ende, das der Graf von Isenburg am nächsten Jahrestag von Engelbrechts Tode zu Köln fand, ist ein Teil der von Walther genannten Strafen an ihm vollzogen worden. —

Ein neuer Zusammenstoß zwischen Kaiser und Papst stand bevor und nahm des Sängers Kunst zum letzten Male in An= spruch. Bei seiner feierlichen Krönung im Jahre 1215 hatte sich König Friedrich selbst unerwarteterweise das Kreuz auf= geheftet; sei es, daß er wirklich, durch seine raschen Erfolge gehoben, eine Heerfahrt ins heilige Land zu unternehmen ge= dachte, sei es, daß er nur der Kirche seinen guten Willen zeigen wollte. Der Papst Honorius III., des großen Innocenz un= bedeutender Nachfolger, nahm ihn beim Wort, und von dieser Zeit an bis zur Bannung des Kaisers durch Papst Gregor IX. am 29. September 1227 dauert ein ununterbrochenes Ver= handeln zwischen Friedrich und der römischen Kurie: Termine

wurden bewilligt, nicht eingehalten, Entschuldigungen vor=
gebracht, neue Fristen eingeräumt. Gewiß hat der Kaiser
einen Kreuzzug nachmals ernstlich in sein politisches Pro=
gramm aufgenommen — der schickte sich ganz wohl zu seinen
Wünschen und Neigungen — allein die Befestigung seiner
Macht in Italien, die Sicherung der deutschen Erbfolge und
manches Andere schien ihm wichtiger; in den letzten Stadien
des Haders mag er auch thatsächlich durch äußere Schwierig=
keiten und Unfälle abgehalten worden sein. Andererseits
versteht es sich, daß der Pabst auf das lebhafteste drängte.
Stand dabei an sich ein bedeutendes kirchliches Interesse auf
dem Spiele, so wurde die Sachlage viel kritischer für die
Kurie, als nach den vorübergehenden Erfolgen von 1220 das
eroberte Damiette schon 1221 wieder verloren ging und zwar
durch die Schuld des unfähigen Oberkommandierenden, des
Kardinallegaten Pelagius. Es mußte dem Papste Alles
daran liegen, diese klägliche Scharte wieder auszuwetzen, und
als König Philipp August von Frankreich 1223 gestorben
war, beruhten alle Hoffnungen des römischen Stuhles allein
auf Kaiser Friedrich. Denn der Eifer für die Kreuzzüge war
allgemach erkaltet, von den Franzosen hatte man gar nichts
mehr zu erwarten, die vielfachen Niederlagen, der geringe
Gewinn, vor allem aber die jedesfalls mit den Expeditionen
verbundenen ungeheuren Verluste an Menschen und Kapital
schreckten von weiteren Versuchen ab. Der Enthusiasmus der
ersten Kreuzfahrten hatte einem ruhigen Abwägen und
Berechnen Platz gemacht, das der Fortsetzung dieser Züge
nicht günstig war.

Der Kaiser suchte den Wünschen des Papstes auch darin
zu willfahren, daß er Walthern, der schon früher einmal ein
Kreuzlied gedichtet hatte, aufforderte, sich wieder für die Gottes=
fahrt zu bemühen. Um den Eifer des Sängers zu spornen,
sendet er ihm aus Italien ein so kostbares Geschenk, daß davon

(L. 84, 30) die Augen geblendet werden, daß aber auch die
Augen der Neidischen das Weiße sehen laßen, das heißt, scheel
blicken. Walther hat dem kaiserlichen Gebote Folge geleistet
und eines seiner schönsten Lieder als Aufforderung zur Kreuz=
fahrt gedichtet, die er selbst nicht mehr wagen durfte. Das
Unheil war jedoch nicht aufzuhalten. Der Kaiser schiffte sich
am 8. September 1227 mit dem Landgrafen Ludwig von
Thüringen in Brindisi ein, beide erkrankten, am 11. starb
der Landgraf und Friedrich kehrte zurück. Auch sein ganzes
Heer ward durch eine böse Seuche hart mitgenommen. Ob
der Kaiser unter diesen Umständen im Rechte war, wenn er
zurückblieb und dadurch den Kreuzzug im wesentlichen vereitelte,
oder der Papst, der ihm nicht länger glaubte und ihn des=
halb bannte, das läßt sich nicht ausmachen. Jedesfalls war
die Exkommunikation des Kaisers auch ein harter Schlag
für das Reich: nicht so sehr, weil das Volk sich über den
Bann selbst ängstigte — die mißbilligende und gleichgiltige
Stimmung des Volkes gegen diese Maßregel, die durch allzu
häufigen Gebrauch das beste Teil ihrer Kraft bereits eingebüßt
hatte, geben Freidanks Sprüche wieder — sondern weil man
angesichts der zweideutigen Haltung des jungen Königs
Heinrich gegen seinen Vater neue Wirren in Deutschland
besorgte. Unter diesen Verhältnissen sind Walthers letzte
politische Gedichte entstanden. Er redet zu Gott (L. 10, 9)
und fleht ihn an, er möge die Feinde seines Reiches und
Erbes, des heiligen Landes, züchtigen; aber nicht bloß die
Heiden, die es wenigstens offen befehden, sondern auch die=
jenigen Christen, die noch gefährlicher, nämlich im geheimen,
damider sind. Wen der Sänger damit meinte, konnten die
Zuhörer leicht ausfinden. Dann wendet sich Walther an den
Kaiser (L. 10, 17), nennt sich seinen „armen Mann", giebt
sich somit als die Stimme des Volkes, schickt ihm einen
Boten und mahnt ihn, daß er zur Kreuzfahrt ausziehe, aber

auch sich von den Gegnern daheim nicht irren lasse: die
Rechten, das ist die kaiserlich gesinnten Geistlichen, soll er von
den Unrechten päpstlichen trennen und diese selbst aus ihren
Kirchen entfernen. Wider den Klerus unmittelbar kehren sich
die beiden nächsten Sprüche Walthers (L. 10, 25. 33): er
rät den Priestern zur apostolischen Almosenspende und leitet
neuerdings, wie schon einmal, die schlimmen Zustände von
der Konstantinischen Schenkung her, deren Folgen ihr Urheber
nicht vorausgesehen habe. Dann läßt er den alten Klausner
— eine früher bereits verwendete Rolle — klagen und raten,
daß man gegen die Verbreiter des üblen Bannes energisch
vorgehe, den Geistlichen, die wider den Kaiser sind, schlechtweg
ihre Kirchen und Pfründen nehme.

Den siegreichen Kreuzzug Friedrichs vom Jahre 1228,
der mit der Besitznahme Jerusalems und der Krönung des
Kaisers zum Könige der heiligen Stadt abschloß, hat Walther
nicht mehr erlebt. Andere Sorgen forderten den Sänger für
sich: der junge König Heinrich geriet 1228 mit verschiedenen
Fürsten, auch mit dem Reichsverweser, Herzog Ludwig von
Bayern, in Zwist, begann überhaupt in seiner hochmütigen
und doch fahrigen Weise die Reichsgeschäfte zu leiten. Da
richtet Walther einen scharfen Spruch wider ihn (L. 101, 23),
nennt ihn ein selbgewachsenes Kind, das krumm geworden
sei, da man es nicht habe gerade biegen können. Zu groß
sei er leider schon für die Rute, zu klein für das Schwert.
Er möge ruhig bleiben und schlafen. Walther hatte den
siebzehnjährigen Jüngling vorher überschätzt, jetzt prophezeit
er ihm ein übles Ende. Ob ein anderer Spruch desselben
Tones (L. 102, 1) sich auf Heinrichs Ablehnung des Ehe=
bündnisses mit Margarethe von Österreich bezieht, ist unsicher.
Doch der anschließende dritte Spruch (L. 102, 15) wird wohl
hierher gehören. Darin klagt der Sänger, daß Weisheit,
Adel und Alter nun von ihren Stühlen gestoßen seien, und

ruft die Gottesmutter Maria an, sie möchte ihnen wieder dazu verhelfen. Nun habe ein unerfahrener Mächtiger diese Sitze eingenommen, deswegen hinke das Recht, trauere die Zucht und jammere die Scham. Es scheint offen zu liegen, daß diese Rede auf Heinrich und seine leichtsinnige Gesellschaft süddeutscher Herren bezogen werden muß.

So sehen wir Walther bis in seine letzten Tage für das Interesse des deutschen Reiches thätig. Daran hat er stets unentwegt festgehalten, mochte er es eine Zeit lang bei dem Welfenkönig oder, wohin die Überlieferung der Heimat ihn schon wies, bei den Staufern am besten gewahrt finden. Wir haben kein Recht, seine Haltung durch persönliche Gewinnsucht zu erklären; das ließe sich auch durchaus nicht mit der nachweisbaren weitgreifenden Wirkung eben seiner politischen Dichtungen vereinen. Daß sein eigenes kleines Schicksal an das große des Reiches geknüpft war und mit diesem mancherlei Wandlungen durchmachte, das ist nichts Auffälliges und konnte füglich nicht anders sein. Und wir müssen uns doch recht hüten, politische Anschauungen der Gegenwart, mögen sie von welcher Seite immer kommen, unserem Urteile über den Lebensgang und Charakter Walthers von der Vogelweide zu Grunde zu legen. Denn das Wesen der Menschen des Mittelalters kann immer nur aus dem Mittelalter selbst richtig verstanden werden.

X

Gnomische Dichtung. Freidank.

Uralt ist die Spruchweisheit der Deutschen. Schon zu
der Zeit, wo die Germanen noch als ein engerer Verband
von Völkern im Zusammenhange mit der großen arischen
Gemeinschaft sich befanden, hatten sie einen kleinen Schatz
einfachster Erfahrungslehren aufgehäuft, der in poetische
Formeln geprägt war und den sie mit den verwandten Stämmen
teilten. Später, da sich der germanische Typus verselbständigt
hatte und aus dem Bunde abgerückt war, finden sich einzelne
Sprichwörter oder Gruppen davon bei verschiedenen, auch bei
den entlegensten der germanischen Völkerschaften in derselben
Gestalt überliefert. Wenn es irgend angeht, wird der Er=
fahrungssatz in ein Bild gekleidet, am liebsten in ein aller=
kürzestes Geschichtchen eingeschlossen, das die Lehre aus einem
besonderen vorgekommenen Falle abzieht oder ihre Anwendung
erzählt. Es liegt diesen „Beispielen", wie sie ganz richtig
genannt werden, eben dieselbe Anschauung zu Grunde wie
unsern alten volkstümlichen Segens= und Zauberformeln,
von denen sich verstümmelte Reste bis in die Gegenwart
gerettet haben, und ihren epischen Einleitungen: in jenem
Falle, der berichtet wird, hat der Spruch geholfen, er wird
auch noch jetzt seine Kraft bewähren. Es versteht sich von
selbst, daß diese Form des Beispiels sehr mannigfacher Ge=
staltung fähig ist, und es liegen viele Zwischenstufen innerhalb
der Tierfabel als dem einen Grenzpunkt und kurzen Sprüchen

(wie z. B. Das ist gewiß eine heilige Zeit, wenn die Schafe
Frieden vor dem Wolf haben, oder: An kleinen Riemchen
lernt der Hund Leder essen) als dem andern. Sehr beliebt
ist die Übertragung eines belehrenden Vorganges in die Tier=
welt gewesen, und wenn es jetzt auch sicher scheint, daß die
Fabeln, die das deutsche Mittelalter kennt, einzeln und in
der Tiersage, fremden Ursprungs sind und zumeist aus der
antiken Überlieferung stammen, so dürfen doch solche kurze
Tiersprüche, wie sie heute noch fortwährend sich neu bilden,
schon der germanischen Auffassung des Tierlebens zugerechnet
werden. Ein besonderes, auch schon altes Mittelglied dieser
Entwickelung ist die Form der „Priamel" (von praeambulum.
Vorspiel), das heißt, eine Aufzählung paralleler Fälle, aus
denen eine gemeinsame, am Schlusse ausgesprochene Lehre
sich ergiebt. Es mag ein Beispiel hier stehen: „Wer einen
Freund will suchen, wo er keinen hat, und jagt im Wald
nach Spuren, wenn der Schnee zergeht, und kaufet unbesehen
viel, und hält gern ein verlornes Spiel, und dienet dem
geringen Mann, wo ihm ein Lohn nicht bleibt — den kommt
wohl endlich Reue an, so er's zu lange treibt."

Solcher Sprichwörter waren auch in der ersten Hälfte
des Mittelalters eine Masse im Umlauf. Zwar veränderten
sie täglich ihr Antlitz, die Bilder wurden gewechselt, erweitert,
verengt, viele tauchten unter, andere stiegen empor, die Mehr=
zahl hielt sich gleichschwebend auf der Oberfläche des täglichen
Verkehres. Ihre Form war wohl meistens poetisch, anfangs
allitterierend, und als der Schmuck gleichen Anlautes der
stärkst betonten Worte gegen den gleichen Ausgang der Vers=
enden eingetauscht ward, in Reimpaaren. Zwei Verse mochten
in der Regel genügen. So haben die Sprüche volkstümlicher
Lebensweisheit gewiß auch einen Teil des geistigen Kapitales
gebildet, von dessen Zinsen die fahrenden Spielleute ihr
Dasein bestritten. Manchmal münzten sie es in ihrer besonderen

Art aus und prägten der alten Volksüberlieferung den Stempel
ihrer Individualität auf. Wir lernen in der zweiten Hälfte
des zwölften Jahrhunderts ein Paar solcher vagierender
Spruchdichter kennen. Einer ist alt, er rühmt einzelne rheinische
Edelleute, um Gaben zu erhalten, klagt recht trübselig dar=
über, daß er noch immer bittend von Haus zu Haus wandern
muß, und trägt in etlichen kräftigen und bilderreichen Strophen
eine starke religiöse Empfindung vor. Wir haben auch einige
Sprüche von diesem Manne, in denen er seine Kunst an einer
vorhandenen Überlieferung versucht hat. So ein paar kurze
Fabeln, z. B., wie der Wolf mit einem klugen Mann um
hohen Einsatz Schach spielt; als er aber einen Widder vorbei=
gehen sah, da vergaß er des Spieles über der ererbten Gier
und gab zwei Türme für einen Bauern. Recht lehrreich ist
es ein andermal, wie ein uns zufällig bewahrter älterer Spruch
hier umgebildet wird. Jener heißt: Tiefe trübe Furt und Buhl=
schaft mit schönen Frauen reuen den, der sich zu eifrig daran
macht. Das wird dann von dem Fahrenden in die Gestalt
gegossen: Welcher Mann ein gutes Weib hat und doch eine
Andere aufsucht, der benimmt sich wie ein Schwein, das den
lautern Brunnen verläßt und sich in dem trüben Pfuhl wälzt.
Der jüngere der beiden Dichter findet in seinen umfangreicheren
Strophen auch mehr Raum und häuft die Bilder und leb=
haften Gleichnisse, so daß einzelne Stücke beinahe als eine
kleine Sammlung von Sprüchen über dasselbe Thema an=
gesehen werden können. So sagt er einmal: „Man soll den
Mantel kehren, heißt es, wie das Wetter weht; ein braver
Mann jedoch bleibt bei der Sache, wie sie steht. Nicht allzu
schwer trägt er an seinen Leiden und maßvoll hält er sich in
allen Freuden. Heut' sind sie mein und morgen dein, so teilt
man Feld und Huben; wie oft doch stürzt er selbst hinein,
der Andern gräbt die Gruben."

Zeigen schon solche kleine Beispiele das in der Natur der

Sache gegründete Bedürfnis nach der Verbindung von Sprich=
wörtern zu Gruppen, so ist es durchaus begreiflich, daß auch
größere Sammlungen entstehen. Der germanische Norden
war darin längst vorangegangen, die „Sprüche des Hohen"
gehören zu den ältesten Bestandteilen der Edda. Was wir
der Art in Deutschland besitzen, wird nicht weit über das
elfte Jahrhundert zurückreichen. Es sind zunächst anonyme
Kataloge von Sprichwörtern, alphabetisch geordnet, in lateini=
schen Hexametern abgefaßt. Wie sich von selbst versteht, sind
auch in diese Sammlungen nicht ausschließlich Sprüche deutschen
Ursprungs aufgenommen, es befinden sich sehr oft Sätze aus
der römischen Litteratur und aus der Bibel unmittelbar neben
solchen, deren deutscher Wortlaut noch klärlich durch die fremde
Hülle schimmert. Größere Vorräte wurden von einzelnen
Geistlichen aufgehäuft: schon unter dem Namen des Beda
Venerabilis bestand eine ansehnliche Sammlung in alpha=
betischer Folge; Wipo, der Kaplan Konrads des Saliers
und Kaiser Heinrichs III., hat ein Buch Sprichwörter zusammen=
gestellt; wenig später der Mönch Otloh von St. Emmeram
in Regensburg, der besonders die heilige Schrift dafür aus=
nutzte. Überhaupt kam im elften Jahrhundert die Neigung
auf, Sentenzen aus den bedeutenden Kirchenschriftstellern aus=
zuziehen und in knappem Raume zu vereinigen. Auf ver=
schiedenen Wegen ist dann diese kirchliche Überlieferung ins
Volk gedrungen, durch die Predigt, sehr häufig auch durch
die gebildeten Kleriker unter den Vaganten. So ist es kein
Wunder, wenn sich dann in der Menge der Volkssprichwörter
viele biblische und aus gelehrten Quellen vorfinden. Allgemach
hat das Vorbild lateinischer Sammlungen deutsche Nachahmer
geweckt, und zwar nicht bloß Übersetzungen angeregt wie die
der Disticha Catonis, sondern auch selbständige Arbeiten.
Solche deutsche Sprichwörterbüchlein wird es bei den Fahrenden
ebenfalls gegeben haben, namenlos, und vorläufig auch nur

bunt zusammengerafft, noch nicht zu bestimmten Zwecken ge= ordnet, wie das später bei den „Tugendspiegeln" und ähnlichen Schriften geschehen ist. In deutschen Manuskripten trifft man schon während des zwölften Jahrhunderts Eintragungen einzelner Sprichwörter und ganzer Gruppen in Versen. Eine oder mehrere solcher Sammlungen diente dann als Grund= stock des berühmten Werkes, das in den ersten Dezennien des dreizehnten Jahrhunderts entstanden ist und den Namen „Freidanks Bescheidenheit"(das ist: Klugheit, Verständnis) führt.

Freidank nennt sich gar nicht den Verfasser des Buches, er bezeichnet seine Thätigkeit ganz genau mit dem Worte berihten, das heißt, in Ordnung bringen. Er hat das Material großenteils vorhandenen Heften entnommen, aber auch Vieles aus eigener Kenntnis hinzugefügt. Diese war sehr ausgiebig, denn obgleich ein Fahrender, war Freidank ein gebildeter Mann, hatte weite Reisen gemacht und war auf einem Kreuzzuge im Orient gewesen; sehr verschieden= artiger Stoff floß in seinem Gedächtnis zusammen. Das Material war aber roh, nicht zu viele von den Sprüchen waren in Versen oder Verspaaren überliefert, viele in Prosa, gar manche kannte er auch nur lateinisch. Seine Sorge war es nun, dieser bunten Fülle eine einheitliche Gestalt zu ver= leihen, er setzte sie in die höfisch erzogene Sprache um und schlichtete sie in die beliebten Verspaare des ritterlichen Epos. Diese Thätigkeit, die Sammlung, Aufzeichnung und Bearbeitung darf man keineswegs unterschätzen. Was bisher zerstückt umherschwamm, sowohl im Gedächtnis der Fahrenden als in einzelnen Büchlein, das wurde nun zu einer kompakten Masse verbunden, die nicht leicht verloren gehen konnte. Und es wurde durch sein neues Gewand der gebildeten vornehmen Gesellschaft zugänglich und in deren Obhut übertragen. Jetzt werden die vielen Handschriften angefertigt, von denen wir wissen, und die „Bescheidenheit" in das feste Geistesvermögen

aufgenommen, das an die bürgerlichen Kreise kam, als sich
Bildung und Poesie zu ihnen wandten.

Freidank hat wohl auch Anläufe gemacht, die Sprüche
ihrem Inhalte nach zu ordnen, aber es ist bei den Anläufen
und bei der Verknüpfung einzelner Sprüche zu Reihen nach
ziemlich äußerlichen Gesichtspunkten verblieben. Man wird
das nicht tadeln dürfen, denn die Masse war eben in dem
Zustande, den Freidank vorfand, viel schwerer zu überschauen
und zu sichten als in der von ihm gelieferten Vereinigung.
Doch haben auch die Versuche späterer Schreiber, Ordnung
und System in diese Fülle zu bringen, ein Ganzes zu schaffen,
keinen rechten Erfolg gehabt. Das Ganze ist nur im Ideal
vorhanden, ebenso wie bei der Verschmelzung der verschiedenen
Nibelungenlieder zu einem nationalen Epos; auch der Mittel-
und Schwerpunkt des Werkes ist nur ein idealer. Es würde
kaum jemand gelingen, ein in sich übereinstimmendes Bild altdeutscher Lebensanschauung aus diesen Sprüchen zusammen-
zusetzen. Zu viel Fremdes ist darunter, auch strebt die Volks-
weisheit darnach, alle Dinge von ihren beiden Seiten zu sehen,
und wir werden uns nicht immer klar darüber, welche für
die richtige gehalten worden ist. Ganz jedoch gebricht es der
„Bescheidenheit" nicht an Merkzeichen deutscher Art. Dazu
wird man die stark hervortretende Bildlichkeit des Ausdruckes
und seine Mannigfaltigkeit zählen dürfen als ein Erbteil der
ältesten poetischen Auffassung von Natur und Leben. Ferner
drängt sich die Reflexion gerne vor, die nicht bei dem äußeren
Scheine stehen bleibt, sondern den Dingen auf den Grund
kommen will. Im großen und ganzen handelt es sich aber
bei Freidank in jenen Sprüchen, die aus der Bibel und den
römischen Dichtern schöpfen, um das allgemeine Verhältnis
der Menschen zu Gott und Welt. Die volkstümlichen Sprichwörter sind mehr Klugheitsregeln als Weisheit aus gemein-
giltigen sittlichen Prinzipien abgeleitet.

Freidanks Spruchbuch ist für die Beurteilung Walthers von der Vogelweide nicht unwichtig, schon deshalb, weil sie beide so sehr aus demselben Boden der Bildung und Welt= kenntnis entstammen und so viel Übereinstimmendes in Gedanken, in Phrasen und in der Form aufweisen, daß manche Forscher die unsicher verschwimmende Persönlichkeit Freidanks mit der schärfer umrissenen Walthers für eine und dieselbe gehalten haben. Diese Ansicht ist irrig, aber sie zeigt doch, wie nahe die lehrhafte Dichtung Walthers dem allgemeinen Urteile über Welt und Menschen steht, das in der „Bescheidenheit" nieder= gelegt wird. Freilich ist die ganze Art von Walthers didak= tischen Gedichten anders aufzufassen. Bei ihm nämlich ist die enge Verknüpfung mit dem soeben Erfahrenen noch wirklich vorhanden, die bei Freidank schon einer abstrakten Durch= schnittslehre gewichen ist. Walther fühlte sich veranlaßt, einen Lehrspruch zu improvisieren, sobald ihm etwas Besonderes begegnet war, oder er die Summe aus einer Anzahl ähnlicher Erlebnisse zog. Deshalb steckt darin immer ein sehr starkes persönliches Moment, und auch diese Gelegenheitsdidaktik ist als eine historische anzusehen, wenngleich die Geschichte, um die es sich hier handelt, nur die innere des Dichters selbst ist. So finden sich bei Walther mehrere Sprüche, die um eines einzigen Wortes oder einer kurzen Bemerkung willen unter die historischen gesetzt werden, andernfalls für rein lehr= hafte gelten müßten; und dann wiederum etwelche, die sicher historisch aufzufassen sind, obschon ihnen gerade eine Phrase fehlt, die gestattete, sie auf eine bestimmte Zeit zu beziehen (z. B. L. 83, 14. 27. 104, 23).

Am engsten hängen mit Walthers lyrischer Poesie die Stücke zusammen, in denen der üble Zustand der Welt beklagt wird; wir haben ja schon bemerkt, wie auffallend viele von seinen Liebes= und Stimmungsliedern in solchen Klagen endigen. So ist gleich ein Spruch (L. 21, 9) gewiß von

perſönlichen Wahrnehmungen eingegeben, in denen ſich der
Dichter über die böſe Welt ärgert, der freilich er ſelbſt auch
zuwider ſei, die nun verdroſſen und trübſinnig ſich der ſonſt
gepflegten Freuden entſchlage. Jetzt werden die geizigen
Reichen geprieſen, früher lobte man die wahrhaft milden
Herzen, die nun nachſtehen müſſen. Dadurch wird die Wahr=
heit verdreht und es hört auf eine Ehre zu ſein, wenn man
durch Sänger gerühmt wird. Die alte Ehre wünſcht der
Dichter auch in einem Liede (L. 59, 37) zurück, worin er die
Welt anredet: wenn ſie ſich ihm entwinden wolle, auch er
könne ſich winden. Noch ſei die Zeit nicht da, wo die Welt
auf ihn herunterblicken dürfe. Von ihren Gaben wünſchte er
gern eine, nämlich die Geliebte; doch fordert er die Welt auf,
ihm zu bezeugen, daß er nie einen Fuß breit aus ſeiner
feſten Geſinnung getreten iſt, ſeit ſie ihm gebot, ihr zu dienen.
Darum wolle die Welt es nicht übel nehmen, wenn er um
Lohn mahne, ſein Heil ſtehe in ihrer Hand. Wie ſie gegen
ihn geſinnt iſt, weiß er nicht; er iſt ihr gut, ſo weit es auf
heiteren, munteren Sinn ankommt. Alſo bittet er, ſie möge
mit der thörichten Jugend ſich nicht abgeben, ſondern ihr
Geſinde die alte Weiſe lehren, wie Ehre gewonnen werde.
Sämtliches Unheil kommt von der Veränderung zum Schlimmen
(L. 23, 11. 26. 24, 3), die Nebukadnezars Traum wahrſagte,
und die ſich in dem Übergange von den Vätern, Walthers
Genoſſen, zu den heutigen Söhnen zeigt. Das Schlimmſte
iſt eines böſen Vaters böſer Sohn; beſſer wärs, es bliebe
jener ohne Erben. Viel zu viel ſparen die Väter die Rute
und handeln nicht nach Salomos Lehre, ſo werden denn auch
die Söhne durch den Mangel an nötiger Züchtigung verab=
ſäumt und erwerben ungeſchlagen keine Ehre mehr. Die
rückſichtsloſen Jungen ſpotten über die Alten. Nur zu! Die
Zeit wird kommen, wo die jetzt jung ſind altern, und dann
wird das nächſt heranwachſende Geſchlecht die Väter rächen.

Strenger Zucht bedürfen auch die Edelknechte; würde sie ihnen
zu teil, dann gäbe es mehr junge Ritter, die den Saal der
Frau Ehre zierten. Sie finden ihre adelige Unterhaltung in
bösen Witzworten über die Damen, wodurch sie außer der
Sünde noch Schande auf sich laden.

Und nun schreitet Walther zur unmittelbaren Belehrung
vor, indem er sich an die unerfahrene Jugend wendet und sie
anweist (L. 37, 24), den Zaum anzuziehen und um sich zu
schauen, sonst wird ihr ungestüm rennendes Roß, ihre Welt=
begierde, sie zu Falle bringen. Und er schreibt ihr vor, daß
sie Gott lieben, sich Ehre auf die rechte Weise erwerben und
von dem Bösen fern bleiben soll. Die guten Lehren der
Geistlichkeit möge sie sich aneignen und, als bester Schmuck
ihrer Gesittung, von den Frauen gut reden. Scheinbar im
Widerspruch mit den früheren Sätzen, aber nur scheinbar,
befindet sich der Eingang eines Mahngedichtes (L. 87, 1),
das seiner eigentümlichen Form nach, der Umkehr, welche der
Schulpoesie entlehnt ist, dazu bestimmt war, auswendig gelernt
zu werden. Es hebt an: Niemand könne mit Ruten allein
den Kindern Zucht beibringen, auf ein feines Gemüt wirke
schon ein Wort des Tadels wie ein Schlag. Dann nimmt
Walther in seinen Mahnungen, wie es bei den altdeutschen
Predigten besonders am Tage der Beschneidung des Herrn
üblich war, nach einander Zunge, Augen und Ohren vor und
warnt, sie zu mißbrauchen.

Die Gier nach Besitz sieht Walther für eine Haupturfache
der üblen Zustände auf Erden an. Wunderlich sind die Gaben
Gottes in der Welt verteilt (L. 20, 16. 22, 18. 33): der
Eine ist klug und verständig, der Andere reich, aber so, daß
er durch seine Habsucht sich selbst herabsetzt; jenen sollte man
daher höher schätzen als diesen. Nach Gottes Huld und nach
ehrenhafter Stellung sollten Alle ringen: wer sich deshalb
allein um Gut und Geld bemüht, dem sollte auch hier und

im Jenseits kein anderer Lohn zu teil werden, als eben sein
Besitz. Noch mehr wird man den nicht für weise halten, der
Sünde und Schande mit vollem Bewußtsein aus Habsucht
auf sich lädt. Der Weise gäbe eher sein Leben, Weib und
Kind verloren, als daß er auf Gottes Huld und auf Ehre
verzichtete. Jener aber ist ein Thor und blind an Sinn und
Verstand, und ebenso, wer ihn seines Besitzes wegen lobt.
Auch Walther bekennt sich hier zu der Auffassung vieler Welt=
lehrer, daß die Laster nicht bloß sündhaft, sondern auch un=
klug seien, indem er meint, dadurch die Menschen für seine
Rügen zugänglicher zu finden. Die richtige Haltung gegen
irdische Güter sei die mittlere: man solle nicht zuviel Wert
darauf legen, sie aber auch nicht gering achten. Unterschätzt
Du sie und verlierst sie darob, so büßest Du auch als Armer
die Freuden des Lebens ein; hinwiederum giebst Du Seele
und Ehre preis, sobald Du den Besitz zu sehr liebst. Des=
halb mußt Du ein rechtes Lot auf die Wage legen, maßvoll
und klug verfahren. Dasselbe Thema erörtert ein anderer
Spruch (L. 81, 23): Wer sich auf unverdienten Reichtum zu
viel einbildet und sich hoffärtig aufplustert, ist tadelnswert.
Überhaupt wird die rechte Gesinnung durch ein zu großes
Maß sowohl von Reichtum als von Armut geschädigt: bei
dem einen geht die Zucht, bei dem andern der kluge Sinn
verloren. Wie hier Walther überall für das Maß, den über=
legten und verständigen Gebrauch aller Dinge, eintritt, so rügt
er auch die Laster, welche aus der Übertreibung hervorgehen,
insbesondere die Trunksucht (L. 29, 25. 35), die er vielleicht
schon in der Heimat, aber wohl auch auf seinen Fahrten öfters
kennen gelernt haben mochte. Gerne trinkt er dort, wo man
mäßig einschenkt, Unmaß schadet am Leben, am Gut, an der
Ehre. Wer sich mäßig hält, dem fällt alles Gute zu. Es
schickt sich nicht für einen ehrbaren Mann, daß ihm die Zunge
vom Wein hinke, und wenn man ihn noch so sanft rüge, ihm

wäre doch besser, er brauchte seine Füße. Wer sich betrinkt, bricht auch Gottes Gebot. —

Es erübrigt uns noch eine Gruppe von Sprüchen, die ein besonderes Interesse besitzen. Während nämlich die bisher erörterten Stücke nur zeigen, daß Walther von der Vogelweide die Grundlagen der sittlichen Anschauungen mit seinen Zeit= genossen und mit der christlichen Welt überhaupt teilte, giebt es noch einige Strophen, in denen er nicht so sehr ein ethisches als ein Ideal des männlichen Charakters schildert. Diese können uns vielleicht dazu dienen, der Persönlichkeit Walthers etwas näher zu kommen. Es wird uns ja im allgemeinen so schwer, uns mittelalterliche Menschen lebend vorzustellen, daß wir für jede Möglichkeit, die sich irgendwo aufthut, dankbar sein müssen. Und bei Walther geht es uns auch nicht sehr viel besser als bei Anderen. Ohne Zweifel steigt jedem Forscher aus seiner Beschäftigung mit Walthers Gedichten nach und nach ein Bild von dem Charakter, dem Wesen, der Individualität des Sängers auf; allein wie wenig bestimmte Züge dieses annimmt, merken wir an den Prädikaten, welche ihm daraufhin zuerkannt wurden.

Einen festen Punkt giebt es glücklicher Weise, von dem unsere Vorstellung über Walther ihren Ausgang nehmen darf. Eine unverhältnismäßig große Anzahl von Liedern und Sprüchen ist entweder ganz oder stellenweise der Ver= teidigung seines Ansehens gewidmet. Oft streitet er mit den Sängern, in denen er Konkurrenten erblickt, schon mit Reinmar, aber auch mit untergeordneten Leuten, und bis in die letzten Jahre seines Lebens. Ein Anderes haben wir schon früher betont: er gerät mit Fürsten und großen Herren häufig in Konflikt; viel weniger, weil ihm etwa ihre Gaben zu gering sind, als weil sie ihn nicht achtungsvoll genug behandeln. So bricht er darüber mit seinem Landesherrn, Herzog Leopold, und wie er den Herzog Bernhard traktierte,

haben wir gesehen. Kaiser Friedrich II. scheint der einzige
gewesen zu sein, der den Sänger richtig zu nehmen wußte.
Die Erklärung liegt zur Hand: mit der Ausbildung seiner
Gaben und seiner Kunst ist auch Walthers Selbstbewußtsein
bedeutend gestiegen. Und daß er dies oftmals betont, begreift
sich gut, denn die Zeitgenossen waren keineswegs bereitwillig,
den Dichter in ihm anzuerkennen und auszuzeichnen, er
mußte sich seine Stellung erst machen, mußte sich als Künstler
legitimieren und beweisen, daß er nicht wegwerfend beurteilt
werden dürfe, daß er nicht ein fahrender Mann sei wie die
Gaukler, Reifspringer und Possenreißer. Ein Mann, der sich
sein Leben zu erobern hatte, wenn er auch von edler Geburt
war, dem lag es ob, viel eifersüchtiger über seine Ehre zu
wachen, als einem anderen, dem Besitz oder Verbindungen
von vornherein eine unanfechtbare Position geschaffen hatten.

So erklärt sich Manches, aber keineswegs Alles. Un=
zweifelhaft ist Walther wirklich sehr reizbar gewesen. Und
schnell trat ihm ein scharfes und verletzendes Wort auf die
Lippen, das dann nicht wieder zurückgenommen werden konnte.
Solche starke Empfindlichkeit ist — wenn wir bei den ver=
alteten, jedoch bis zur Stunde durch nichts Besseres ersetzten
Bezeichnungen der Temperamente bleiben wollen — mit
Phlegma unvereinbar; Walther für einen Melancholiker zu
halten, wird Niemandem ernstlich beifallen, und zwischen
cholerischer und sanguinischer Anlage entscheidet in seiner
Poesie Alles für diese und gegen jene. In demselben Gedichte
wechseln bei ihm oft die Stimmungen, er hebt in heiterster
Weise an, trübselig läuft es aus, und umgekehrt. Schnell
schwingt er sich hoffnungsvoll empor, wird jedoch auch rasch
enttäuscht und mutlos. Ein recht hübsches Beispiel seiner
Heiterkeit ist der Spruch über die Bohne (L. 17, 25), der
er den Strohhalm vorzieht, den auch ein älterer Gnomiker
gepriesen hatte. (Die Bohne war dazumal eine viel wichtigere

Fastenspeise, wie uns die verschiedenen Klosterregeln, z. B. die der Cluniacenser lehren, als wir im Zeitalter der Kartoffel ermessen können.) — Daß in späteren Jahren Walthers Nerven zuweilen überreizt waren, dessen giebt es wenigstens ein Zeugnis, nämlich die dritte Strophe des schönen Liedes vom Traumglück (vgl. oben S. 129), welche die poetische Aus=beutung eines den heutigen Neuropathologen sehr bekannten Reizzustandes beim Träumen enthält.

Von diesen Voraussetzungen aus erweisen sich etliche Sprüche Walthers wertvoll. Nicht so sehr die allgemeine Schilderung der Eigenschaften eines tüchtigen Mannes (L. 35, 27): Frauen mag man schön nennen, für Männer ist das abge=schmackt und unpassend (Walther selbst war nicht schön). Kühn, offen mit Herz und Hand, fest soll er sein, diese drei Dinge schicken sich wohl zusammen. Das gilt jedoch nur für den inneren Menschen, den man prüfen muß, denn es wäre un=würdig, auf das Äußere hin zu urteilen. Mancher Mohr mag, fügt er spaßend hinzu, ein weißes Herz haben. Verständiges Maß ist Walthern, wie vielen Dichtern seiner Zeit, die oberste, das Weltleben regelnde Tugend. Er preist sie in einem hübschen Bilde (L. 80, 1): Ein Sechser — auf dem Würfel — wollte in seiner Hoffart zu einem Siebner werden, den es doch beim Würfel gar nicht giebt. Aber oft muß, wem die Straße nicht breit genug ist, durch einen Hohlweg gehen. So geschah es der übermütigen Sechs, aus der nun eine Drei wurde. Als Sechs wäre für sie auf dem Spielbrett (langer Puff) ein Feld frei gewesen, jetzt muß sie sich in das Plätzchen der Drei schmiegen. Solcher Mangel an Maß ist besonders den Menschen eigen, fährt Walther fort (L. 80, 19), die ihre Grenzen nicht kennen: weibischen Männern, männischen Frauen; Leute, die nicht genau wissen, ob sie ritterlich oder geistlich leben sollen; junge Herren, die sich gern wie alte, alte, die sich gern wie junge benehmen möchten; alle diese leben verquer. Das zeigt

sich vornehmlich, und dabei dachte Walther gewiß seiner
eigenen Erfahrungen (L. 80, 11), an der Freigebigkeit, welche
die Mittel überschreitet. Dann giebt es nur zweierlei: Armut
oder trügerisch versprechen. Und doch sei es besser, zehnmal
„Nein" zu sagen, als einmal „Ja" zu lügen. Durch Liebens=
würdigkeit des Benehmens kann man auch kleinere Ver=
sprechungen wertvoll machen, sofern man in richtiger Weise
um seine Ehre besorgt ist. Worüber man nicht wirklich zu
verfügen hat, das soll man auch nicht verschenken.

Mit besonderem Nachdruck beschreibt der Dichter die Übel
der Untreue, zuerst in einer Kette von sechs Sprüchen. Er
knüpft sie an einen bestimmten Anlaß (L. 30, 9): Gott weiß,
daß ich immer einem Hofe die Treue hielte, wo man sich nur
irgend höfisch aufführte mit Wort, Gebärde und Handlungen.
Mir aber graut, wenn ich die sehe, die mich lachenden Mundes
betrügen, die Honig auf der Zunge und Galle im Herzen
tragen. Das Lächeln eines Freundes soll ohne Argwohn
sein wie das Abendrot, das einen schönen Tag verkündet.
Entweder thu so, wie dein Lachen mir anzeigt, oder lache
irgendwo anders. Wessen Mund mich betrügen will, der mag
sein Lachen behalten, von dem nähme ich ein wahres „Nein"
statt zweier gelogener „Ja". Da doch Gott in der heiligen
Schrift ein gerechter Richter genannt wird, sollte er so gnädig
sein und die treuen Menschen aus den falschen auslesen. Nur
hier auf Erden, im Jenseits werden sie ohnedies geschieden.
Es wäre gut, wenn jeder Untreue schon außen ein Merkmal
trüge. Wer sich mir aus der Hand windet wie ein Aal, dem
sollte Gott seinen Zorn spüren lassen. Wer mit mir vom
Haus fährt, der soll auch mit mir heimkehren. Des Mannes
Sinn muß fest sein wie ein Stein, schlicht und gleichmäßig
wie ein geglätteter Stab aus einem Stück. Wer sich hoch=
mütig über einen treuen Freund erhebt und ihn gering schätzt,
den Fremden hingegen ehrt und vorzieht, der wird es er=

fahren, — meint Walther und deutet damit auf ein bitteres
Erlebnis — daß auch er von einem Höheren verletzt wird,
daß die Busenfreundschaft sich löst, sobald Gut und Ehre
auf dem Spiele stehen. Ich hab es selbst gesehen, daß
Wankelmütige durch Kummer wieder auf ihre nächsten Freunde
gewiesen worden sind, und nach Gottes Schickung wird sich
das noch oft ereignen. Auch sind Alle über das Sprichwort
einig, daß einen sicheren Freund und ein tüchtiges Schwert
erst die Not kennen lehre. Ich gebe nichts mehr auf Augen
und Sinn, denn diese haben mir zu zwei Freunden geraten,
die tadellos von Außen und Innen schienen, und nur ein
wenig falsches Metall war beigemischt. Das wars aber, wes=
halb ihre Schneiden stumpf wurden statt scharf. Wäre der
kleine Zusatz nicht gewesen, sie wären so untadelhaft, daß sich
jeder hätte auf sie verlassen können. Ach, daß ich jemals
den Trug erfuhr! Nun muß ich mich meines Schadens schämen,
ihnen bleibt die Schande. — Und mit noch größerer Bitter=
keit beschreibt Walther das Bild des Falschen: Ein großes
Wunder hab ich gesehn; lebte es im Meer, dann hielte man
es für ein fabelhaftes Tier; meine Freude ist darüber er=
schrocken, mein Schmerz erwacht: das ist ein schlechter Mann.
Wer sein Lachen auf einem Stein probiert, der findet es un=
echt. Er beißt, ohne zuvor geknurrt zu haben. Seine beiden
Zungen blasen aus einem Rachen kalt und warm. Ein giftiger
Stachel liegt in seinem Lachen versteckt, und aus dem wolkenlosen
Himmel seiner Heiterkeit fällt ein scharfer vernichtender Hagel.
Wo dieses Wunder zu spüren ist, da betrügt es: denn die
zum Schwur erhobenen Finger senkt es wie einen Schwalben=
schwanz (die Schwalbe galt als untreue Verleumberin) und
macht dadurch seinen Eid zu nichte. — Walther bezieht seine
Klagen noch einmal auf einen bestimmten Fall, den treulosen
Ratgeber eines Fürsten (L. 28, 21): Das ist ein schlechter
Mensch, welchem Stand er auch angehöre, der freiwillig be=

trügt und seinen Herrn lügen lehrt. Möchten ihm die Beine
lahm werden, wenn er vor seinem Fürsten als Berater kniet;
ist er aber so vornehm, daß er im Rate sitzt, so soll seine
falsche Zunge erlahmen. Solche Leute verderben uns auch
die wahrhaft Edlen. Das Lügen, das sie betreiben, ist Ver=
stand ohne Tugend. Denn sie raten zu einem Gelübde, das
besser erfüllt wäre, bevor es alt und schäbig würde. — In
einem anderen Spruch (L. 37, 34) sagt Walther: Allzu viele
Herzen sind wie Gaukler, die behend trügen und täuschen.
Da sagt Einer: „Schau her, was ist unter diesem Hut?"
Hebst Du ihn auf, so steht ein wilder Falke darunter. Noch
einmal, dann ist es ein stolzer Pfau. Und noch einmal, dann
wird es ein Meerwunder. Und wie oft das auch geschieht,
zuletzt ist es doch immer eine Krähe. Freund, ich kenne den
Zauber, laß mich darüber lachen. Behalt nur Deine falsche
Gaukelbüchse. Wär' ich so stark wie Du, ich schlüge sie Dir
an Deinen Kopf. Die Asche Deines Spieles stäubt in meine
Augen. Ich helfe Dir nicht länger mehr blasen, wenn Du
mich nicht vor all diesem Trug behütest. — Die allgemeine
Einbuße der Welt an Redlichkeit beklagt der Dichter ein
andermal (L. 38, 10): Wie es heute in der Welt steht, ist
das ein mit Freunden wohl ausgestatteter Mann, der neben
zwanzig Verwandten nur einen Freund hat. Früher stand
es wie fünf zu drei, so hat sich die Welt verändert! Wer ihr
bis ans Ende folgt durch dick und dünn, der wird übel dran
sein mit seiner Seele. Wir klagen immer, daß die Alten
sterben und starben; besser wäre es, darüber zu jammern,
daß jetzt Treue, Zucht und Ehre tot sind. Die Menschen
lassen Erben zurück, diese drei jedoch haben keine Kinder.

Mit ähnlichen Sätzen hebt eine nächste Spruchfolge an
(L. 79, 17): Übel ergeht es dem Mann, der hohe Verwandte,
aber keine Freunde besitzt. Fester ist Freundschaft als Sippschaft.
Stammt Einer aus königlichem Hause und hat keinen Freund,

was hilft ihm Alles? Verwandtschaft ist eine Ehre, die einem von selbst zuwächst, Freunde muß man sich verdienen; deshalb kann ein Verwandter ganz gut uns unterstützen, ein Freund aber besser. Gewinnt man einen sicheren, zuverlässigen Freund, den muß man wert halten. Ich weiß das, denn ich habe mir zuweilen Freunde erkoren, die so kugelrund waren, daß sie mir verloren gingen, so gern ich sie festgehalten hätte. Wer nun gegen mich so schlüpfrig ist wie Eis und mich leichthin aufhebt wie einen Ball, der soll mich nicht untreu schelten, wenn ich mich in seinen Händen durchgleitend runde; hin= gegen bleibe ich dem Treuen auch selbst ein Mann von einem Lot und schwer beweglich im Viereck (mit Anlehnung an Horaz, Episteln 1, 1, 100). Wer bunt und wechselnd gegen mich ist, bald so, bald anders, dem wälze ich mich unter den Händen fort. Walther greift auf eine früher kundgegebene Anschauung zurück (L. 81, 15): Man muß sich nicht zu wohl= feil machen. Wollt Ihr Euch bereit finden lassen ohne rechten Lohn, dann büßt Ihr's an Eurem Heile. Es erniedrigt Euch selbst, wenn Ihr mit schlechtem Danke bezahlt werdet. Eure Ehre mindert sich, und überdies habt Ihr den Schmerz, daß Ihr eine Zeit lang schmähliche Hoffnungen nähret. Damit prägt Walther den köstlichen Satz ein, daß Arbeit ohne Lohn unsittlich ist. Und mit dem schönen Spruche sei abgeschlossen (L. 81, 7): Wer erschlägt Löwen und Riesen und überwindet Alle, die mit ihm kämpfen? Das ist der, welcher es versteht, sich selbst zu bezwingen, und der seinen wilden Leib in feste Zucht fügt. Abgeborgte Selbstbeherrschung, die nur vor den Leuten gewahrt wird, die kann wohl vor Fremden erschimmern, aber ihr Glanz ist unstet und schwindet bald.

Klar ist, daß Walther von der Vogelweide in diesen Sprüchen als Ideal des Mannes ein festes, geschlossenes, in sich einheitliches Wesen rühmt, denn die von ihm hart ge= scholtene Untreue bedeutet nicht allein Falschheit und Lüge,

sondern auch innere Unsicherheit, also dasselbe, was Wolfram
von Eschenbach in seinem Parzival „Zweifel" nannte und als
den Keim alles Unglücks im Schicksale des Mannes bezeichnete.
Man kann nun die Darstellung eines solchen Lebensideales
mit Bezug auf die Persönlichkeit des Dichters verschieden
auffassen. Entweder besitzt der Poet die Tugenden, die er
wiederholt und mit Nachdruck rühmt, während er die gegen=
strebenden Eigenschaften verwirft und verabscheut, oder er
möchte jene nur besitzen und diese abstreifen. Nach dem Vor=
ausgeschickten gehen wir wohl nicht zu weit, wenn wir ver=
muten, daß Walther sich selbst und seiner Zeit ein Ideal
männlicher Festigkeit vorhält, das für ihn den obersten Ziel=
punkt seines Strebens bildet, das er aber nicht ganz zu
erreichen vermag. Walther war eben ein sanguinischer Mensch,
dem Wechsel der Stimmungen leicht unterworfen, Weichheit
und Schroffheit liegen ihm beisammen: von plötzlichem Entschluß
war er, von großer Reizbarkeit, überhaupt einem Gemüte,
das auf jeden Eindruck rasch zurückwirkte. Wie seine Schwächen,
seine nervöse Empfindlichkeit, seine Heftigkeit, die Über=
treibungen in seinen Sprüchen und Liedern, so verdankt er
diesem seinem Temperament aber auch die edelsten Impulse,
die Fähigkeit, sich zu begeistern und für eine große Sache
sein Leben einzusetzen.

Es ist kaum eine Täuschung, wenn wir in diesem Verbande
von Eigenschaften die Art des österreichischen Stammes er=
kennen, dem Walther angehörte. Nicht umsonst verweilt er
mehrmals bei dem schönen Grundsatze: Besser sei es, einmal
entschieden „Nein" zu sagen, als vielmals ein unklares „Ja";
denn es wird dadurch zwar eine augenblickliche Mißstimmung
erspart, aber später, wenn sich die Zusage nicht erfüllen läßt,
ein viel größeres Übel hervorgerufen. Walther konnte eben
nicht „Nein" sagen, wie das kein rechter Österreicher heute
noch kann. Walther hält sich in einem Spruche den hohen

Wert der Selbstbeherrschung vor, sie ist ihm gewiß durch seine Leidenschaftlichkeit oftmals sehr schwer gefallen. „Gieb Dich nicht zu wohlfeil, wirf Dich nicht weg", auch diese Lehre erwuchs ihm aus der eigenen trüben Erfahrung, nicht immer hat er mit ausreichender Überlegung sich seine Thätigkeit und seine Genossen gewählt. Er ist von bezaubernder Liebens= würdigkeit, wenn er will, aber auch von verletzender Härte und bisweilen geradezu ungerecht.

Zum epischen Dichter fehlte Walthern die Ruhe und Objektivität, auf die lyrische Poesie wiesen alle seine Gaben. Er wäre kein bedeutender Staatsmann geworden, dazu gebrach es seinem Auftreten an gleichmäßiger, zielbewußter Sicher= heit. Aber er war ein glänzender Herold des Reiches, und wie jeder tüchtige Mensch, mag er sonst noch so beweglich sein, in seinem Organismus einen festen Schwerpunkt haben muß, so besaß ihn auch Walther in seiner Liebe zum Vater= lande, zum deutschen Reich, das er mit einer Bestimmtheit als ein fertiges nationales Gebilde ansah, die zu seiner Zeit nur sehr wenigen hervorragenden Männern gegönnt war.

Vielleicht scheint manchem Leser das Bild Walthers, das hier entworfen wurde, zu wenig günstig, und jedesfalls weicht es einigermaßen von den hergebrachten Vorstellungen ab. Und doch tritt uns Walther, so wie wir ihn gesehen haben, um Vieles menschlich näher, wir empfinden besser mit ihm, er ist uns verständlicher. An seiner Größe büßt er dabei in Wahrheit nichts ein, denn seine Lebensarbeit ist ihm durch die Anlage seines Wesens nicht erleichtert worden. Glücklich, wem ein wohlwollendes Geschick das ruhige Gleichmaß in die Seele legte, den sicheren Kompaß in allen Fährlichkeiten des Daseins! Minder glücklich, aber gewiß nicht weniger rühmenswert, der nicht nur dem Schicksal, sondern auch dem eigenen heißen Blut den Gewinn seines Lebens, die Arbeit und die Ehre, welche Walther immer mit Gottes Huld verbindet, abringen muß. Dieser kämpft den härteren Kampf und ihm gebührt der höhere Lohn. Den erntet auch Walther von der Vogel=weide, denn er ist der einzige deutsche Dichter des Mittel=alters, der uns an sich heranzieht und über die Jahrhunderte weg zu uns spricht, dessen Leid und Freude wir mit ihm durchleben, der uns mitreißt in seiner Begeisterung und die Kraft seines hochbeschwingten Idealismus auch in unsere Herzen flößt.

Walthers Religion.

Wer es heute mit Ernst unternimmt, sich in das Geistes=
leben des deutschen Mittelalters hineinzufinden, dem wird
gleich im Anfange seiner Studien die große Thatsache entgegen=
treten, daß die Religion innerhalb dieser Epoche eine ganz
andere, unendlich viel mächtigere Stellung einnimmt als in
der neuen und neuesten Zeit, von den wenigen Jahrzehnten
vielleicht abgesehen, während derer die Kirchenspaltung alle
Gemüter erschütterte. Der Begriff Religion umfaßte schon
an sich so viel mehr. Nicht nur umschloß sie das Wissen
von Gott, das Verhältnis zwischen Gott und den Menschen,
die Pflichten der Menschen gegen einander, es wurde auch alle
Kenntnis von der Welt überhaupt durch die Religion ver=
mittelt. Und zwar nicht allein, weil die Geistlichen zugleich
die damalige Bildung ganz vorzugsweise verwalteten, sondern
weil die Welt eben nur als freie Schöpfung Gottes angesehen
und verstanden wurde. So war alles Wissen über die Dinge
der Welt im Grunde nur ein Wissen von Gott und seinem
Wirken. Das Universum war von Gott erfüllt, und darum
war die Religion der Atem des mittelalterlichen Lebens.

Auch der alte Germane hatte seine großen Augenblicke
gehabt, in denen er das Dasein der Götter, ihre Macht gegen=
wärtig empfand. Aber das waren ungewöhnliche Momente
der höchsten Erhebung des Gemütes: so fühlte sich der Mann
während der Schlacht in der Hand seines Gottes und hörte
die Rosse der himmlischen Botinnen, der Walküren, über seinem

Haupte dahinbrausen. Er wußte, daß die Schlachtjungfrauen mitwirkten an dem Gewebe des Kampfes, in drei Scharen geteilt, deren erste seine Genossen anfeuerte, die zweite waltete im Getümmel, die dritte löste im Rücken der Feinde die Fesseln der Gefangenen aus seinem Volke. In feierlichen Stunden des Lebens näherten sich die Götter: zum Opfer traten sie herzu; wenn die Runenstäbe geworfen wurden, um die Zukunft zu erforschen; beim Rechtspruch weilten sie im Ringe des Volkes. Große Eindrücke der Natur zeugten von der Anwesenheit göttlicher Macht: der breit hinrauschende Strom, die Quelle, welche aus der unbekannten Tiefe des Felsens emporstieg, die majestätische Einsamkeit des Urwaldes. Dort erfaßte Scheu vor den heimlichen Lebensgewalten auch das Herz des Tapfersten. Doch behielten die tiefsten Eindrücke etwas Unpersönliches. Von wenigen germanischen Göttern lebte ein deutliches Bild in der Seele unserer Vorfahren, vielleicht von dem vornehmen Wodan, dem einäugigen Reiter mit breitem Hut und wallendem Mantel, oder von Donar, dem rotbärtigen Riesentöter, mit breiter Brust, den zermalmenden Hammer in der Faust, ein Bauerngott. Desto dichter waren die Haufen der Dämonen, sie wohnten mit in Haus und Hof, in Keller und Scheune, sie saßen in den Bergen und hüteten Gold undGestein, wälzten die Felsblöcke als riesige Unholde, oder weilten in den Bäumen, auch auf dem lauschigen Grunde von Bächen und Weihern. Als das milde Licht des Christen= tumes aufstieg, sind zwar die großen Götter entwichen, aber die Scharen der kleinen verzogen sich langsam, noch heute spuken sie unter mancherlei Hüllen in Wald und Feld.

Was in heidnischer Zeit Ausnahme war, ist nach der Fest= setzung des Christentumes im Laufe der späteren Jahrhunderte des Mittelalters der herrschende Zustand des Lebens geworden. Die Intensität der religiösen Empfindung, die damals den ganzen Menschen durchdrang, ist außerordentlich. Wie das

gesamte Weltgebäude, so lag auch jede einzelnste Handlung
des Menschen, jeder kleinste Abschnitt seines Daseins in der
Hand Gottes. Diese stärkste religiöse Gebundenheit war aber
naturgemäß die Voraussetzung einer ungemeinen Freiheit im
Leben mit der Welt und den Menschen, sie verlieh den
Einzelnen eine erstaunliche Beweglichkeit und Sicherheit in
wichtigen Entschlüssen. Die Deutschen sind heute vielleicht in
einem gewissen Sinne das seßhafteste Volk der Erde, sie
gelangen am schwersten dazu, aus gewohnten Bahnen zu
treten; die Vorbildung für den „Beruf" und der „Beruf"
selbst füllen das Leben aus. Jeder arbeitet sich so ein
im Kreise seiner Thätigkeit, daß er zwar darin Ausgezeichnetes
leistet, aber auch nur darin, und für Anderes ungeeignet wird,
weil die dazu erforderlichen Organe durch Mangel an Übung
verkümmern. Es handelt sich hier nicht darum, zu erörtern,
ob dies im großen und ganzen gut ist für unser Volk, nur
darum, festzustellen, daß es so ist. Das ganze Gefüge des
staatlichen und privaten Lebens ist heute für diese Stabilität
der Einzelnen eingerichtet. Jedesfalls war das im Mittel=
alter anders. Die Arbeitsteilung war im Handwerke schon
während des dreizehnten Jahrhunderts sehr eingehend, die
Technik ausgebildet, aber die Fähigkeit, die Arbeitsstätte zu
wechseln, sehr viel größer als heute bei dem etablierten
Gewerbsmann. Am sichersten befand sich freilich jeder in der
Genossenschaft von seinesgleichen, alle trugen ihn und er half
alle tragen. Aber wer aus seinem Kreise heraustrat, fand
sich doch völlig ungebunden. Auf diesen Verhältnissen beruht
die ganze Novellenlitteratur des Mittelalters, die, mit der
heutigen Lage verglichen, fast märchenhafte Zustände persönlicher
Freiheit und Bewegung darstellt. Man erinnere sich nur
einzelner geschichtlicher Thatsachen, z. B. des sogenannten
Kinderkreuzzuges von 1212, wo Tausende halbwüchsiger
Knaben und Mädchen dem fernen Osten zuwallten. Sie sind

meistens verdorben und verkommen, und um diesen Kinder=
kreuzzug brauchen wir das dreizehnte Jahrhundert nicht zu
beneiden, allein man stelle sich blos die Lockerheit der
gesellschaftlichen Ordnung vor, welche den wandernden Scharen
die Fahrt durch das südliche Europa ans Meer möglich
machte. Uns erscheint alles dies nur erklärlich, wenn wir
jenes innere Gleichgewicht in Anschlag bringen, das die
gläubigen Menschen des Mittelalters auszeichnete.

Wir haben keine Ursache zu vermuten, es sei um Walther
von der Vogelweide anders gestanden, als um eine große
Zahl, wahrscheinlich die Mehrzahl, seiner Zeitgenossen. Kein
einziges Zeugnis spricht dawider, daß Walther ein über=
zeugungstreuer Christ, das heißt Katholik, gewesen ist. Auch
seine Sprüche gegen den Papst dürfen dabei nicht angeführt
werden: wie früher hervorgehoben wurde, ist es von den
Deutschen jener Jahrzehnte kaum als Sünde betrachtet worden,
den weltlichen, auf das Regiment der Staaten bezüglichen
Maßregeln des Papstes zu widerstehen. Wäre es Sünde
gewesen, dann hätte sich fast jeder der damaligen Fürsten und
Bischöfe, überhaupt der Herren, die an politischen Dingen
beteiligt waren, mindestens einmal in seinem Leben deren
schuldig gemacht. Andererseits besitzen wir ganz klare und
unumstößliche Zeugnisse über Walthers Gläubigkeit, das sind
seine religiösen Gedichte.

An erster Stelle wird der berühmte „Leich" genannt werden
müssen (L. 3, 1), ein überaus kunstvoll, symmetrisch, in
schwierigen Strophen gebautes, durchkomponiertes Stück. Es ist
eine Darstellung wichtiger, obschon nicht aller wichtigen Glaubens=
thatsachen und Glaubenslehren, geordnet in der Weise eines
Gebetes, zum großen Teile beinahe, als wenn die Gedanken=
folge des Vaterunsers dabei vorgeschwebt hätte. Es umfaßt
Lob und Preis Gottes, endet aber in einem Beichtgebete.
Das Gedicht beginnt mit dem Bekenntnis der Trinität, deren

Personen wie im Symbolum des heiligen Athanasius erörtert werden. Nun hat des Teufels Rat und die Schwäche des Fleisches uns von Gott entfernt, möge er mit seiner Kraft uns wieder zu ihm verhelfen, dann wird sein Name gepriesen und der Teufel geschändet. Auch die Gottesmutter wird gerühmt und mit den erlesensten der reichen Bilder und Bei= wörter geschmückt, welche die Tradition von Jahrhunderten zusammengetragen hatte, um das Wunder der Menschwerdung Christi zu loben. Nur diejenige Seele kann genesen, die herzliche Reue über ihre Sünden empfindet: eine Wunde, vom Schwert der Sünde geschlagen, muß aus dem Grunde heilen. Das vermag uns aber nur der heilige Geist zu gewähren, der das wilde Herz bezähmt. Nun werden der Vater und der Sohn angefleht, den heiligen Geist zu entsenden. Aber die Christenheit ist voll unchristlicher Dinge; sie liegt krank im Siechenhause und dürstet nach der römischen Lehre. Doch bereitet ihr die Simonie, die weltliche Habsucht in geistlichen Dingen, schweres Leid. Zum Christenthum gehört auch christliches Wirken; wer bloß nach den Worten und nicht auch nach den Werken als Christ lebt, ist halber Heide. Es gehört eben beides zusammen. Darauf wird Maria, die Rose ohne Dorn, die auf Erden und im Himmel von allen Zungen gepriesene, um ihre Vermittelung bei Gott angerufen. Wenn ihr Gebet vor dem Ursprung der Barmherzigkeit erklingt, dann dürfen wir hoffen, daß die Schuld erleichtert werde, mit der wir uns belastet haben. Das Bad unserer Reinigung wird die Reue sein, welche außer Gott und Maria niemand zu spenden vermag. — Es ist unmöglich, von der reinen Poesie, von der lauteren Frömmigkeit dieses Stückes durch einen Auszug die richtige Vorstellung zu geben.

Walther hat den tiefsten Eindruck von Gottes Macht empfangen, die nicht ausgefunden werden kann. Du bist so lang und breit, sagt er einmal (L. 10, 1), daß alle unsere

Mühe verloren sein würde, wollten wir versuchen, darüber nachzudenken. Deine Macht ist unermessen wie die Dauer Deiner Ewigkeit. Viele forschen nach dem Geheimnis, aber es bleibt unserem Verstande unzugänglich, denn man kann Dich nicht abschätzen, wie Du das Größte umschließest und in das Kleinste eindringst. Ach, des Thoren, der Tag und Nacht daran wendet, zu erfahren, was nirgends je geprebigt und durch Dekret bestimmt worden ist.

Walther bekennt seine Sündhaftigkeit und daß die Welt zwischen ihn und Gott, seine Leidenschaft zwischen ihn und das Sittengebot trete (L. 26, 3): „Du großer Gott, wie selten ich Dich schon gepriesen habe! Da ich doch Wort und Weise danke Deiner Gabe, wie mag' ich's so zu freveln unter Deinem Stabe? Ich thu' die rechten Werke nicht, noch heg' ich wahre Minne zu meinem Nächsten, Herr und Vater, noch zu Dir: am allerliebsten war ich immer selber mir. Der heilige Geist, so bitt' ich Gott, erleuchte meine Sinne. Wie kann ich Jenen lieben, der mir Böses thut? Stets lieb' ich diesen mehr, der Freund mir ist und gut. Vergieb mir meine Schuld, o Herr, und meinen starren Mut!“ Aber schon kehrt sich der Sänger von der falschen Liebe ab zur rechten (L. 81, 31): Minne ist weder männlich noch weiblich, sie hat weder Seele noch Leib und läßt sich keinem wirklichen Wesen ver= gleichen. Zwar kennen wir ihren Namen, sie selbst jedoch ist uns fremd. Es vermag aber niemand ohne sie Gottes Huld zu erwerben. Sie kommt zwar nie in ein falsches Herz, aber doch sind nach den echten Minnemünzen nun seit kurzem falsche Stücke geschlagen worden. Wer sich aber recht auf die Prägung versteht, dem verpfände ich mich als Bürge für die Wahrheit, daß er von keinem Laster etwas zu fürchten hat, wenn er sich dem Gefolge der Minne an= schließt. So angesehen ist diese Minne im Himmel, daß ich sie dahin um ihr Geleit bitte. Und wie gefahrvoll der Weg

zum Himmel ist, lehrt Walther ein andermal (L. 26, 17):
„Die Weisen raten, wer zum Himmelreiche fahre, daß er vor=
her sich wohl behüte und bewahre, damit, wer auf dem Wege
hält, ihn heil vorüber lasse: ein Räuber nennt sich „Mord“,
der schadet sehr der Straße, und mit ihm zieht ein schwer
Gebannter, der heißt „Brand“, und den man „Wucher“ tauft,
der hat schon gar verrannt den Pfad, trotzdem sind noch der
Wegelagerer mehre. Denn „Neid“ und „Haß“, die sprengen
dort die Quere, schamlos, ganz ohne Maß und Ehre, und
Mancher noch bricht vor, deß ich wohl gern entbehre.“ Wie
die rechte Liebe sich bethätigt, zeigt der Dichter in einem
schönen Spruch (L. 22, 3): „Wer ohne Furcht, o Herr und
Gott, will sprechen Deine zehn Gebot' und bricht sie doch,
dem fehlt die rechte Minne. Es ruft Dich „Vater“ früh und
spät gar Mancher, der als Bruder mich verschmäht, der spricht
die strengen Worte dann mit schwachem Sinne. Wir Alle
sind aus gleichem Talg gegossen; es nährt uns Speise, die,
sobald wir sie genossen, verliert, den sie zuvor besaß, den
Wert. Wer weiß den Herrn vom Knecht zu unterscheiden,
hat er sie lebend noch so gut gekannt, wenn er nichts als die
nackten Knochen fand, das Fleisch von Würmern völlig war
verzehrt? Nur Einem dienen Alle: Christen, Juden, Heiden,
ihm, der die Welt erschuf und sie ernährt.“ Der Gedanke,
den der zweite Teil dieser Strophe enthält, ist durch Wolfram
von Eschenbach besonders nachdrücklich hervorgehoben und in
seinen Folgerungen für das Leben ausgeführt worden; in der
einfachsten Gestalt, die Walther ihm hier giebt, findet er sich
wiederholt in verschiedenen Kirchenschriftstellern, die darauf
hinweisen, daß auch Juden und Heiden Gottes Geschöpfe
seien, und die Bedeutung dieses Satzes für die christliche
Moral betonen.

Den Weg zum Himmel, den Walther sucht und dessen
Gefahren er so eindrucksvoll schildert, beschritten auch die

tapferen Männer, die auszogen, das heilige Land von den
Heiden zu befreien und den christlichen Gottesdienst an den
Stätten der Wirksamkeit des Heilands zu sichern. Walther
selbst hat keinen Kreuzzug mitgemacht, und die Worte, welche
darauf hinzudeuten schienen, stellen nur mit einem geläufigen
Kunstmittel der Poesie den Dichter selbst als Teilnehmer der
Fahrt dar, ohne daß sie als historisches Zeugnis für eine
Thatsache aufgefaßt werden dürfen. Zudem ist dieses Gedicht
für die Kreuzfahrer bestimmt, mußte also enthalten, was jeder
Pilger singen konnte. Doch sind die beiden Kreuzlieder
Walthers aus tief gewurzelter, frommer Empfindung hervor=
gegangen, die er nicht ergreifender hätte aussprechen können,
wäre er selbst mitgezogen. Das erste davon ist wahrscheinlich
1217 entstanden, wie sich aus der Übereinstimmung mehrerer
Stellen mit dem Ausschreiben des Papstes Honorius ergiebt,
durch das die Christenheit zum Kreuzzuge aufgefordert wurde.
Es beginnt mit einer Anrufung des heiligen Geistes (L. 76, 22),
welcher der Trost der Welt ist. Er, der aller Verwaisten
sich erbarmt, möge auch dieses Leid rächen helfen. Christus,
der uns von der Sünde erlöst, uns durch sein Blut den
Himmel erschlossen hat, wird die Herzen derer zur Reue
entflammen, die jetzt aufs Meer wollen. So werden die
Pilger nun das heilige Land erlösen, indem sie dem obersten
Lehensherrn Leben und Gut als Zins darbringen. Dafür hilft
ihnen Gott von ihrem bösen Pfandgläubiger, dem Teufel.
Das kurze Leben schwindet dahin; kommt der Tod, so trifft er
uns als Sünder, und nur wer unter Gottes Gesinde eintritt,
kann der Hölle entgehen. Bei alledem giebt es aber Gottes
Gnade. Die Wunden Christi, die bluteten, so lange sein
Heimatland geknechtet war, heilen jetzt, da es befreit wird. Die
Königin aller Frauen wird um Hilfe gebeten, da deren Sohn
dort seine Menschheit hingab. Jetzt sollen die Heiden besiegt
werden und das Szepter fürchten lernen, das auch die Juden

züchtigt. Reiches Lob erschallt dem Kreuze von den Pilgern: erlösen wir das heilige Grab. Geht auch unser Leib zu Grunde, so erwerben wir doch das ewige Leben. Gott hat mit seinem Kreuzestod uns das Heil ermöglicht; wer sich nun in festem Glauben an ihn wendet, der wird selig. Dem sündigen Leibe sind seine Jahre zugemessen, schon hat uns der Tod gezeichnet. Nun ziehen wir einmütig dahin, das Himmelreich durch ge= duldige Hingabe unseres Lebens zu gewinnen. Dort rächt Gott als Held seinen Schmerz, wo jetzt die Scharen aus vielen Landen wallen, ein Heer des heiligen Geistes. Gott möge uns mit seiner Rechten beschützen und uns vor der Hölle bewahren, sobald unser Ende naht. Uns allen ist bekannt, wie

das heil'ge Land, das reine

ist hilflos und alleine;

Jerusalem, o weine,

daß du vergessen bist.

Wie sich die frechen Heiden

an deiner Knechtschaft weiden!

O laß dich solcher Leiden

erbarmen, Jesu Christ!

Dieses Lied ist in Strophen von zwanzig Zeilen abgefaßt, die wiederum in Gruppen zu je vieren geteilt sind, jede aus drei Versen mit klingendem Reim gebildet und durch eine stumpfreimige abgeschlossen. Das giebt diese kleinen Abschnitte, wie sie heute noch in deutschen Wallfahrtsgesängen üblich sind und damals in lateinischen gebraucht wurden. Dem Zwecke des Liedes ist auch sein Inhalt angepaßt: keine schwierige Konstruktion der Sätze, jeder Vers steht für sich mit einer Angabe oder Thatsache und erlaubt somit an seinem Ende den für die Verbindung von Singen und Marschieren notwendigen Einschnitt. Alles so einfach als möglich und darum so wirksam. Noch heute, wenn wir es vor uns hin= lesen, spüren wir den schönen Schritt dieses Gesanges, wie

die alte Melodie von Tannhäusers Bußlied in der Jenaer
Handschrift, wie Richard Wagners Pilgerchor, wie das Ave
Maria von Robert Franz ihn einhalten. Der Rhythmus
des Gedichtes vermittelt die Stimmung.

Wenn wir die schlichte Frömmigkeit im Sinne behalten,
die Walther bei diesem Liede erfüllt, dann gewinnen wir auch
den richtigen Standpunkt für die Beurteilung eines anderen
Gedichtes, das sehr verschiedenartig aufgefaßt worden ist
(L. 78, 24). Der Sänger beginnt mit einem Lobe Gottes,
das sich in den kirchlichen Formeln bewegt, darauf folgt
ein Preis Marias, der süßen Magd, der ihr Sohn nichts
verweigert, die uns den höchsten Trost gewährt, weil ihr
Wille im Himmel geschieht. Das ist die Auffassung von dem
Einfluß der Fürbitte Marias bei Gott, die in unzähligen
Legenden des Mittelalters zum Ausdruck gelangt und in der
später sich immer mehr steigernden Verehrung der jungfräulichen
Mutter Christi. In der nächsten Strophe werden die drei
Erzengel Michael, Gabriel und Raphael getadelt, weil sie den
Schutz des heiligen Landes sich so wenig angelegen sein lassen,
unerachtet, daß jeder von ihnen drei Scharen von Engeln zur
Verfügung hat. Wenn sie gelobt werden wollen, so mögen
sie zuerst den Heiden schaden; sie jetzt zu loben, setzte sie nur
dem Spotte der Sarrazenen aus. — Diese beiden letzten
Strophen enthalten weder eine Lästerung noch einen frivolen
Scherz; es ist vielmehr in ihnen die harmlos gemütliche
Auffassung vertreten, welche in vielen Volkslegenden das
Heilige sich menschlich näher zu bringen sucht. Wüßten wir
mehr von solchen Erzählungen, wie sie Hans Sachs ein
paarmal köstlich bearbeitet hat, wie die „Böhmischen Christus=
sagen" sie enthalten, so würde diese Mahnung an die Erz=
engel, dem andauernden Unglück der christlichen Heerfahrten
ins heilige Land durch thatkräftige Hilfe zu steuern, weniger
dem Mißverständnis ausgesetzt sein.

Walther hat noch einmal ein Kreuzlied (L. 14, 38) ver=
faßt, und zwar im Auftrage Kaiser Friedrichs II. Die Ent=
stehungszeit läßt sich nicht genau bestimmen, jedesfalls nach
1225, wahrscheinlich 1227 ist es gedichtet. Dieser Gesang
wurde sehr beliebt, man sieht dies am klarsten an den Fort=
bildungen und Umgestaltungen, die er im Volksmunde erfahren
hat. Auch hier weiß Walther aufs beste den einfachen, zum
Herzen redenden Ton zu treffen; das mögen die ersten
Strophen zeigen:

> Nun erst leb' ich recht im Werte,
> seit mein Sünderauge sieht
> jene gottgeweihte Erde,
> die in höchster Ehre blüht.
> Mein ist, was ich stets erbat,
> da den Boden ich betrat,
> wo einst Gott gewandelt hat.
>
> Was ich auch an schönen Reichen
> auf der Wanderfahrt gesehn,
> keines kann sich dir vergleichen,
> wo der Wunder viel geschehn.
> Hehr vor aller Engel Schar
> eine Magd ein Kind gebar;
> ob das nicht ein Wunder war?
>
> Hier ließ sich der Reine taufen,
> daß der Mensch gereinigt sei;
> ließ für uns sich hier verkaufen,
> daß wir Knechte würden frei.
> Und aus Speer und Kreuz und Dorn
> floß uns zu der Gnade Born,
> d'rob erglüht der Heiden Zorn.

Darauf wird die Auferstehung Christi berührt, der trotz seiner menschlichen Natur in der Trinität aufgeht, sein Umherwandeln vor der Himmelfahrt, das jüngste Gericht, das ebenfalls im heiligen Lande, und zwar im Thale Josaphat, stattfinden wird. Dieses durch Christi Leben und Wirken uns so teuer gewordene Gebiet wird von drei Völkern, den Christen, Juden und Heiden in Anspruch genommen; Gott wird die Entscheidung treffen, und die kann nicht anders als zu Gunsten der Gerechten, der Christen, ausfallen. — Man hat dieses Gedicht „eine kühle, trockene und schwunglose Erzählung vom Leben und Leiden Christi" genannt. Will man jedoch altdeutscher Poesie überhaupt und religiöser insbesondere gerecht werden, so darf man sie nur aus ihrer Zeit heraus beurteilen. Die Ereignisse in dem irdischen Dasein Jesu Christi sind damals so sehr als das Heiligste empfunden worden, daß es vollauf genügte, an sie mit schlichten Worten zu erinnern. Eine poetische Darstellung mit starken Mitteln vertrugen sie zu jener Zeit gar nicht; diese wurde erst dann erforderlich und fand sich von selbst ein, als die Kraft der religiösen Empfindung in der Masse der Menschen sich gemindert hatte. Der große Leich Ezzos von den Wundern Christi hat 1064 trotz der Nüchternheit, die wir darin zu spüren glauben, außerordentlich gewirkt. Die Predigten, auch die eindrucksvollsten nach den Zeugnissen der Zeitgenossen, entbehren bis zur Mitte des dreizehnten Jahrhunderts ebenfalls ganz des Schmuckes, und wir staunen, wenn wir lesen, welche Macht die simplen Worte auf die Gemüter ausgeübt haben. Daß Walther dieses berühmte Kreuzlied gerade so abfaßte, wie wir es besitzen, liefert uns den Beweis, daß er sich durchaus in Übereinstimmung mit der Gefühlsweise seiner Zeit befand.

Noch darf man zu den Kreuzliedern eine Gruppe von Sprüchen zählen, die viel reicher und farbiger gehalten sind, weil sich in ihnen weltliche und religiöse Stimmungen vermischen (L. 13, 5):

Ruft dreimal weh, uns Faulen ist entrissen
die Lust der Erde und des Himmels Lust;
wir haben keiner Arbeit uns beflissen,
da nur der Lenz zu locken uns gewußt.
Mit flüchtigen Blumen schmückten wir die Brust
und horchten auf der Vöglein kurzen Sang;
wohl dem, der nur nach ewigen Freuden rang!

Ruft dreimal weh, die wir mit Grillen sangen,
statt daß wir dachten an die Winterszeit
und mit der Ameis' um die Wette rangen,
die nun genießt der Sommeremsigkeit.
Es ist der alte, ewige Erdenstreit:
der Thor verachtet stets der Weisen Rat.
Dort wird man sehn, wer hier gelogen hat.

Ruft dreimal weh, wie in dem deutschen Lande
Verstand und Ehre, Gold und Silber schwinden!
Wer diese hat und bleibt zurück mit Schande,
dem wird der Lohn des Himmels sich entwinden.
Er wird nicht Huld bei Frau'n und Engeln finden:
ein armer Mensch auf Erden und vor Gott,
muß er sich fürchten vor der Beiden Spott.

Ruft dreimal weh, es kommt ein Sturmesbrausen,
von welchem ihr schon singen hört und sagen,
der wird mit Grimm durch alle Länder sausen,
daß laut ertönt der frommen Pilger Klagen.
Baum wird an Baum und Turm an Turm zerschlagen,
dem Stärksten schleudert er das Haupt herab;
o laßt uns fliehen nach dem heiligen Grab!

Der Sturm, von dem hier die Rede ist und dessen
mächtiger Eindruck diese Strophen angeregt hat — keine alle=

gorische Vorstellung vermag die Phantasie des Dichters so in
Bewegung zu setzen — wird von den Chronisten zum Dezember
1227 erwähnt. Die Klagen über die Weltlage sind hier mit
tiefer Erregtheit vorgetragen und mit der Hoffnungslosigkeit
des Greises, der die besseren Zeiten nicht mehr sehen wird.
In der Bemühung um das Heil der Seele erblickt der Sänger
allein die Rettung.

Aus derselben trüben Auffassung der Dinge im Spät=
herbste des Lebens, der nur in religiöser Erhebung noch Glück
winkt, ist ein wunderschönes Lied (L. 122, 24) hervorgegangen.
Mit Bezug auf die Einleitung von Wolframs Parzival be=
ginnt Walther: Ein Meister lehrte, drei Dinge seien gleich
unzuverlässig: Traum, Spiegelglas (anderes Glas war dem
Dichter nicht wohl verfügbar) und Wind. Aber auch vieles
sonst hat sich als kurzlebig erwiesen: Laub und Gras, Blumen,
die rote Haide, an der ich meine Freude hatte, sie dauern nicht
aus. Der süße Vogelsang schwindet, sobald die Linde fahl wird.
Die Welt wird häßlich. Unbeständig ist auch die Hoffnung,
die ich auf die Welt setze, denn sie nimmt ein schlimmes Ende.
Ich sollte sie aufgeben, damit sie meiner Seele nicht schadete.
Denn ich hege große Sorgen für mein armes Leben, Zeit ist's
zur Buße. Ich bin siech und fürchte die Härte des grimmen
Todes. Rot und bleich werden meine Wangen vor Angst.
Wie kann ein Mann, der nur zu sündigen weiß, Zuversicht auf
guten Ausgang gewinnen? Seit ich gut und bös zu sondern
verstand, griff ich (wie der kleine Moses vor Pharao nach der
kirchlichen Überlieferung und Predigt) gerade zur schlimmen
Seite in die Glut hinein und mehrte des Teufels Ruhm. Des=
halb muß ich jetzt mich abhärmen; möge Jesus mir mein Fallen
erleichtern! O du heiliger Christ, der Du über alle Welt
herrschest, verleihe mir die Klugheit, daß ich binnen kurzem
die Gemeinschaft mit Dir erwerbe, deren Deine Auserwählten
genießen. Mit sehenden Augen war ich blind und kindisch,

trotzdem ich meine Missethaten der Welt zu verhehlen wußte. Reinige meine Seele, o Herr, noch bevor meine Gebeine in das Thal der Verlorenen gesenkt werden! —

Diese rief ergreifenden Strophen sind aller Wahrscheinlichkeit nach das Letzte, was der erkrankte greise Dichter geschaffen hat. Die Fittiche des Todes rauschten über seinem Haupt, und er hat das Lied nicht fertig gebracht, Mängel und Unebenheiten nicht beseitigen können. Das Gefühl der Schuld, wie es in solch' schwerer Stunde das menschliche Herz belastet, atmet in diesen Versen und löst sich auf in Demut und ergebener Hoffnung. Wir dürfen nicht glauben, daß Walther erst als alternder Mann fromm geworden sei; aber nur natürlich ist es, daß, je ernster seine Stimmung überhaupt durch die Erfahrungen seines Lebens wurde, er desto mehr auch den religiösen Gedanken sich zuwandte, unter deren Einwirkung er herangewachsen war. Was ihm in der Zeit des Scheidens mit erschütternder Gewalt vor die Seele trat, das ist nicht aus der Niedergeschlagenheit des Augenblickes entsprungen, das wurzelt tief in seinem ganzen Wesen und Empfinden. Tritt es in seiner Poesie stärker hervor, als seine Tage sich neigen, so gewährt uns das noch kein Zeugnis wider die religiöse Gesinnung des Jünglings und Mannes: Walther von der Vogelweide war ein Christ im vollen und ganzen Sinne seiner Zeit.

XII.

Die letzten Klänge.

Haben wir um des besseren Zusammenhanges willen schon etliches vorweggenommen, so erübrigt uns hier noch Walthers Lebensabend zu betrachten. Wir dürfen uns seine Lage ganz behaglich denken. Das Lehen, das er von Kaiser Friedrich II. erhalten hatte, lag vielleicht in den anmutigen Fluren des Gaues von Würzburg, einem Kerngebiete des Frankenlandes; wenigstens gab es noch im 14. Jahrhundert dort einen Hof seines Namens. Es hat sein Bedürfnis gewiß reichlich gedeckt und, verbunden mit späteren kostbaren Geschenken des Kaisers und anderer Fürsten, die Sorge fern gehalten. Walther blieb thätig, wie er nicht anders konnte, die Freude des Schaffens hat ihn nicht verlassen. Sie quoll immer von neuem aus dem Gefühle innerer Befriedigung, mit dem er auf seine Lebens=arbeit zurückblicken durfte. Diese stille Gefaßtheit, an der die Resignation ihren Anteil hat, findet sich in einem schönen Gedichte (L. 66, 21) ausgesprochen: Ihr reinen Frau'n und edlen Männer — so redet er die junge Zuhörerschaft seiner Phantasie an — mit mir steht es so, daß Ihr mir liebens=würdigen und ehrerbietigen Gruß spenden sollt. (Obgleich ich nicht mehr vor Euch singe), seid Ihr mit allem Grunde dazu jetzt noch mehr verpflichtet als früher. Und ich will Euch sagen, warum: gut vierzig Jahre oder mehr habe ich jetzt von Minne gesungen wie nur irgend einer. Als ich anfing, war ich munter und lebhaft mit den Andern. Jetzt geht das nicht mehr, Ihr seid dran. Dazu möge Euch mein alter Sang

verhelfen und dafür werde Eure Huld mir zu teil. Wenn=
gleich mich das Alter zwingt, am Stabe zu gehen, so werde
ich doch um alles Ehrenvolle (als wenn ich jung und rüstig
wäre) und strebe unverzagt, wie ich es von Kind auf gehalten
habe. So bin ich also auch, mag ich sonst noch so wenig
sein, an Würde nicht arm und stehe ganz hoch genug in meinem
Kreise. Darüber kränken sich die, deren Gesinnung wahrhaft
niedrig ist. Mir schadet das freilich nichts, die anständigen
Männer halten desto mehr auf mich. Der tadellosen Ehren=
haftigkeit, die sich andauernd bewährt hat, soll man das
höchste Lob zollen, und in der That giebt es kein rühmens=
werteres Leben als rechtthun bis zum Ende. (Doch das ist
Alles weltlich und vergänglich, Ehre, und nicht Gottes Huld.)
Welt, den Lohn, den Du zu vergeben hast, habe ich kennen
gelernt. Mit der einen Hand spendest Du, mit der anderen
nimmst Du. Schließlich ziehen wir doch Alle nackt von Dir
ab. Schäm' Dich, wenn es mir auch so gehen soll, der ich
Leib und Seele — ach, das war zu viel! — tausendmal für
Dich gewagt habe. Nun bin ich alt und Du treibst Dein
Spiel mit mir: ärgere ich mich, so lachst Du mich nur aus.
Lach' nur noch eine Weile fort, der Tag Deines Jammers
wird bald heranziehen und entreißt Dir Alles, was Du uns
genommen hast: mit Brand wird er Dich zur Strafe ver=
wüsten. Möchte doch wenigstens meine Seele Heil erfahren!
So lange ich mit der Welt lebte, habe ich viele Menschen
froh gemacht, Männer und Frauen. Hätt' ich nur dabei mich
selbst zu retten gewußt! Aber, lobe ich des Leibes Minne, so
schadet das der Seele. Sie sagt mir dann, ich lüge oder
rede irre. Nur der wahren, der himmlischen Liebe spricht sie
Dauer zu und rühmt, wie gut sie sei und unvergänglich.
Darum, Leib, laß jene Minne, die ja auch Dich verläßt, und
halte Dich an die ewige Liebe. Die Leidenschaft, um die
Du Dich bisher bemühtest, sie ist unvollkommen und trügerisch.

(In Dir, mein Leib) hatte ich mir ein herrliches Bildwerk
(eine sprechende Statue) auserwählt; o weh, hätt' ich es nie
gesehen und so viel Umgang mit ihm gehabt! Jetzt hat es
seine Schönheit und Beredsamkeit eingebüßt. Einst wohnte
in dem Leibe ein Wunder, das ist entflohen, ich weiß nicht
wohin; nun schweigt es. Und an die Stelle von Rot und
Lilienweiß des Antlitzes trat die Fahlheit der Kerkerhaft,
Duft und Glanz schwanden dahin. Du, mein Bild, wenn
ich, die Seele, in Dir eingekerkert bin, so laß mich frei, damit
wir an anderer Stätte froh uns wiederfinden. Denn wieder=
finden werden wir uns.

Mit größerem Behagen gestaltet ein anderes Lied den
Abschied des Dichters von den irdischen Freuden (L. 100, 24):
Frau Welt, Ihr müßt dem Wirte sagen, daß ich ihn ganz
bezahlt schon habe — die große Schuld ist abgetragen — daß
er mich aus dem Schuldbrief schabe. Wer ihn zum Gläubiger
hat, dem macht es Sorgen. Eh' ich ihm lange schuldig wär',
wollt' ich bei einem Juden borgen. Er schweigt bis auf den
letzten Tag: dann fordert er ein Pfand von dem, der sich zu
lösen nicht vermag. — „Walther, Du zürnst mir ohne Not,
bei mir hier sollst Du bleiben. Gedenk', welch' Ehren ich Dir
bot, ganz Deinen Willen konntst Du treiben, wie Du mich ja
so dringend batest. Mir war's nur recht im Herzen leid, daß
Du es allzu selten thatest. Bedenk' Dich doch, Du lebst ja
gut; und kündigst Du die Freundschaft mir, so wirst Du nie
mehr wohlgemut." — Frau Welt, zu viel hab' ich gesogen,
entwöhnen muß ich, es ist Zeit. Fast hat Dein Zärteln mich
betrogen, mit Freuden warst Du stets bereit. Als ich Dir
recht sah ins Gesicht, da war Dein Antlitz wunderschön, ich
lüge nicht; doch warst Du so der Gräuel voll, als ich von
rückwärts Dich erblick', daß ich Dich immer schelten soll. —
„Da ich's zu ändern nicht vermag, so thu nur Eins, das ich
begehr': vergiß nicht manchen heitern Tag und sieh doch nur

mitunter her, wenn Du bei langer Weile mich vermißt."

„Das thät' ich wahrlich allzugern, nur fürcht' ich Deine böse
List, vor der sich Niemand weiß zu wahren.   Drum sag' ich
„gute Nacht", Frau Welt, zur Herberg' muß ich fahren."
Die Durchführung der Allegorie, die den Teufel als Inhaber
eines Wirtshauses darstellt, in dem die reizende Frau Welt
als Schenkmädchen die Gäste festzuhalten sucht, wie Venus
den Tannhäuser im Hörselberge, ist ungemein lebendig und
dabei doch so diskret, daß sie nur der reifsten Kunst gelingen
konnte.

Es findet sich überhaupt in Walthers letzten Gedichten
eine Fülle von Anschauungen und Gedanken, eine Tiefe der
Empfindung, eine Reichhaltigkeit des spielenden Ausdruckes —
verbunden mit der Lockerheit und Freiheit der Satzfügung,
wie sie bei alternden Dichtern eintritt, aus Shakespeare ist
dies am bekanntesten — wodurch es sehr schwierig wird,
eines der Stücke vor den übrigen auszuzeichnen.   Jedesfalls
gehört zu seinen schönsten Gedichten überhaupt die sogenannte
„Elegie" (L. 124, 1):

O weh, wohin entschwunden ist mir so manches Jahr?
War nur ein Traum mein Leben oder ist es wahr,
was ich auf Erden schaute mit meiner Augen Licht?
Gewiß, ich hab' geschlafen und ich weiß es nicht.
Und nun bin ich erwachet und ist mir unbekannt,
was ich vor Zeiten kannte wie diese meine Hand.
Wo ich als Kind gewandelt auf meiner Heimat Höh'n,
sieht man mich an, als hätten sie niemals mich gesehn.
Die mir Gespielen waren, wie träg sind sie und alt!
Wo einst im heiligen Dunkel gerauscht der Tannenwald,
da seh' ich stolze Pflüge die tiefen Furchen ziehn,
nur Du, geliebtes Wasser, strömst noch wie sonst dahin.
Ja selbst der Freund, von dem ich einstens schied mit
                                    warmem Kuß,

geht jetzt an mir vorüber und schenkt mir keinen Gruß.
Drum weh mir, wenn ich denke an manchen schönen Tag,
der mir dabei zerronnen, wie in das Meer ein Schlag;
für immer weh, o weh!

O weh, wie traurig blicken die Jünglinge vor sich,
sie, denen nie vor Kummer die Wange sonst erblich!
Auf ihren Schultern lasten nun Sorgen bang und schwer,
wohin der Blick sich wendet, ist alles freudenleer.
Kein Tanz auf grüner Haide, kein Lachen, kein Gesang,
man sah noch nie die Christen so jammervoll und bang.
Wie auf dem Haupt der Frauen das Stirngebände ruht,
und wie sich bäurisch kleiden die Ritter hochgemut!
O Deutschland, armes Deutschland, wohl hast Du Grund
                              zu klagen,
Rom hat Dich nie gesegnet, Du hast jüngst Bann ertragen.
Das thut mir weh, o glaubt mir, einst war's so wonnevoll,
daß ich, anstatt zu lachen, nun weinen, weinen soll.
Die Vöglein selbst im Walde betrübet unser Klagen,
was Wunder, muß ich Ärmster darüber ganz verzagen?
Was sprichst Du? Nein, es war ja der Zorn nur, der so
                              sprach:
wer Erdenwonnen folget, verliert den Himmel, ach,
für immer weh, o weh!

O weh, wie lieblich duften die Blumen dieser Welt!
Und doch ist all ihr Honig vergiftet und vergällt.
Es ist die Welt von außen so weiß, so grün, so rot,
doch sieht man sie von innen, ist schwarz sie wie der Tod.
Wer nun durch sie verderbt ist, der komm', ich weiß ihm Rat:
der Büßer findet Gnade für schwerste Missethat.
Auf, Ritter, auf, und heftet Euch an des Kreuzes Bild!
Wozu tragt Ihr die Helme, wozu den festen Schild,

wozu den lichten Panzer, die Schwerter, die geweihten?
Daß ich auch wert doch wäre, für Dich, o Gott, zu streiten!
Ich armer Mann, ich könnte verdienen reichen Sold.
Nicht Ackerland, nicht Burgen und nicht der Herren Gold,
die Himmelskrone selber möcht' auf dem Haupt ich tragen,
die der geringste Söldner durch Speerwurf kann erjagen.
O daß ich ziehen könnte mit Euch wohl über die See,
wie würd' ich singen und jubeln: „Heil mir!" und nicht:
o weh!
o nimmer weh, o weh!

Die unsanften Briefe aus Rom, wie Walther im Original
sie nennt, sind des Papstes Bann; daß selbst die wilden Vöglein
durch die Klage des Sängers betrübt werden, weist auf den
Winter dieses Jahres 1227 hin, auf die Zeit, wo der Vogel=
sang verstummt ist; dazu paßt der Kreuzzug, den Walther
zu seiner Kränkung nicht mehr mitmachen kann. Auch hier
blickt der Dichter mißbilligend auf die Gegenwart und vergleicht
sie trauernd mit der früheren Zeit. Es geschieht dies aber
nicht verdrießlich und ärgerlich, sondern mit Wehmut und im
Bewußtsein dessen, daß alle solche Vergleiche doch eigentlich
auf der Wiederspiegelung des Abstandes beruhen, der zwischen
der frisch aufquellenden Jugendkraft und dem schwächeren
Lebensgefühl des Alters bei jedem Menschen eintritt, wenn=
gleich er nicht von Jedem so tief empfunden wird. Ob der
Sänger wohl seine Heimat eben wieder gesehen hatte, als er
dieses herrliche Lied schuf? Es wäre ja nicht unmöglich, daß er
noch in seinem letzten Lebensjahre wieder in Österreich gewesen
wäre; wir besitzen kein Zeugnis darüber, und an sich ist es
nicht gerade wahrscheinlich. Auch sind die Angaben, welche das
Gedicht selbst darüber enthält, ganz allgemein und gestatten
keinerlei bestimmten Schluß auf Ort und Zeit.
Nach dem Jahre 1228 erfahren wir nichts mehr von
Walther. Kein Lied, kein Spruch ist vorhanden, die später

anzusetzen wären, und wenn wir uns den Inhalt jenes letzten
Gedichtes (oben S. 190) recht überlegen, so werden wir nicht
zweifeln, daß Walther das schwere Siechtum, dessen er dort
gedenkt, nicht überstanden hat und noch 1228 gestorben ist.
Er hat somit ungefähr 60 Jahre erreicht, was man ein hohes
Alter nennen darf, wenn man die durchschnittlich geringere Lebens=
dauer in jener Zeit und Walthers aufreibende Thätigkeit in
Betracht zieht. Wir wissen nicht wo Walther starb, auch
kennen wir seine Grabstätte nicht, denn Alles, was darüber
mitgeteilt wird, hat sich als späte, sagenhafte Bildung ohne
Gewähr der Thatsachen erwiesen. Es geht Walthern darin
nicht anders als den besten deutschen Dichtern des Mittel=
alters überhaupt; wissen wir doch nicht einmal sicher, ob ein
glücklicher Zufall jenen Ort dem Gedächtnis überliefert hat,
wo die Gebeine von Walthers großem Freunde einst ruhten:
„des strengen Herrn Wolfram von Eschenbach.“ — So bleibt
es denn wenigstens eine That poetischer Gerechtigkeit, wenn
eine volkstümliche Überlieferung uns berichtet, auf dem Grab=
steine Walthers von der Vogelweide, der in das Stift Neu=
münster zu Würzburg verlegt wird, sei nach einem Vermächt=
nis des Sängers den Vögeln Futter und Wasser täglich
gereicht worden. Noch im siebzehnten Jahrhundert, so erzählte
man, ist eine Störung der Singvögel auf der Linde an
Walthers Grabe durch den Tod des Frevlers alsogleich
gerächt worden. —

Walthers Leben umspannt die Blütezeit der altdeutschen
Poesie: in diesen beiden Menschenaltern ist geschaffen worden,
was durch langwierige Prozesse in der seelischen Entwickelung
der Nation, durch nüchterne Arbeit an Sprache und Form,
durch die Überlieferung der Volkspoesie, die Erziehung der
Kirche und die Einwirkung Frankreichs vorbereitet war.
Innerhalb ihres kurzen Höhestandes bildet diese Poesie die
Zustände einer fein erzogenen Gesellschaft ab, bringt aber

auch die große Begabung und Kunst einzelner zur Reife. Über Epik, Lyrik und Didaktik breitet sie sich aus. In zweien dieser Gebiete ist Walther von der Vogelweide unbestritten Meister, er ist die mittelste und beherrschende Erscheinung der altdeutschen Lyrik. Fast trägt er sie auf seinen Schultern, denn er hat sie in ihrer ersten Blüte vorgefunden, bei seiner Pflege ist sie ausgereift und so hat er sie zurückgelassen. Alle die einzelnen Richtungen, die für sich vorher bestanden hatten, verbindet er in seiner Poesie; gegen das Ende seines Lebens teilen sie sich wieder und gehen dann allgemach auseinander, jeder hervorragende Sänger nimmt sich eines besonderen Zweiges an. Es ist ja eine große und herrliche Schar, die der deutschen Minnesänger; man versuche aber, sich Walther aus ihrer Mitte wegzudenken, verlöre sie nicht den besten Glanz, der über sie gebreitet ist? Gern wird zugegeben, daß Walther nicht immer gleich Ausgezeichnetes geschaffen hat, manche Minnelieder Heinrichs von Morungen wird man ein= zelnen Stücken aus Walthers hoher Lyrik vorziehen, aber gegen seine gesamte Persönlichkeit als Dichter treten doch alle Mitwerber zurück. Er entfaltet eben eine Vielseitigkeit, in der es ihm niemand gleich tut. Seine Lieder der niederen Minne sind der schönste Ausdruck der Empfindung, dessen die Sprache damals fähig war, und bewegen uns heute nach sechs Jahr= hunderten mit ihrer ursprünglichen Kraft das Gemüt. Seine Sprüche sind von einem Pathos für Kaiser und Reich ein= gegeben, das vor und nach Walther — man überlege — un= erhört war. Seine religiöse und reflektierende Dichtung bietet das Tiefste, was seine Zeit aus der subjektiven Erfahrung zu gestalten wußte. Ferner: Walthers Gesänge üben ihre starke Wirkung nicht zum geringsten Teile deshalb, weil er ein reiner und großer Mensch war. Nicht ohne Schwächen und hemmende Leidenschaften war er, wie wir gesehen haben, jedoch in den entscheidenden Augenblicken seines Lebens trugen ihn stets die

Impulse seiner Natur über alle Hindernisse weg zu den lichten Höhen, und es entfalteten sich die edlen, einfachen Grundzüge seines Charakters. Er war ein Kämpfer: wider seine Feinde stritt er, wider die Störer der Poesie und die Gegner des Reiches, wider alles Schlechte und Gemeine; seinen schwersten Sieg erfocht er über sich selbst und die Gewaltsamkeit seines Wesens, die doch zugleich das Geheimnis seiner Größe birgt. Er war ein freischaffender Genius, er hatte den höchsten Begriff von seiner Kunst und freute sich an dem, was in Musik und Dichtung ihm gelungen war. Als echter Künstler faßte er aber auch stets die Wirkung seiner Kunst ins Auge: das Gemüt seiner Hörer zu erheben, zu veredeln — denn das meint er mit den technischen Ausdrücken „froh machen, erfreuen" — war das Ziel seines Gesanges. Er hat dabei, wie seine ganze Zeit, an den Nachruhm nicht gedacht, ihm genügte es, gleich den großen Dichtern der Griechen, den Lebenden genug gethan zu haben. Und doch hat er für alle Zeiten gewirkt. Nicht nur, weil seine Sprache so klar und durchsichtig ist, so schön der Fluß seiner Verse, sondern vor allem, weil er aus der Beschränktheit seiner Lebenserfahrung, seiner Bildung, seiner Zeit, das allgemein Menschliche mit sicherstem Gefühl heraus= zugreifen versteht und es in einfache und darum unzerstörbare Worte kleidet. Deshalb muß er auch uns als Klassiker deutscher Poesie gelten. Erst Goethe hat die Weise wieder gefunden, in der einst Walther gesungen hatte, und über die Flut der Zeiten spannt sich die Brücke von dem einen zum andern, von dem größten deutschen Lyriker der neuen Zeit zu dem größten der alten, der auch, wer immer noch kommen möge, einer der ersten Dichter unseres Volkes bleiben wird.

Walther hat nicht für den Nachruhm gedichtet, aber er hat ihn doch errungen. Zunächst wurde ihm zu seiner eigenen Zeit von den Berufenen die höchste Anerkennung zu teil. Wir

sprachen schon von Wolfram. Vor allem aber geschah dies
durch Gottfried von Straßburg. „Wer", so fragte er, nachdem
er den Tod Reinmars beklagt hat, „soll jetzt die liebe Schar
der Nachtigallen anführen und das Gesinde weisen? Ich denke
wohl, daß ich sie finde, die das Banner tragen wird, ihre
Meisterin, die von der Vogelweide. Hei, wie hier über die
Haide ihre hellen Töne klingen! Wie viel Wunderbares bringt
sie hervor, wie kunstvoll setzt sie ihre Melodien in Musik, wie
trefflich weiß sie ihre Tonarten zu wechseln in ihren Minne=
liedern! Die soll Kämmerin sein am Hofe der Minne, soll die
Anderen leiten und wird es vortrefflich, denn sie versteht, wo
sie die Melodien für den Minnesang suchen muß. Sie und
ihre Genossinnen werden durch ihre herrlichen Lieder die sehn=
suchtsvolle Traurigkeit der Minne in Freude umschaffen".
Seinen eigenen Wert behält neben diesem hohen Lobe von
Walthers Musik das Zeugnis des Thomasin von Zirclaria,
dessen wir schon gedachten, des Gegners, der aber gerade durch
die achtungsvolle Rücksicht, mit der er über Walther spricht,
beweist, wie hoch der Sänger von ihm und seinen Zeitgenossen
geschätzt wurde. Einmal läßt sich ein namenloser Berufsgenosse
Walthers vernehmen und ruft ihn an, seinen Trautgesellen
von der Vogelweide, sucht bei ihm Hilfe und Rat, da seine
Geliebte ihm Schmerz bereitet, und hofft, wenn Walther ihn mit
seiner Kunst unterstütze, werde er es noch dahin bringen, daß
er mit ihr Blumen brechen gehe. Sicherlich hat Walther
Schüler gehabt und ist häufig von Jüngern seiner Kunst auf=
gesucht oder (wie durch Reinmar von Zweter) um Rat an=
gegangen worden. Solch' ein Schüler ist wahrscheinlich Ulrich
von Liechtenstein gewesen, nachmals das Haupt des steirischen
Adels, der den Einfluß Walthers in seinen Liedern auf das
deutlichste zeigt und selbst, wie wir hörten, das berühmte „Ihr
sollt sprecht: willkommen" in seinem „Frauendienst" zitiert.
Ein unmittelbar von Walther herangebildeter Sänger war

der reiche Herr Ulrich von Singenberg, Truchseß von St. Gallen, der ihn seinen Meister ausdrücklich nennt und über die Armut seufzt, in der Walther trotz reicher Kunst leben müsse. Er vergleicht damit behaglich seine eigene Lage, er könne spät weg= reiten und komme doch nach Haus (im Gegensatz zu Walther, oben S. 150), und es schadet ihm nichts, wenn er von Haide und grünem Klee singt. Als Walther gestorben war, widmet ihm der von Singenberg einen Nachruf, der bei geringer Kunst doch von aufrichtigem Gefühl zeugt: „Unser Sanges= meister, den man einst den von der Vogelweide nannte, ist jetzt zur letzten Fahrt ausgezogen, die Keinem von uns erspart bleibt. Was hilfts ihm nun, daß er Alles in der Welt er= fahren hatte? Trotzdem ist sein hoher Sinn schwach geworden. Wir wünschen ihm um seines süßen Sanges willen, da jetzt doch seine Weltfreude entschwunden ist, daß jenseits der liebe Vater ihn gnädig unter seinen Schutz nehme." Des Truchsessen Freund, Herr Reinmar von Brennenberg, den die Regensburger erschlugen, bezeichnet ebenfalls in einer Totenklage Walther als „seinen Meister." Persönlich muß ihn auch ein Sänger gekannt haben, der in einer Strophe, die Herrn Rubin, einem Adeligen aus Südtirol, irrig zugeschrieben worden ist, sagt: „Walther, auch Du mit Deinen klugen Sinnen bist fort, der Du die Gunst der Herren genossest. Wehe dieses Unglücks!" Herr Rubin selbst ist gleichfalls einer der Nachahmer Walthers. Diese sämtlich aufzuzählen, ist zur Zeit unmöglich, denn fast alle bedeutenderen Minnesänger der späteren Zeit stehen unter dem Einfluß von Walthers Vorbild und lassen dies in ihrer Sprache, in der Auffassung und Behandlung ihrer Stoffe er= kennen. Der Marner, ein bürgerlicher Sänger aus der zweiten Hälfte des dreizehnten Jahrhunderts, führt unter den Dichtern, deren Abscheiden er beklagt und die einem ruhmreichen älteren Geschlechte angehören, auch Herrn Walther an. Dann aber wird dieser Name mythisch. Frauenlob, der hochfahrende und gelehrte

Wirrkopf, wird, wenn er sich über den alten Sänger erhebt, dessen
Lieder nicht viel besser gekannt haben als der biedere Meister
Barthel Regenbogen, der ihn wieder zu Ehren bringen will.
Hingegen ist Walther noch in die Studierstube des braven
Hug von Trimberg, Schulmeisters in Bamberg, zugekehrt,
und dieser treffliche Mann wußte des Vogelweiders Lieder
und vornehmlich seine Sprüche mit einem dankbaren Gemüte
zu würdigen; er faßt sein Lob in die um ihrer Schlichtheit wegen
schönen Verse zusammen: „Herr Walther von der Vogelweide
— wer deß vergäße, der thäte mir Leid." Von dieser Zeit ab
hat sich Walthers Gedächtnis nur in dem Katalog der zwölf
Ahnherren des deutschen Meistergesanges erhalten und in zwei
Melodien oder Strophengebäuden, die von der Kolmarer
Meistersingerhandschrift „Herrn Walthers von der Vogel=
weide gespaltene und Hof= oder Wendelweise" genannt werden.
Mit dem fünfzehnten Jahrhundert schwindet seine Spur: mit
dem ganzen geistigen Leben des Mittelalters ist für diese
Geschlechter der Renaissance, des Humanismus und der Re=
formation auch Walther versunken.

Nicht für immer. Noch kurz vor Anfang des vernichtenden
dreißigjährigen Krieges tauchen seine Lieder unter den Büchern
eines unruhig schweifenden Gelehrten, Melchior Goldasts
auf, um sich dann beharrlich zu verbergen. Aber sobald eine
neue Litteratur sich zu bilden beginnt, hören wir seinen Namen
wieder. Als Bodmer es mit Breitinger versucht, die altdeutsche
Litteratur zu erwecken, gehört auch Walther zu denen, die
nun von neuem vortreten, seine Dichtungen finden sich am
reichsten in der Pariser, nun Heidelberger, Handschrift, die
jene beiden Schweizer als „Minnesänger aus dem schwäbischen
Zeitpunkte" (1758. 9) zum Druck beförderten. Aber dieses
Werk blieb zunächst erfolglos, denn die Zeit war dafür noch
nicht reif, andere Aufgaben lagen näher und waren bringen=
der. So ist auch ziemlich alles, was man sonst noch im acht=

zehnten Jahrhundert für die altdeutsche Poesie unternahm, mochte es von Gelehrten ausgehen oder von den Führern der Litteratur, von Klopstock, Gleim, Lessing, den Göttingern und Bürger, oder Herder, zu Boden gefallen; nicht unfruchtbar überhaupt, sondern nur einstweilen fruchtlos. Erst die Romantik, die Nachblüte unserer neuen klassischen Dichtung, hat zur Zeit der Knechtschaft und Zerrüttung des Vaterlandes das Herz zu stärken gesucht durch die Aufhellung des deutschen Mittelalters. Und mögen auch Tiecks „Minnelieder" (1803) so dürftig sein als sie wollen und die Begeisterung der Vorrede so verworren und unklar wie das Bild, das dem Buche vorgeheftet ist, sie haben doch gewirkt, und die jungen Brüder Jakob und Wilhelm Grimm wußten den Schritt zu schätzen, der damit geschehen war. Die deutsche Philologie entstand, und seither haben die bedeutendsten Forscher in dieser Wissenschaft ihre Aufmerksamkeit von Walther nicht mehr gelassen. Ludwig Uhland, der letzte große Sänger der Romantik, der bedeutendste Kenner zugleich des altdeutschen Minnesanges, hat (1822) zuerst das Leben und Wirken Walthers von der Vogelweide beschrieben.

Wir hegen keine Furcht, daß fortan das Andenken des herrlichen Sängers je wieder in Vergessenheit gerate. Denn allgemach wurzelt fest unter den Deutschen die Erkenntnis, daß es ein Merkmal reifer Bildung und Gesittung ist, wenn ein Volk seine Vergangenheit verstehen und achten lernt. Aus dieser Einsicht und Ehrfurcht erwachsen Kraft und Mut für Gegenwart und Zukunft. Unter die Männer aber, die unsterblichen, deren dankbares Gedächtnis das heilige Feuer der Vaterlandsliebe in uns anfacht, gehört immerdar Herr Walther von der Vogelweide.

Beigabe.

Kurze Übersicht der wissenschaftlichen Litteratur.

Ludwig Uhland, dem ersten Biographen Walthers von der Vogelweide (1822, dann wieder 1862 und in den Schriften 5, 1—109) ist das Buch „Die Gedichte Walthers von der Vogelweide" von Karl Lachmann „zum Dank für deutsche Gesinnung, Poesie und Forschung" 1827 gewidmet worden. Diese Ausgabe bildet, in den späteren Auflagen besorgt durch Haupt und Müllenhoff, die sechste 1891, bis heute die unerschütterte Grundlage der wissenschaftlichen Forschung über Walther. Und zwar zunächst deßhalb, weil sie allein die Lesarten der gegen 30 Handschriften und Fragmente vollständig verzeichnet. Unter diesen sind die wichtigsten: A, die Heidelberger Handschrift Nr. 357, 13. Jahrhundert, buchstabengetreu abgedruckt durch Franz Pfeiffer 1844 im 9. Bande der Bibliothek des Litterarischen Vereines in Stuttgart; dort stehen 151 Strophen Seite 27—73 und außerdem noch 35 Strophen an vier verschiedenen Stellen. B, die Weingartner Handschrift, jetzt auf der Königlichen Bibliothek in Stuttgart, 14. Jahrhundert, gedruckt durch Pfeiffer, im 5. Bande der Bibliothek des Stuttgarter Litterarischen Vereines, 112 Strophen stehen Seite 144—174. C, die ehemals Pariser, jetzt Heidelberger Handschrift, auch die Manessische zubenannt, war schon durch Bodmer 1758 unvollständig abgedruckt worden, sie enthält außer dem Leich 449 Strophen unter dem Namen Walthers. E, die Würzburger Handschrift, jetzt in München, 14. Jahrhundert, gewährt in verstümmelter Sammlung 212 Strophen. Als ein weitaus besserer Vertreter der Überlieferung von E stellen sich die Wolfenbüttler Bruchstücke U dar, die Friedrich Zarncke in den Berichten der Königlich Sächsischen Gesellschaft der Wissenschaften 1883 Seite 145—158 herausgegeben hat, leider nur 25 Strophen.

F, die Weimarer Handschrift, 15. Jahrhundert, befaßt 49 Strophen. Lachmann hat mit eindringlicher, allseitig erwägender Schärfe und mit der glänzenden Kombinationsgabe, die ihn zum heute noch un= erreichten Konjekturalkritiker auf den Gebieten der klassischen und deutschen Philologie erhob, aus einer an sich sehr mangelhaften Überlieferung einen vortrefflichen Text hergestellt. Die Arbeit daran ist selbstverständlich auch jetzt noch nicht beendet, sie wird vielleicht aus der genauesten Beobachtung der Änderungen, welche die Be= sonderheit der einzelnen Handschriften ausmachen, noch einiges Bessere schöpfen dürfen. In seinen Anmerkungen hat Lachmann auch mit fester Hand die Zeitpunkte der Abfassung einzelner Gedichte, insbesondere der Sprüche, bestimmt. Wer einmal Gelegenheit ge= habt hat (wie z. B. ich bei Ulrich von Liechtenstein) solche Ansätze Lachmanns genau nachzuprüfen, wird sowohl über die für seine Zeit erschöpfende Kenntnis der historischen Quellen und Urkunden staunen, als über die Vorsicht der Überlegung, mit der sie aufgestellt sind. — Lachmanns Text wurde von Karl Simrock 1833 zum ersten male ins Neuhochdeutsche übersetzt, etwas eckig und schwerfällig, aber doch meistens sinngemäß, weil er wirklich Mittelhochdeutsch verstand. Dem Büchlein waren lehrreiche Anmerkungen von Wilhelm Wackernagel beigegeben, die von seiner eingehenden Beschäftigung mit dem Dichter ebenso zeugten, wie die Texte der 27 (in der 5. Auflage 24) Lieder und Sprüche Walthers, die er dem ersten Bande seines Deutschen Lesebuches, der unübertrefflichen Anthologie, einverleibte.

Gegenüber der meisterhaften Arbeit Lachmanns bedeutet die Textgestaltung, welche Friedrich Heinrich von der Hagen in seinen Minnesingern 1838 vorgelegt hat, einen argen Rückschritt, ganz abgesehen davon, daß wegen der verworrenen Anlage des Werkes Walthers Gedichte aus allen vier Bänden zusammen gesucht werden müssen. So fördert auch seine Anhäufung von Notizen über Walthers Leben und Kunst nach Uhland nicht viel, die der vierte Band Seite 160 ff. enthält, obzwar ich nicht in Abrede stellen will, daß sich hier, wie anderwärts, unter den wüsten Massen Brauchbares findet; man wird selten ungestraft von der Hagens Kollektaneen ganz vernachlässigen.

Ein noch gegenwärtig für jede Art Forschung über Walther unentbehrliches Hilfsmittel bildet das „Glossarium zu den Gedichten Walthers von der Vogelweide, nebst einem Reimverzeichnis, von G. A. Hornig, Quedlinburg 1844". Das ist eine Konkordanz zu Lachmanns Ausgabe, die zwar jetzt hier und da der Berichtigung bedarf, aber nur äußerst selten im Stiche läßt und für Untersuchungen über Walthers Sprache und Wortschatz noch nicht hinlänglich aus= genutzt ist.

Nachdem einzelne Punkte der Geschichte Walthers von Otto Abel 1853, Zeitschrift für deutsches Altertum 9, 138 ff., und Anton Daffis, „Zur Lebensgeschichte Walthers von der Vogelweide" Berlin 1854, erörtert worden waren, verbanden sich Wackernagel und Max Rieger zu gemeinsamer Arbeit an einer Ausgabe, die zu Gießen 1862 er= schienen ist. Das Buch scheidet Walthers Gedichte in zwei Gruppen, Welt und Leben, Minne, und sucht innerhalb dieser eine Ordnung nach der Zeitfolge der Abfassung herzustellen. Ferner wird eine genaue Prüfung der Echtheit des in verschiedenen Handschriften verschiedenen Verfassern zugewiesenen Strophenbestandes vor= genommen, Mehreres als zweifelhaft oder unecht beiseite geschoben, Anderes Walthers Schüler Ulrich von Singenberg und dem Tiroler Leutold von Seven (Säben nächst Klausen am Eisack) zuerkannt. Bei der kritischen Behandlung der Texte weichen die Herausgeber insofern von Lachmann vielfach ab, als sie gegen die Handschrift C die älteren Fassungen von A, B, und D (die zweite Heidelberger Handschrift Nr. 350), verteidigten und eine ziemliche Anzahl neuer Konjekturen aufnahmen. Diese Ausgabe ist eine bedeutende Leistung, die jetzt über Gebühr zurückgestellt wird: Wackernagel war einer der gedankenreichsten und feinsinnigsten Kenner der altdeutschen Poesie — welche Fundgrube von Anregungen bilden nicht seine „Altfranzösischen Lieder und Leiche", auf denen gar manche Kon= struktionen beruhen, die uns heute unter anderen Namen geläufig sind — und Max Riegers überlegende Sorgfalt ist mehreren Zweigen der deutschen Litteratur fruchtreich zu Gute gekommen. Was in dem Buche steht, verdient immer erwogen zu werden, wenn= gleich Einzelnes, vorzüglich die Schöpfung der Poesien Leutolds von Seven aus dem Nichts der Überlieferung eines fahrenden

Spielmannes, endgiltig abgelehnt werden muß. Die chronologischen
Ergebnisse seiner Untersuchungen hat Rieger in einer besonderen
Schrift „Das Leben Walthers von der Vogelweide, Gießen 1863"
eingehend begründet, indes Wackernagel später (1865) für den
21. Band von Herzogs Realencyklopädie eine zusammenfassende
Darstellung (jetzt Kleine Schriften 2, 366—391) schrieb, in der er
sich auch zu der (unannehmbaren, vergl. P. Hildebrandt, Zeitschrift für
deutsches Altertum 34, 6 ff.) Hypothese Wilhelm Grimms bekannte,
Walther und Freidank seien nur zwei Namen eines und desselben
Dichters.

Fast zu der gleichen Zeit wie Wackernagel und Rieger beschäftigten
sich Franz Pfeiffer und Karl Bartsch genauer mit der Überlieferung
von Walthers Gedichten, jener legte in seiner Germania 5, 21—44
(1860) eine Reihe von Vorschlägen zur Änderung von Lachmanns
Texte vor, Vieles gewaltsam, Manches überflüssig, Weniges brauch=
bar; dieser gab ebenda 6, 187—214 (1861) eine bessere Einteilung
des Leiches und konjicierte an verschiedenen Stellen mit wechselndem
Glück. Pfeiffers Aufsatz war der Vorläufer einer Ausgabe, mit
der 1864 die Sammlung „Deutsche Klassiker des Mittelalters" er=
öffnet wurde (jetzt 6. Auflage, 1880). Diese Ausgabe verdient
dankbar genannt zu werden, weil sie es zum erstenmale unternahm,
sämtliche Gedichte Walthers (gesondert in Lieder und Sprüche,
zwischen beiden der Leich) zu erklären, und mochte sich Pfeiffer auch
bei vielen schwierigen Versen große Enthaltsamkeit auferlegen, so
förderte doch der Kommentar jedesfalls das Verständnis des Dichters.
Die Widersprüche, die in dem Charakter der ganzen Sammlung
liegen, welche einesteils dazu bestimmt ist, ganz Unkundige in den
Anfängen des Mittelhochdeutschen zu unterrichten, anderesteils aber
wissenschaftlichen Ansprüchen genügen will, haben sich bei den
folgenden Auflagen nicht beseitigen lassen — unter ihnen leiden ja
auch die wirklich guten Bände der Serie von Fedor Bech und
Hans Lambel —, dagegen sind die vielen groben Fehler, mit denen
die erste Auflage verunziert war, später von Bartsch ausgetilgt
worden. In seine „Deutschen Liederdichter des 12. bis 14. Jahr=
hunderts, Leipzig 1864" hatte Bartsch dann Seite 68—94 unter
Nr. XXI. gegen tausend Verse Walthers in kritischer Herstellung

aufgenommen und seine Änberungen in den Anmerkungen Seite 325 ff. mit den Lesungen der bisherigen Herausgeber verglichen. Bei der 3. Auflage 1893, besorgt durch Wolfgang Golther, hat sich nichts Wesentliches geändert. An Pfeiffers Ausgabe schloß sich das Buch von Rudolf Menzel an „Das Leben Walthers von der Vogelweide", Leipzig 1865, das wegen seiner Weitschweifigkeit und des Mangels an Urteil unbrauchbar ist und hier nicht genannt würde, wenn man es nicht gelegentlich noch als Herbarium vertrockneter Hypothesen nachsähe.

Nachdem Benecke in den Beiträgen 2, 301 f. (1832), Vorwort zu dem Abdruck der Lieder Neidhardts aus dem Riedegger Kodex, zuerst den Gedanken ausgesprochen und zu Folgerungen für die Textkritik benutzt hatte, daß unsere großen Minnesängerhandschriften der Hauptmasse nach aus einzelnen Büchlein zusammengestellt seien, in denen die fahrenden Spielleute sich die Lieder bedeutender Sänger zum Vortrage aufzeichneten, hat Pfeiffer in den Vorworten zu seinen Abdrücken von **B** (Seite X ff.) und **A** (Seite VIII) nach= drücklich darauf verwiesen und später (1855) Müllenhoff in seiner Streitschrift „Zur Geschichte der Nibelunge Not" Seite 19 ff. schon Genaueres über den Bestand der Strophen angegeben, die uns unter den Namen berufsmäßiger Rezitatoren aufbehalten sind. Die von Müllenhoff in den Vorlesungen ausgestreuten Anregungen, seine bei altdeutschen Übungen vorgenommenen Versuche, die alten Lieder= bücher zu rekonstruieren und ihren Aufbau für Schlüsse auf den Zusammenhang der Strophen mit dem Leben der Dichter zu ver= werten, sie haben Wilhelm Wilmanns veranlaßt, diese Methode in einer großen Arbeit zu erproben, die seiner durch Julius Zacher geplanten Ausgabe vorangehen sollte; sie erschien 1866 im 13. Bande der Zeitschrift für deutsches Altertum 217—288. Es wurde darin unter= nommen: 1. die Quellenbestände der Haupthandschriften zu ver= gleichen; 2. diese auf Liedersammlungen zurückzuführen; 3. die abweichenden Strophenfolgen in der Überlieferung der Gedichte Walthers äußerlich und durch Kritik des Inhaltes zu erklären; 4. die bisher von Andern festgestellte chronologische Ordnung mit Hilfe der neuen Wahrnehmungen an den Liedern zu prüfen, die bekannten historischen Anspielungen besonders der Sprüche nochmals zu untersuchen und aus alledem eine zeitliche Folge sämtlicher

Dichtungen Walthers herzustellen. Je größer die Hindernisse waren, die eine sehr verworrene Überlieferung solchen Forschungen bereitete, desto höher muß die durch Scharfsinn und Besonnenheit aus= gezeichnete Leistung von Wilmanns, die erste in ihrer Art folge= richtig durchgeführte, angeschlagen werden. 1869 erschien dann als erster Band von Zachers Germanistischer Handbibliothek, Halle a. S., die neue Ausgabe Walthers von Wilmanns. Die Einleitung (Seite 1—112) enthält zunächst eine knappe Darstellung von Walthers Leben, in der die vorhandenen Ergebnisse sorgsam gesichtet sind, einen sehr lehrreichen Abschnitt über „Walthers Kunst", worunter noch allein die Metrik verstanden wird, und als „Kritische Bemerkungen" eine ausführliche Revision der früheren Untersuchung, die meines Er= achtens insoferne gegen diese keinen wesentlichen Fortschritt bekundet, als hier die Stücke mehr von Fall zu Fall denn nach einheitlichen Gesichtspunkten behandelt werden. In der Ausgabe selbst bilden Walthers Gedichte zum erstenmale eine einzige chronologisch ge= ordnete Reihe; Seite 391 ff. ist eine Tafel beigefügt, in der die neuen Ziffern mit denen Lachmanns verglichen werden. Die An= merkungen benutzen nicht blos mit verständiger Auswahl die zur Zeit von Anderen ermittelten Erklärungen, sondern bringen auch eine große Menge neuer selbständig gefundener Deutungen und Parallelen bei: das ganze Buch gewährt ein höchst erfreuliches Zeugnis für den damals neu beginnenden Aufschwung der deutschen Philologie.

Davon ist allerdings in der Ausgabe Walthers durch Simrock (Bonn 1870) nicht viel zu spüren. Sie ordnet strenger, als es in den älteren Auflagen der Übersetzung und bei Wackernagel=Rieger und Pfeiffer geschehen war, Walthers Gedichte nach Tönen, liefert etliche gute neben manchen gewagten Textbesserungen und nimmt Stellung wider die neue Hypothese über Walthers Heimat. Pfeiffer brachte nämlich, nachdem er noch kurz vorher Germania 5, 1—20 sich für Franken entschieden hatte, 1864 in der Einleitung seiner Ausgabe (Seite XXIII) eine Stelle aus den Urbaren des Grafen Meinhard II. von Tirol (jetzt herausgegeben durch Oswald Zingerle von Summersberg, Wien 1890) zum Vorschein, die für das Ende des 13. Jahrhunderts einen Vogelweidehof am Südfuße des Brenner bezeugte. Der Gedanke wurde in Tirol freudig aufgegriffen und zuvörderst durch Patriz Anzoletti (Bozen 1870) ein Hof, den Pfarrer Johann Haller 1867 namhaft gemacht hatte, im Layener Ried oberhalb Waidbruck am Eisack, als Walthers Geburtsstätte bezeichnet. Daran schließt sich eine ausgedehnte Litteratur, aus der hervorgehoben werden mögen: J. Zingerle, Germania 20, 257—270; J. Ficker, ebenda 271 ff., dagegen Schönbach im Anzeiger für deutsches Altertum 4, 5—13. Auf Grund dieser Vermutungen ist dann sehr geschickt eine Bewegung eingeleitet worden, die einesteils die damaligen politischen Verhältnisse Deutschlands für Walther, den Vorstreiter des Reiches wider den Papst, anderesteils (freilich im Widerspiel dazu) den tirolischen Lokalpatriotismus sowie die Teilnahme der zahlreichen Freunde dieses schönsten Alpenlandes benutzte. Auf diese Weise ist als ein Allen erwünschtes Ergebnis Heinrich Natters Waltherdenkmal in Bozen zu Stande gekommen. Allerdings ist die südtirolische Vogelweide dadurch nicht sicherer Walthers Heimat geworden. Auch nicht durch Anzolettis wiederholte (1889), etwas gröblich geratene Verteidigung und nicht durch Oswald Redlichs (1892) Mitteilung einer Urkunde von 1431, in der dieser Hof nachgewiesen wird. Lampels Untersuchungen (1892. 3, Blätter des Vereins für Landeskunde von Nieder-Österreich 26. 27. Band) haben zu negativen Resultaten geführt; die allerjüngste Hypothese hingegen, aufgestellt von A. Hallwich, Prag 1893, Walther sei in der Gegend von Dux als Deutschböhme geboren, muß als völlig unbegründet bedingungslos abgelehnt werden, vergl. Schönbach, Anzeiger für deutsches Altertum 21, 228—233. Jedesfalls hat die ganze Erörterung über Walthers Heimat, verbunden mit der unberechtigten Einbeziehung seiner Person als Parteimann in die Wirren des „Kulturkampfes", wesentlich dazu beigetragen, den Sänger dermaßen im Vordergrunde des Interesses weiter Kreise zu halten, wie das bis dahin keinem altdeutschen Dichter begegnet war. Dies wurde noch dadurch gefördert, daß 1876 in Cividale die Reiserechnungen Wolfgers von Ellenbrechtskirchen, Bischofs von Passau, geführt vom 22. September 1203 bis zum 30. Juli 1204, aufgefunden wurden, in denen das erste und einzige urkundliche Zeugnis für Walther vorliegt. Vergl. J. Zingerle,

Germania 21, 193 ff., und seine Publikation der Reiserechnungen Heilbronn 1876; deren Mängel werden berichtigt, die Entstehung der Aufzeichnungen dargelegt von August Höfer, Beiträge zur Geschichte der deutschen Sprache und Litteratur 17, 441—549 (1893). Über einzelne Punkte Zarncke, Zur Waltherfrage, Berichte der Königlich Sächsischen Gesellschaft der Wissenschaften 1878, Seite 32 ff.; Kalkoff, Wolfger von Passau, Weimar 1882.

Inzwischen hatte man begonnen, den altdeutschen Minnesang von neuen Gesichtspunkten aus und mit neuen Mitteln zu durchforschen. Nicht nur wurde die Methode, zwischen der Strophenordnung in den Handschriften und dem Inhalte Beziehungen aufzusuchen, in einer ganzen Reihe von Abhandlungen und Aufsätzen feiner ausgebildet (z. B. Müllenhoff, Zu Friedrich von Hausen, Zeitschrift für deutsches Altertum 14, 133 ff.; Wilmanns und Heinzel über die Lieder und Büchlein Hartmanns von Aue, ebenda 14, 144 ff. 15, 125 ff. 1869. 1872), sondern Scherer hat auch zuerst in den „Deutschen Studien" 1870. 1874 (2. Auflage 1891) an den ältesten Minnesängern sehr sorgfältige stilistische Beobachtungen angestellt und diese zur persönlichen Charakteristik der Dichter sowie dazu verwendet, um unter der Voraussetzung, es sei bei den frühesten Aufzeichnungen der Liederbücher ein poetisch=geschichtlicher Zusammenhang beabsichtigt gewesen, die Entwicklung der Lebensschicksale und besonders der Liebesverhältnisse innerhalb der einzelnen Gruppen zu erkennen. Seine Betrachtungen haben ungemein anregend gewirkt und viele Arbeiten sind darauf hin entstanden, in denen sein Verfahren mit verschiedenen Abänderungen auf andere mittelhochdeutsche Lyriker angewandt wurde. Naturgemäß hat diese philologische Strömung auch wieder einen Gegensatz hervorgerufen, der hauptsächlich in den Bänden der von Paul und Braune geleiteten „Beiträge" 1873 ff. zum Ausdrucke gelangte. Dort ist gleichfalls eine Folge von Aufsätzen veröffentlicht worden, die sich ebenso lebhaft bemühten einzureißen wie jene vorher aufzubauen. Aber nicht nur Untersuchungen, die durchaus feste Ergebnisse anstreben, sondern auch solche, die es vornehmlich darauf anlegen, vorhandene Thesen zu beseitigen, werden leicht einseitig und gehen dann irre, und so ist es sehr erklärlich, daß auf der einen Seite zu viel behauptet, auf der anderen zu wenig zugestanden wurde. Der Beifall, den die bald kräftig gewordene Opposition besonders bei jüngeren Forschern fand, läßt sich sehr wohl verstehen: es ist immer sicherer und vor Allem bequemer zu verneinen, als mit dem vorhandenen Material Kombinationen zu wagen, die zu neuen Ergebnissen führen sollen. Überblickt man den Niederschlag der jetzt allmählig ins Stocken geratenen Bewegung, so scheint mir festzustehen, daß sich zwar die stilistische und die Untersuchung der handschriftlichen Strophenfolgen auf Inhalt und Zusammenhang hin weit weniger nützlich erwiesen haben, als Scherer vormals hoffte, daß aber trotz=dem der Wert solcher Beobachtungen heute von allen Seiten besser gewürdigt wird denn zuvor. Als eine schöne Frucht des ganzen Prozesses, der einen nicht unmerkwürdigen Abschnitt in der modernen Geschichte der deutschen Philologie bildet, darf das Buch von Konrad Burdach: Reinmar der Alte und Walther von der Vogelweide, Leipzig 1880, angesehen werden. Darin ist versucht worden, die gesammelten Stilbeobachtungen in eine künstlerische Entwicklung zu ordnen und an die Stelle äußerlicher biographischer Auslegung und Verknüpfung der Gedichte eine innere Geschichte des Dichters zu rücken. Für Walther hat Burdachs Arbeit das eine durchschlagende Resultat geliefert, daß die Lieder der sogenannten „niederen Minne", die man früher in die Jugend des Sängers zu setzen pflegte, nun=mehr als Schöpfungen seiner reifsten Zeit erkannt wurden; ihren Platz nehmen zum Teil Lieder der „höheren Minne" ein, die Walther unter dem Einflusse seines Lehrers Reinmar in jungen Jahren gedichtet hatte.

Den gesamten Stand der deutschen Philologie mit Bezug auf Walther faßt in sich und leitet kraftvoll zu weiterem Fortschritt das Werk von Wilmanns: „Leben und Dichten Walthers von der Vogelweide, Bonn 1882". Nach einer Einleitung ist darin das äußere Leben Walthers neuerdings genau untersucht und zusammen=hängend dargestellt. Insbesondere aber ist in dem dritten Abschnitt „Gedanken und Anschauungen" als Ergebnis einer in den An=merkungen zur Nachprüfung vorgelegten mühevollen und weit=greifenden Arbeit eine fast ganz erschöpfende Durchmusterung des Inhaltes von Walthers Gedichten vorgenommen, die mit gleichen

ober ähnlichen Stellen seiner deutschen Zeitgenossen, provenzalischer
ober französischer Vorgänger verbunden, ein zuverlässiges Bild
sowohl dessen gewähren, was Walther Neues dargeboten hat, als
auch dessen, was er mit dem Schatze der poetischen Überlieferung
seiner Zeit in den Nationalsprachen Gemeinsames besitzt. Damit
ist der Forschung ein Weg gebrochen, der nun hoffentlich auch ein=
mal durch die lateinisch geschriebene Litteratur der Kulturvölker des
Mittelalters führen wird. Freilich, in anderen und wichtigen
Punkten, in der Beurteilung des Minnesanges, dann des Mittel=
alters überhaupt und seiner Ideen, vermag ich Wilmanns nicht
beizustimmen. Ebenbürtig dieser bedeutenden Leistung ist Wilmanns'
zweite Auflage seiner Waltherausgabe 1883. Die Analysen der
Gedichte und die erklärenden Anmerkungen sind ungemein bereichert
(die Anordnung greift auf Lachmann zurück), in der Einleitung
sind die Strophengruppen, die unserer Überlieferung vorausliegen,
gesondert, Sprache und metrische Form genauestens dargestellt und
die Stilmittel des Dichters vollständig und geradezu mustergiltig
auseinander gesetzt; daraus kann man noch lange lernen. 1886
erschien eine Schulausgabe von Wilmanns, die Lieder und Sprüche
trennt und seine Anordnung der Gedichte durchführt.

Zu gleicher Zeit (1882) mit Wilmanns neuer großer Walther=
ausgabe ist die von Hermann Paul als erster Band der „Alt=
deutschen Textbibliothek" erschienen, mit Einleitung, knappen An=
merkungen, einem Verzeichnis der Änderungen des Textes und
einem Glossarium, 2. Auflage 1895. Schon vorher hatte der Ver=
fasser in den „Beiträgen" vom 2.—9. Bande Studien zu einzelnen
Stellen Walthers sowohl als zur gesamten Überlieferung ver=
öffentlicht. Diese Arbeiten und die Ausgabe wirken dadurch sehr
verdienstlich, daß sie vielfach die Schwächen der bisher geübten
Textkritik nachweisen, die Unsicherheit der Überlieferung, das Zweifel=
hafte der darauf gebauten Folgerungen hervorheben.

Von Erklärungen und Erörterungen einzelner Stellen nenne
ich hier noch: Zarncke, Paul-Braunes Beiträge 2, 574 ff. und be=
sonders 7, 582 ff. über Walthers Grab. Oskar Schade in den
von ihm herausgegebenen Wissenschaftlichen Monatsblättern 3, 29 ff.
107 ff. 126 f. Josef Fasching (zu den religiösen Dichtungen

Walthers), Germania 22, 429 ff. 23, 34 ff. Rudolf Hildebrand, Zeitschrift für deutsches Altertum 38, 1 ff. Schönbach, Zeitschrift für deutsches Altertum 39, 337 ff.

Einige Sätze meiner Darlegungen „über den biographischen Gehalt des altdeutschen Minnesanges" im 1. Bande von A. Bettelheims „Biographischen Blättern" durfte ich hier Seite 24 f. mit um so größerer Beruhigung aufnehmen, als sie seither durch Alons Schulte, „Die Standesverhältnisse der Minnesänger", Zeitschrift für deutsches Altertum 39, 185 ff. in willkommenster Weise bestätigt wurden. Während des Druckes kommt mir zur Hand: Friedrich Pfaff, Walther von der Vogelweide, Kürschners Bibliothek der deutschen Nationallitteratur Band 8 II 2, 1895.

Die Stellung des vorliegenden Buches zu den verschiedenen Fragen, die sich auf Walthers Leben und Schaffen beziehen, ist in den Besprechungen der ersten Auflage ausreichend gekennzeichnet worden. Ich bemerke dazu noch, daß hier und da die Komposition meiner Darstellung dem Anscheine nach die Reihenfolge von Walthers Gedichten verschoben hat, die ich für richtig halte; ich hoffe, es ist mir gelungen, durch die Wahl vorsichtiger Ausdrücke die Leser vor Irrtümern zu bewahren.

Reudnitzsche Buchdruckerei, Berlin SO., Adalbertstr. 41.

Verlag von **Ernst Hofmann & Co.** in Berlin SW. 48, Wilhelmstraße 122.

Geisteshelden.
(Führende Geister.)
Eine Biographieen-Sammlung.

Herausgegeben von

Dr. Anton Bettelheim.

1. **Walther von der Vogelweide.** 2. Aufl. Von Dr. A. E. Schönbach, Regierungsrat, Professor in Graz.
2. 3. **Hölderlin. — Reuter.** 2. Aufl. Von Dr. Adolf Wilbrandt, Schriftsteller in Rostock.
4. **Anzengruber.** Von Dr. Anton Bettelheim, Schriftsteller in Wien.
5. **Columbus.** Von Dr. Sophus Ruge, Professor in Dresden.
6. **Carlyle.** Von Dr. G. von Schulze-Gaevernitz, Professor in Freiburg i. B.
7. **Jahn.** Von Dr. Franz Guntram Schultheiß in München.
☞ **Preisgekrönte Arbeit.** ☜
8. **Shakspere.** Von Dr. Alois Brandl, Professor in Straßburg.
9. **Spinoza.** Von Dr. Wilhelm Bolin, Professor in Helsingfors.
10/11. **Moltke,** I. Von Dr. Max Jähns, Oberstlieutenant a. D. in Berlin.
12. (Doppelbd.) **Stein.** Von Dr. Fr. Neubauer, Oberlehrer in Halle.
☞ **Preisgekrönte Arbeit.** ☜
13/15. **Goethe.** Von Dr. Richard M. Meyer, Privatdozent an der Universität Berlin.
☞ **Mit dem 1. Preise gekrönt.** ☜
16/17. **Luther,** I. Von Dr. Arnold E. Berger, Privatdozent an der Universität Bonn.
18. **Cotta.** Von Dr. Albert Schäffle, k. k. Minister a. D.
19. **Darwin.** Von Dr. Wilhelm Preyer, Universitäts-Professor.
20. **Montesquieu.** Von Albert Sorel, Mitglied der Académie française.

Subskriptionspreis bei Entnahme einer Sammlung (= 6 Nummern):
Geheftet je M. 2,—; in Leinenband je M. 2,80; in Halbfranzband je M. 3,40.
Die Subskription kann bei jedem beliebigen Bande beginnen.
Im Einzelkauf erhöht sich der Preis jedes einfachen Bandes um 40 Pf.

Verlag von Ernst Hofmann & Co. in Berlin SW. 48, Wilhelmstraße 122.

Kaiser Wilhelm II.

Von Friedrich Meister.

Mit dem Kaiserbildnis und zahlreichen Illustrationen.

410 Seiten Großoktav in gotischem Druck.

Geheftet M. 3,50, in Prachteinband M. 4,50.

Der „Deutsche Reichs-Anzeiger und Königlich Preußische Staats-Anzeiger" schreibt:

Dies Buch enthält eine sorgfältige Zusammenfassung aller Lebensereignisse Seiner Majestät des Kaisers seit der Geburt. Es ist nicht etwa nur für die Jugend bestimmt, sondern für alle Theile des Volks... Die Darstellung ist des Gegenstandes würdig, die Charakteristik des Monarchen angemessen und taktvoll...

Die Reden des Grafen von Caprivi

im Deutschen Reichstage, Preußischen Landtage etc.

Herausgegeben von Rudolf Arndt.

428 Seiten Groß-Oktav. Mit der Biographie und dem Bildnis (Stahlstich).

Autorisierte Ausgabe.

Geheftet M. 5,—; in feinem Leinenband mit Rotschnitt M6, —.

Öffentliche Charaktere

im Lichte graphologischer Auslegung.

Mit Einleitung und biographischen Notizen versehen

von C. Zir.

296 Seiten Royal-Oktav.   Mit 135 Handschriften-Facsimiles.

2. Aufl. Geheftet M. 4,50; in feinem Leinenband M. 5,50.

Das Werk enthält die Charakteristiken von 135 im öffentlichen Leben und Interesse stehenden Persönlichkeiten: Fürsten, Diplomaten, Staatsmännern, Abgeordneten, Militärs, Geistlichen, Gelehrten, Malern, Architekten, Komponisten, Musikern, Sängern, Schauspielern u. a. m., Männern u. Frauen.

Die Charakteristiken sind von einer Persönlichkeit verfaßt, welche eine geradezu erstaunliche Gabe besitzt, auf Grund der Handschrift die seelischen und geistigen Eigenschaften eines Individuums in ausführlicher, packender Form zutreffend auszulegen. — Die 135 Facsimiles verleihen dem mehrfach nachgeahmten Buche den Wert eines Autographen-Albums.

Schauspiele von Max Nordau:

Das Recht, zu lieben. 2. Auflage. Die Kugel.

In 4 Aufzügen.   In 5 Aufzügen.

Preis jedes Stückes: Geh. M. 2.—; in geschmackvollem Leinenbd. M. 3,—

Verlag von **Ernst Hofmann & Co.** in Berlin SW. 48, Wilhelmstraße 122.

Deutsche Kern= und Zeitfragen.

Von

Dr. Albert Schäffle.

K. K. Minister a. D.

Erste Sammlung.	Neue Folge.
480 Seiten Lexikon=Oktav.	510 Seiten Lexikon=Oktav.

Jeder Band ist selbständig und einzeln käuflich. Preis jedes Bandes:
Geheftet M. 10,—; in feinem Halbfranzband M. 12,—.

Ein Werk dieses berühmten National = Oekonomen bedarf keiner empfehlenden Worte.

Nationale Wohnungsreform.

Von

Paul Lechler.

Mit einem Anhang
von **Dr. Albert Schäffle.**

Etwa 96 Seiten Groß=Oktav. — Preis M. 1,—.

Die Wirtschaftspolitik des Vaterunser.

Von

Dr. Gustav Ruhland

Privatdozent an der Universität Zürich.

104 Seiten Großoktav. — Preis M. 2,—.

Die Kirchenpolitik
Friedrich Wilhelms, des Großen Kurfürsten.

Auf Grund archivalischer Forschung
von

Dr. Hugo Landwehr

weil. Oberlehrer des Königlich Preußischen Kadetten=Corps.

400 Seiten Groß = Oktav. — Geheftet M. 7,20.

Die
Kulturaufgaben der Reformation.

Von

Dr. Arnold E. Berger

Privatdozent an der Universität Bonn.

312 Seiten Großoktav. Geheftet M. 5,—; fein gebunden M. 6,—.

Der Verfasser hat seinem Buche alle erreichbaren Forschungs=
ergebnisse dienstbar gemacht und auf dem Hintergrund einer tausend=
jährigen Entwicklung in großen, übersichtlichen Linien die Vorgeschichte
der Reformation gekennzeichnet.

Allen Lesern der „Geisteshelden (Führende Geister)" seien empfohlen die

Biographische Blätter

Vierteljahresschrift für
lebensgeschichtliche Kunst und Forschung.

Unter ständiger Mitwirkung von

PProf. DDr. **Michael Bernays,** F. von Bezold, Alois Brandl,
Aug. Fournier, Ludw. Geiger, Direktor Dr. Karl Glossy, PProf. DDr.
Eug. Guglia, Sigm. Günther, Ottokar Lorenz, Karl von Lützow,
Jakob Minor, Friedr. Ratzel, (Erich Schmidt, Anton E. Schönbach
und vielen Anderen

herausgegeben von

Dr. **Anton Bettelheim.**

Sie veröffentlichen

I. selbständige Abhandlungen zur Theorie und Entwicklungs=
geschichte der Biographie und Selbstbiographie, Charakteristiken
und Kritiken der Meister biographischer Kunst und Forschung,

II. abgeschlossene biographische oder selbstbiographische Aufsätze und
Studien,

III. Selbstbekenntnisse aus ungedruckten oder schwer zugänglichen
Quellen in der Art der kulturgeschichtlichen Zeugnisse in Gustav
Freytags „Bildern aus der deutschen Vergangenheit",

IV. biographische Miscellen, Nekrologie, Ikonographie, Anzeigen
aller wichtigeren in und außer Europa erscheinenden Biographieen,
Selbstbiographieen und Denkwürdigkeiten, sowie der meisten in
Zeitschriften zerstreuten biographischen Essays.

Abonnementspreis (jährlich 4 Hefte) . . 12,— Mark.
Einzelpreis für ein Heft . . . . . . 3,50 „

Erinnerungen eines Künstlers.

Von
Rudolf Lehmann (London).

Mit 16 Lichtdrucken,

nach den von dem Künstler aufgenommenen meisterhaften Porträts

von

Chopin, Pet. Cornelius, Eckermann, Friedrich III., Gladstone, Ferd.
Gregorovius, A. v. Humboldt, Lamartine, Liszt, Kardinal Manning,
Adolf Menzel, Pio IX., L. v. Ranke, Clara Schumann, Tennyson
und dem Bilde des Autors.

Splendide Ausstattung. — Preis ca. M. 8,—.